금산분리의 법리와
경제분석

김자봉

박영사

그리운 어머님과 아버님께 이 책을 바칩니다.

추천사

정운찬(동반성장연구소 이사장, 전 국무총리)

경제학자 케인즈는 그의 『고용, 이자 및 화폐의 일반이론』(1936년. 조순 역. 1985년)의 서문에서 "오류는 논리적 일관성을 위하여 대단히 정성스럽게 구축된 상부구조 속에 있는 것이 아니라, 그 이론의 전제조건의 명확성과 일반성의 결여에 있다"고 말했다. 작금의 급변하는 경제환경과 금융환경 속에서도 우리는 금융정책의 근간이 되는 중요한 전제조건을 망각해서는 안 된다. 이 전제조건은 오랜 금융의 역사와 함께 계승되어 온 것으로, 다름 아닌 금산분리 원칙이다. 금산분리 원칙만큼 금융규제의 역사에서 명확성과 일반성을 획득한 정책은 드물다. 만일 시장과 정책이 금산분리를 망각한다면 케인즈가 말한 것처럼 오류를 피할 수 없다.

금산분리 원칙은 경제와 금융에 대한 고도의 이론적 성찰에서 시작된 것은 아니었다. 금산분리는 금산결합이 독점의 폐해를 낳아 공정경쟁을 해치고 금융의 건전성을 상실하게 하여 금융위기를 초래할 수 있다는 현실적인 이유에서 도입되었다. 우리나라에서도 금산분리가 본격적으로 도입되기 시작한 것은 1997-98년 금융위기를 거치면서다. 재벌의 금융지배가 초래한 폐해는 기업의 부도에서부터 은행과 국가의 부도에 이르기까지 막대했다. 금산분리는 이러한 위기를 거치면서 도입되었으나 아직 완성형이 아니며 또한 끊임없이 현실의 도전에 직면하고 있다.

김자봉의 <금산분리의 법리와 경제분석>이 오랜 준비 기간을 거쳐 지금 시점에서 나온 것은 매우 반갑다. 그간의 금산분리 논의가 엄밀한 법리와 경제학적 실증분석을 결여했다는 그의 지적은 당연하면서도 신선하다. 이 저술이 시도하는 것은 크게 세 가지다. 금산분리의 법리를 발전시키는 것, 금산분리정책에 대한 실증분석을 통해 공공정책으로서 정당성을 확인하는 것, 그리고 금산분리의 역사적 맥락을 확인하는 것이다. 이 세 가지는 그간 금산분리 정책에서 언제나 미진하게 남아 있던 것들이었다. 이 책을 통해 비로소 그 빈자리가 채워질 기회를 얻게 된 것은 기쁜 일이다.

　　무릇 금융시장과 정부정책에서 중요한 것은 신뢰다. 급속히 변화하는 금융환경에서 정부는 금융의 빠른 변화를 다 알지 못하는데, 이는 금융 전문가 자신도 마찬가지다. 이런 상황에서 정부는 자유방임이 아니라 신뢰에 기반하여 원칙을 지키는 노력을 해야 한다. 설령 대기업의 이해관계와 다르더라도 금산분리 원칙을 소홀히 하는 오류를 범해서는 안 된다. 런던의 금융가 스레드니들 스트리트에는 가장 오래된 옛 증권거래소 건물이 있다. 그 건물의 전면에는 라틴어로 "Dictum Meum Pactum"이란 문구가 있다. 영어로는 "My word is my bond" 즉 "내가 한 말은 곧 보증수표"라는 뜻이다. 철저한 신용과 단단한 신의가 금융의 생명이라는 점을 웅변적으로 말하고 있다. 금산분리는 이러한 금융의 신용과 산업의 혁신을 구분하여 운용하는 것이 경제 위험을 효율적으로 관리할 수 있고 결과적으로 모두에게 유익하다는 신념이다. 이 책을 통하여 금융 전문가, 정부, 학자 및 독자 모두가 금산분리에 대하여 깊이 이해할 수 있기를 바란다.

머리말

이 책은 금산분리에 대한 기본서다. 그래서 이 책의 시작은 '금산분리는 무엇인가'라는 ABC 질문으로부터 시작한다. 동시에 전문서이기도 하다. 1997–98년 금융위기를 거치면서 금산분리의 실패가 어떻게 초래되었고 어떤 결과로 귀결되었는지, 최근의 디지털금융 환경에서는 어떤 정책적 판단과 대응이 필요한지 등에 대해서도 담고 있다.

개인적으로 금산분리에 대한 연구를 결심하게 된 계기는 1997–98년 금융위기이다. 당시 금융연구원에 있으면서, 설령 국가라도 위험관리를 제대로 하지 못하면 부도를 면치 못하며, 그 피해는 고스란히 국민의 몫이 된다는 사실을 목격했다. 추위가 매서웠던 그 겨울 깊은 밤 자정이 넘은 시각 을지로 지하도에는 차가운 시멘트 맨바닥에서 종이신문을 이불 삼아 누워 울거나 쪽잠을 자는 사람들로 발 디딜 틈이 없었고, 명동과 을지로 일대 길거리는 남녀노소 가운데 어린이만 없는 노숙인들로 넘쳐났다. 부족한 식량을 자식에게 먹이기 위해 길거리로 나 앉은 노숙인도 있었다. 끝없이 추락하는 경제 현실과 생존의 위협을 보면서, 당시 언론에 보도되고 국회에서 논의되던 재벌의 금융지배에 따른 문제점에 대한 통계자료를 모으기 시작했다. 이 통계자료들을 이용하여 본격적으로 논문을 쓰게 된 건 2018년이다. 빛바랜 스크랩북의 통계들을 펼쳐놓고 3~4년에 걸쳐 금산분리에 대하여 법학저널과 경제학저널에 글을 게재하기 시작했다. 이 책은 그렇게 해서 출간된 논문들을 기반으로 하여 다시 분류하고 종합하고 보완하여 정리한 것이다. 그리고 보니 이 책이 나오기까지 걸린 시간은 처음 자료를 모으던 때로부터 20년을 넘기게 되었다.

단일 정책 가운데 금산분리 만큼 각자의 입장에 충실하게 많은 학문적 논쟁과 정치적 입장의 대립에 노출된 정책은 없을 것이다. 목숨을 걸고서라도 지켜야 한다고 주장되기도 하고, 더 이상 필요가 없으므로 폐지되어야 한다는 주장이 맞서기도 했다. 가히 정책전쟁이라고 일컬을 수 있을 정도였다. 물론 이러한 현상은 정책에 대한 순수한 열정일수도 있겠고 한편으로는 각자 이해당사자로서의 입장이 부딪히기 때문일 수도 있다. 누구나 각자의 입장과 역할에 충실하기 마련이다. 그 충실함은 덜 할 수도 있고 더 할 수도 있다. 그러한 충실함 속에서 더러는 사실의 누락과 왜곡이 나타날 수 있고 더러는 논의가 가로막힐 수도 있다.

이유를 특정할 수는 없지만 그 간의 많은 논의에도 불구하고 금산분리에 대한 논의는 크게 두 가지를 결여하였다. 하나는 금산분리의 법리(legal theory)가 명확하게 정립되지 못했다는 것이고, 다른 하나는 경제학적인 실증연구가 이루어지지 못했다는 것이다. 조금 심하게 이야기하면 이는 마치 법리도 증거도 없이 법원이 유무죄를 논하는 것과 같다. 현실의 개선을 목적으로 하는 정책연구가 학문으로서 의미를 갖기 위해서는 이러한 결여는 신속히 해소되어야 한다.

이 책은 크게 금산분리의 이론과 발전, 실증분석, 디지털금융 시대의 금산분리, 정책과제 등을 담고 있다. 금산분리의 이론 파트에서는 금산분리의 법리에 많은 부분을 할애하였고, 실증분석은 1997−98년 금융위기를 포함한 시계열 데이터를 활용하여 공공정책으로서 금산분리의 실패를 초래한 원인과 그 실패가 초래하는 문제점에 대하여 계량경제학적으로 실증분석을 하였다. 이 두 부분은 그간 금산분리 논의의 한계를 보완하는데 유용할 것으로 판단된다. 국내외 역사적 사례는 그간 국내에서 회자되어 온 금산분리에 대한 여러 오해를 불식시키는 데 주력하였다. 디지털금융과 관련해서는 인터넷전문은행의 도입과 빅테크의 금융참여를 계기로 금산분리에 어떤 도전이 제기되는지를 논의하였는바, 최근의 정책환경을 이해하고 적절한 대응책을 마련하는 데 유용할 것으로 기대한다. 이 책의 마지막 장은 책 전체의 논의를 기초로 금산분리 정책과제를 종합적으로 도출하고 있다.

단일 정책에 대해 길다면 길고 짧다면 짧을 수 있는 책이지만 빠르게 변화하는 금융환경 속에서 금산분리의 기본적인 사항뿐 아니라 정책적인 이슈에 대한 이해가 제고되고 금융의 안정과 혁신이 균형 잡힌 정책환경을 만드는 데 일조하는 바람으로 이 책을 세상에 내 놓는다.

이 책이 나오기까지 많은 분들로부터 과분한 도움을 받았다. 저자가 처음 경제학을 시작할 때부터 지금까지 한결 같이 따뜻하게 지켜봐 주시고 이 책의 추천사를 써 주신 서울대 정운찬 교수님께 머리 숙여 감사드린다. 이동걸 회장님께서는 금융연구원에 재직 당시 저자에게 금산분리를 처음 일깨워 주신 분으로 언제나 깨어 있는 눈으로 현실을 직시하도록 이끌어주셨다. 류근관 교수님께서는 저자로 하여금 스탠포드대학 경제학과 visiting scholar로 있으면서 그곳 로스쿨에서 처음 법학과 인연을 맺는 기회를 제공해 주셨고, 김용재 교수님께서는 저자의 만학을 격려해 주시면서 은행법과 증권법에 대한 본격적인 공부를 시작할 수 있도록 이끌고 지도해 주셨다. 이동걸 회장님, 류근관 교수님, 김용재 교수님께서도 귀중한 추천사를 써 주셨다. 미국의 회사법제에 대하여 가르쳐주시고 Mark J. Roe의 Strong Managers Weak Owners를 들어 미국 금융발전이 금산분리원칙 하에서 이루어진 역사를 이해할 수 있도록 해주신 UCLA 로스쿨의 Sung Hui Kim 교수님께도 감사드린다. 고동원 교수님께서는 저자의 법학 공부를 응원해 주시는 가운데 금산분리에 대한 저자의 의문에 언제나 스스럼없이 논의해 주셨다. 이 책의 모태가 된 논문의 작성 과정에서는 익명의 많은 학자들로부터 더할 수 없는 훌륭한 조언을 받았으며 이 자리를 빌려 다시 한 번 감사드린다. 금융연구원 원내 세미나에서 귀중한 의견을 주신 선후배 동료 박사님들께도 깊이 감사드린다. 금년 초에는 이 책의 제목이 된 주제로 세미나를 할 수 있는 기회를 준 금융연구센터와 세미나에서 유익한 코멘트를 주신 신관호 교수님, 곽노선 교수님, 김진일 교수님, 이건범 교수님, 노형식 박사 등에게도 감사드린다. 이 책을 저술하는 과정에서는 이준수 금감원 은행감독국장, 최승필 교수께서 책의 전체를 읽고 아주 귀중하고 예리한 조언을 주셨다. 특히 오금화 박사께서는 이 책의 모태가 된 논문들의 출간, 그리고 이 책의 준비과정에서도 결코 잊을 수 없는 큰 도움을 주셨다. 한국은행 국장의 지위로

업무상 바쁜 와중에서도 글의 내용뿐 아니라 체계에 대해서도 의견을 아끼지 않았고 이 책 원고의 처음부터 끝까지 세밀히 반복해서 읽고 하나하나 귀중한 조언을 주셨다. 오금화 박사의 이 같은 도움이 없었다면 이 책은 나오지 못했을 것이다. 주영민 박사는 이 책의 모태가 된 논문의 준비과정에서 자료와 데이터를 찾고 정리하는 수고로움을 마다하지 않았다. 이 책의 출간을 기꺼이 허락해 주신 박영사의 임재무 상무님, 편집과정을 책임지고 저자의 부족함에도 불구하고 말로 갚을 수 없는 많은 노력을 해 주신 전채린 차장님께도 깊이 감사드린다. 마지막으로, 지금은 먼 곳에 가셔서 옆에 안 계시지만 일평생 공경과 올바름의 도리(欽正之道)를 일깨워 주신 부모님께 머리 숙여 감사드리며, 항상 함께 하는 가족에게도 존경과 사랑을 전한다.

2021년 11월 명동에서

저자 김 자 봉

들어가기에 앞서

　　이 책은 6부 15장으로 구성되어 있다. 제1부는 전체 내용을 개괄한 스토리를 담고 있고, 마지막 제6부는 정책과제를 최종적으로 종합하여 도출한 내용을 담는다. 그 사이에 나머지 부와 장들은 크게 금산분리의 이론, 발전, 실증분석, 디지털금융 시대의 금산분리 등의 내용을 담고 있다.

　　제1부 제1장은 전체를 관통하는 문제의식을 간략히 서술한 것이고, 제2장은 길잡이에 해당하는 글로서 전체 내용을 조망하고 각 장별 문제의식이 무엇인지 드러나도록 하였다. 특히 장들 간 유기적 관계를 고려하면서도 각 장의 내용의 대체를 인식될 수 있도록 하기 위해 제2부 이하 제3장부터 제15장까지의 구분을 동일하게 유지하였다. 이 구분은 실제 장들과 같도록 하여서 쉽게 비교하고 찾아보는 데 유용할 것으로 믿는다.

　　제15장의 정책과제는 제3장에서 제14장까지의 논의를 기반으로 크게 대략 여섯 가지 정도의 과제를 제기하였다. 보기에 따라서는 더 세분할 수도 있겠으나 대체로 이와 같이 유지하면 크게 무리가 없다고 판단하였다.

　　이 책의 일부는 그간 국내 저널에 출간한 논문을 기반으로 하고 있다. 지난 3~4년에 걸쳐 국내 경제학 및 법학 저널에 여러 편의 논문을 출간한 바 있다. 출간한 논문의 많은 부분이 인용되어 저작권에 대한 우려를 없애기 위해 문의하고 확인한 바에 의하면, 저작권의 기준은 각 저널마다 상이하였다.

　　어떤 저널은 저자에게 저작권을 명시적으로 부여한 경우도 있고, 저널자신에게 부여한 경우도 있었다. 또한 저널자신에게 부여하더라도 저자에게 저작권 활용을 부여하기 위한 경우도 있었다. 이 자리를 빌려 저자의 저작권을 인정하고 이해하여 준 저널에 깊이 감사드린다. 관련 저작물은 저널의 이름과 연도를 명확히 하여 모두 밝혀 두었다.

책의 모태가 된 저자의 주요 논문

김자봉, 은행은 여전히 특별할 것인가? - 은행의 전통적인 중개기능과 디지털 플랫폼의 은행서비스에 대한 이해, 한국금융연구원 (2021.11)

김자봉, 금산분리의 역사적 및 철학적 기초에 대한 검토, 은행법연구 발간예정 (2021.11).

김자봉, 핀테크, 빅테크, 은행의 역할과 규제원칙, 은행법연구 제14권 제1호 (2021.5)

김자봉, 은산분리의 실증분석: 은행과 산업의 결합에 따른 비용 - 편익의 추정을 중심으로, 금융연구 제35권 제9호 (2021).

김자봉, 빅테크의 금융참여에 대한 글로벌 규제논의와 시사점, 금융연구원 금융브리프 논단 제30권 제9호 (2021.4).

김자봉, 은행은 여전히 특별할 것인가?, 한국금융연구원 금융브리프 제29권 제24호 (2020.12)

김자봉, 은행은 여전히 특별할 것인가? - 세 가지 경제적 및 법적 쟁점의 문제제기를 중심으로, 은행법연구 제13권 제1호 (2020.5)

김자봉, "금산분리의 법리 - 법적 권리 간 이해상충의 경제적 인센티브와 충돌의 사회적 비용을 중심으로," 은행법연구 제13권 제2호, 91 - 117 (2020).

김자봉, 금산분리의 법리 - 법적 권리간 이해상충의 경제적 인센티브와 충돌의 사회적 비용을 중심으로, 은행법연구 제13권 제2호 (2020).

김자봉, 금산분리의 경제이론 - 최근의 두 가지 쟁점에 대한 논의를 중심으로 -, 서울대 금융법센터 Business Finance and Law (2019.11).

김자봉, 규제가치 최적화를 위한 금융규제 체계의 구성과 금융발전, 금융법연구 제16권 제1호 (2019.4)

김자봉, 원칙중심 사후규제를 근간으로 하는 규제혁신과 금융발전, 금융연구원 금융브리프 제27권 제24호 (2018.12)

김자봉, 인터넷전문은행은 은산분리규제의 예외인가? - 소유와 지배의 분리원칙에 대한 논의를 중심으로-, 금융법연구 제15권 제3호 (2018).

김자봉, 원칙중심 v. 규정중심 : 법의 형식에 대한 법철학적 논의, 금융법연구, 제15권 제2호 (2018).

김자봉, ILC는 은산분리규제의 예외인가? - 은산분리규제에 대한 미국 감독당국의 정 책수단과 ILC 제도의 시사점, 은행법연구, 제11권 제2호 (2018).

김자봉, 금융의 역할, 비전과 금융법제의 주요 정책과제, 미발간원고 (2017).

김자봉, 투자자예탁금 기능 확대의 충분조건, 기업지배구조연구 제5권 (2008).

차례(개요)

차례(세부)

제2부 금산분리의 이론

제6장 금산분리의 경제이론과 법리

제3부 금산분리의 발전

제7장 금산분리의 역사

제8장 미국의 금산분리

제9장 우리나라 금산분리의 변천

제4부 금산분리의 실증연구

제10장 금산분리의 실증분석1(기존연구)

제11장 금산분리의 실증분석2(Welch 검증)

제6부 정책과제

제15장 금산분리의 정책과제

제1부

총론

제1장

전체 요약

'금산분리는 12세기 베니스에서 처음 은행이 등장하던 때부터 시작하여 현재에 이르고 있는 금융정책의 근간이다.'

금산분리는 12세기 베니스에서 시작되었다. 처음 은행이 등장하던 때부터 시작하여 현재에 이르고 있는 금융정책의 근간이다. 800여년을 지속하고 있는 공공정책으로서 긴 발전의 길을 걸어왔고 또 걷고 있다. 인권의 개념이 오랜 역사를 거치며 여전히 재평가되고 발전의 길을 걷고 있듯이(인권의 역사는 1215년 영국의 '마그나 카르타'에서 시작되어 1789년 '인간과 시민의 권리선언'을 거쳐 이제는 경제 · 사회 · 문화의 권리로 확장되고 있다. 금산분리는 1157년 Bank of Venice에서 시작되어 1694년 영란은행, 1782년 Bank of North America을 거쳐 오늘에 이르고 있다). 하지만 긴 발전에도 불구하고 금산분리는 여전히 발전의 과제를 남겨두고 있다. 하나는 법리적 기초를 보다 명확히 하는 것이고, 다른 하나는 경제학적 실증분석을 통해 금산분리정책을 엄밀히 평가하는 것이다. 그간의 많은 논의에도 불구하고 금산분리에 대한 법리와 경제적 실증분석은 지속적으로 결여되어 왔다. 이 책이 기여하고자 하는 것은 바로 이 두 가지를 조금이라도 진전시키는 것이다.

이 책의 시작이 되는 질문은 '금산분리는 무엇인가'이다. 금산분리는 소유 · 지배를 매개로 금융과 산업이 사적 이익의 동반자가 되어 금융의 공적 역할을 훼손하는 것을 억제하는 금융정책이다. 다시 말하면, 금융의 효율성, 건전성, 금융소비자에 대한 신인의무(fiduciary duty), 공정경쟁을 저해하는 금융과 산업간 소유를 제한하고 지배를 금지한다.

금산분리는 처음 베니스에서 은행의 비금융업무 참여를 못하게 하는 업무영역제한의 형태로 시작되었다. 이후 영국, 미국 등을 거치면서 금산분리의 정책수단은 지배구조규제와 소유규제로 발전되어 왔다. 글로벌 차원에서 볼 때 금융과 비금융 활동이 적절히 구분되어야 한다는 업무영역제한은 이제는 아무도 이의를 달지 않는 금융정책의 기초가 되었다. 지배구조규제와 소유규제는 정책결합(policy mix)을 통해 서로 보완적으로 작동한다. 금융과 산업의 결합(이하 금산결합)에서 소유는 수단이고 지배는 목적이다. 금산분리가 궁극적인 목표로 하는 것은 지배의 억제다. 지배의 억제는 소유규제를 통해서도 할 수 있고, 지배구조규제를 통해서도 할 수 있다. 어느 나라에서도 소유를 전면금지하는 소유규제는 하지 않는다. 지분한도를 일정 수준으로 제한한다. 이에 따라 소유규제와 지배구조규제의 정책결합은 필연적이다. 더구나 주의해야 하는 점은 정보비대칭성으로 인해 소유규제와 지배구조규제 모두 개별적으로는 완전하기가 어렵다는 점이다. 1997－98년 우리나라 금융위기에서도 드러났듯이 소유와 지배의 상황이 규제자의 눈에 언제나 완벽하게 파악되지는 않는다. 따라서 소유규제와 지배구조규제는 적절한 결합을 통해 탄력적으로 활용되어야 한다.

　금융과 산업의 모든 관계가 금산분리의 대상인가? 반드시 그렇지는 않다. 금융과 산업의 모든 관계가 필연적으로 금융의 공적 역할을 훼손하는 사적 이익의 동반자가 되는 것은 아니다. 따라서 모든 관계가 금산분리의 대상이 되는 것은 아니다. 그렇다면 금산분리의 규제를 결정하는 궁극적인 기준은 무엇인가?

　금산분리의 법리적 기초는 필연적으로 규제의 대상이 되는 금산결합의 내적 권리구조를 밝히는 것이다. 규제의 대상이 되는 금융과 산업의 결합은 금융의 공적 역할을 훼손하는 경우다. 그러면 언제 이러한 훼손이 발생하는가? 금산결합으로 인해 금융의 산업에 대한 법적 권리와 산업의 금융에 대한 법적 권리 간에 충돌이 발생하는 경우다. 금융의 산업에 대한 법적 권리는 예금자 등 금융소비자의 이익과 중개기관으로서 금융회사의 건전성을 유지하는 것에 대한 권리로서 구체적으로는 대출 등에 대한 채권적 청구권이다. 산업의 금융에 대한 법적 권리는 소유에 기반해서 금융기관의 의사결정을 지배할 수 있는 권리로서 물권적 지배권이다. 두 권리가 충돌하면 물권적 지배권이 우선한다.

　산업이 금융을 지배하여 물권적 지배권을 행사할 경우 은행은 대출에 대하여 위임모니터링(delegated monitoring)을 제대로 행사하지 못한다. 상환청구권을 행사하는 데에도 어려움이 발생할 수 있다. 더 나아가 예금자에 대한 신인의무도 제대로 이행할 수가 없다. 만일 은행의 의사결정을 지배하는 산업이 높은 위험의 투자 프로젝트에 은행대출을 제공할 경우 대출의 부도위험은 높아진다. 은행의 부도위험도 높아진다. 경쟁기업에 대해서는 대출도 주지 않을 수 있고 주었던 대출도 회수할 수 있다. 이와 같이 물권적 지배권과 채권적 청구권의 충돌을 빚는 금산결합은 필연적으로 금융의 효율적 배분, 금융의 건전성 및 안정성, 금융고객에 대한 신인의무의 이행, 공정경쟁 등을 곤란하게 만든다.

　　모든 금산결합이 필연적으로 법적 충돌을 야기하는 것은 아니다. 금융과 산업이 결합되더라도 법적 권리의 충돌이 없는 한 금산분리의 대상이 될 필요는 없다. 반대로 금융과 산업이 명시적으로 결합되지 않더라도 법적 권리간 충돌이 예상될 수 있으며 이 경우에는 금산분리의 대상이 되는 것이 바람직하다. 따라서 금산분리의 경계는 금산결합 자체가 아니라 공적 이익 훼손의 원인이 되는 법적 권리 간 충돌을 야기하는지 여부에 의해 결정된다. 이상의 논의에 기초하여 다시 정의하면, 금산분리는 법적 권리의 충돌을 초래하는 소유·지배관계를 억제하고 해소하는 것이다.

　　비용－편익에 대한 실증분석은 공공정책으로서 금산분리를 지지하는가? 실증분석을 통해 금산분리의 성과를 평가하는 것은 정책의 존재 의미를 판단하는 중요한 과정이다. 1997－98년 금융위기를 포함하는 데이터를 이용한 분석에 의하면, 금융과 산업의 결합은 소유·지배관계를 매개로 기업의 부실이 은행으로 이전되어 다수 은행이 부도를 당하는 결과를 초래하였다. 하지만 산업자본과 소유관계를 가진 모든 은행이 부도를 당한 것은 아니었다. 소유되었으나 지배되지 않은 은행은 부도를 당하지 않았고 오히려 재무적으로 성과가 좋은 경우도 있었다. 지배되지 않았다는 것은 물권적 지배권에 의해 채권적 청구권이 부정되는 법적 권리의 충돌이 빚어지지 않았다는 것을 말한다. 따라서 이러한 실증분석 결과는 금산분리의 중요성을 적극적으로 지지한다. 또한 소유규제 일변도로 유지되어 온 우리나라 금산분리 정책수단의 한계를 여실히 보여주며 지배구조규제와의 적절한 정책결합이 이루어져야 함을 시사한다.

　　디지털금융 시대에서도 금산분리는 여전히 의미를 갖는가? 다시 물으면, 디지털금융 시대에서도 금산결합은 금융의 공적 역할을 저해하는 법적 권리의 충돌을 초래할 수 있는가? 미리 답을 말하면, 그렇다.

　　디지털금융은 금융서비스의 전달 채널이 전통적인 오프라인 방식에서 온

라인 방식으로 변화하는 것을 말한다. 어디까지나 서비스 전달채널의 문제일 따름이지 소유·지배에 따르는 문제점과 법적 권리의 구조에 어떤 변화를 초래하는 것은 아니다. 디지털금융을 제공하는 자는 은행 등 전통적인 금융기관, 핀테크, 빅테크의 디지털 플랫폼 등이다. 전통적으로는 은행이 디지털금융을 주도해 왔으나 최근에는 빅테크의 금융참여가 빠르게 나타나고 있다. 금산분리 관점에서 빅테크의 금융참여는 어떤 문제점을 갖는가?

먼저, 빅테크는 그 자신이 비금융회사다. 비금융회사가 금융에 참여하는 것은 베니스에서 시작된 업무영역제한 원칙에 위배된다.

다음으로, 빅테크가 자신의 이름으로 직접 금융 거래계좌를 발행하여 금융서비스를 제공하는 경우 은행과 마찬가지로 예금자(혹은 자금 예치자)에 대해서는 채무자가 되고 자금차입자에 대해서는 채권자가 된다. 그런데 비금융회사인 빅테크는 스스로에게 혹은 자회사 혹은 자사계열 가맹기업에게 유리한 조건으로 자금을 제공함으로써 금융의 효율성과 공정경쟁원칙을 저해할 수 있다. 위임모니터링(delegated monitoring)은 제대로 이루어지지 않고 대출채권의 부실이 발생할 경우 그 손실은 고스란히 예금자에게 전가될 수 있다.

또한 플랫폼이 대리의 방식으로 금융서비스를 제공할 경우 고객에 대하여 금융계약(origination/distribution)과 자금조달(funding) 기능을 모두 할 수도 있고 둘 중 하나만 할 수도 있다. 그런데 대리의 법리에 의하면 플랫폼은 대리로서 자신이 행한 금융계약과 자금조달에 대하여 규제책임을 갖지 않는다. 대리계약을 맺은 본인 금융회사에 대해 관리책임의 대상이 될 뿐이다. 이에 따라 시장지배력에 기초해 우월적인 협상력을 갖는 플랫폼은 금융계약과 자금조달에 있어서 금융소비자에 대한 신인의무와 위임모니터링(delegated monitoring)을 통한 자산건전성을 고려하지 않을 유인을 갖는다. 또한 비금융회사로서 플랫폼은 자금배분의 대리권한을 이용하여 자신과 특수관계에 있는 자회사나 가맹기업에게 효율성 원칙을 무시하고 유리하게 자금을 제공할 수 있다.

따라서 빅테크는 소유·지배관계에 기반한 것은 아니지만 시장지배력을 이용하여 은행의 자금배분에 대한 의사결정권을 사실상 지배함으로써 채권적 청구권을 무력화시킬 수 있다는 점에서 규제의 대상이다. 종래의 경우와 비교하면 종래의 금산결합에서는 산업과 금융간 소유·지배관계에 기초하여 물권적 지배권과 채권적 청구권이 충돌하는 구조였다면, 빅테크의 경우에는 비록 소유에 기초한 명시적인 금산결합은 없지만 플랫폼의 시장지배력에 기반하여 금융배분의 의사결정을 지배(물권적 지배권과 동일한 법적 효과)함으로써 채권적 청구권과의 충돌을 초래하는 것이라고 할 수 있다.

참고로, 플랫폼의 금융참여를 제조와 판매의 분리(제판분리) 관점에서 보는 것은 금융의 본성을 오해하는 것이라는 점을 간략히 설명하고자 한다. 물권의 대상인 물건은 구체적인 구매자와 독립적으로 제조되어 소유권 이전의 형태로 판매되나(제조 후 판매. 제조와 판매의 분리), 채권의 대상인 금융은 제조 이전에 구체적인 구매자의 요청에 의해 약정기간 동안 금융서비스의 생산을 약속하는 판매계약이 이루어진다(판매 후 제조. 판매계약이 곧 제조계약). 물건의 효용은 제조자와 판매자로부터 독립하여 물건 그 자체로부터 나오나, 금융의 효용은 제조자, 판매자, 고객 간의 관계로부터 나온다.

금융에 있어서는 제조와 판매 모두가 중요하며 이 둘은 엄밀히 말해 분리되지 않는다. 디지털금융 환경에서 판매의 중요성이 강조되는 것은 맞다. 그렇다고 제조와 판매가 분리 가능한 것으로 보거나 일반화하는 것은 타당하지 않다. 구태여 제조와 판매를 구분하더라도 판매는 금산분리의 대상이다. 금산분리가 궁극적으로 규제의 대상으로 하는 것은 어떤 방법으로 자금을 배분하는가가 아니라 누구에게 자금을 배분하는가이다. 판매는 누구에게 금융자원을 제공할 것인가를 결정한다. 자금의 배분이 이루어지는 단계는 판매이지 제조가 아닌 것이다. 따라서 금산분리의 대상에서 판매가 제외될 수는 없다. 디지털금융 환경에서는 판매 영역에 대한 금산분리규제가 오히려 더 강조되어야 한다.

한편 엄격히 말하면 제조와 판매의 분리여부는 금산분리와는 독립된 현상이다. 제조와 판매는 비즈니스 활동에 대한 기능적 구분이고, 금산분리는 소유·지배의 사회적 관계에 대한 것으로 이 둘은 서로 범주가 다르다. 따라서 제판분리와 금산분리는 서로 필요조건도 아니고 충분조건도 아니다. 제조와 분리되는 판매에 대해 금산분리를 적용할 필요가 없다는 것은 논리적으로 오류이고 규제회피만을 낳을 수 있다.

이 책이 지향하는 금산분리의 미래는 첫째, 금산분리에 대한 논의와 정책이 엄밀한 법리와 실증적 분석에 기반하여 이루어지고, 둘째, 소유와 지배의 분리원칙하에서 소유규제와 지배구조규제가 함께 균형을 이루도록 하는 정책결합이 실현되는 것이다. 소유규제와 지배구조규제 간 정책결합의 의미를 좀 더 명확히 하기 위해 정책수단의 선택을 (1) 소유규제 (2) 소유와 지배의 분리, 이 둘 중 선택의 문제로 가정해보자. 자칫 단순화의 가능성이 있으나 이 가운데 하나를 선택한다면 (2)가 더 타당하다. 소유와 지배의 분리가 가능한 경우에는 지배구조규제를 중심으로 하고, 소유와 지배의 분리가 어려운 경우에는 소유의 엄격한 제한이 필요할 것이다. 셋째, 금융규제 체계가 규정중심에서 원칙중심으로 전환되어 효과적이고 균형 잡힌 금산분리 규제가 이루어지고, 넷째, 인터넷 전문은행의 예외적인 소유규제에 대하여 지배구조규제를 보완함으로써 균형잡힌 정책결합이 가능하도록 하는 것이다. 다섯째, 빅테크의 금융참여라는 새로운 현상에 대하여 명확한 법리적 관점의 해석이 이루어지고 적절한 정책수단이 도입되는 것이다. 마지막으로 금산분리를 도입한 다양한 법률간에 목적과 정책수단을 조건으로 한 일관성이 확보되는 것이다.

제2장

금산분리와 금융
: 각 주제별 들어가는 글

Ⅰ 금산분리의 경제이론과 법리

1. 금산분리는 무엇인가?

금산분리는 무엇인가? 말 그대로 이해하면 금융과 산업을 분리하는 것이다. 금산분리는 어떻게 하는가? 금융과 산업 양자 간에 소유를 제한하고 지배를 금지한다. 금융과 산업간 일체의 관계가 분리의 대상인가? 그렇지 않다. 금산분리는 소유·지배를 통해 이루어지는 관계를 분리의 대상으로 한다. 왜 분리하는가? 금융과 산업의 소유·지배를 통한 결합이 가져올 부정적 효과를 억제하기 위해서이다. 어떤 부정적 효과가 나타날 수 있는가? 금융의 효율성과 공정경쟁 등 금융의 공적 역할을 훼손할 수 있다. 효율성과 공정경쟁 등이 제대로 지켜지지 않으면 어떤 일이 일어나는가? 기업의 부실과 파산이 발생하고 은행 등 금융의 부실과 파산이 이어져 예금자 등 금융고객이 손실을 입게 되고 심각한 수준에 이르면 1997－98년 금융위기(흔히 1997~1998년 위기는 외환위기로 불리지만 이는 자칫 위기의 현상과 원인을 외환의 범주로 국한하여 오해할 소지가 있다. 당시 위기의 불꽃이 당겨진 곳은 외환이지만 외환을 포함한 금융 전체로 그 위기가 확산되었고, 이러한 위기의 근본원인은 재벌에 의한 금융지배 등 금융 전반의 왜곡과 규제의 실패에 있었다. 따라서 정확한 명칭으로는 외환위기 보다 금융위기가 더 적합하다)처럼 급기야 나라경제 전체가 큰 곤란에 빠질 수가 있다.

금융이 경제 내에서 행하는 역할은 매우 특수하다. 금융도 하나의 산업이다. 금융 역시 제조업과 다름이 없이 이윤 동기에 따른다. 하지만 여러 산업 가운데 하나만으로 치부할 수 없는 특성을 갖는다. 금융은 차나 컴퓨터 등 완성품을 생산하여 판매하는 것이 아니라 제조업이 차나 컴퓨터 등을 생산하기 위해 필요한 투자자금을 많은 국민으로부터 조달하여 제공하는 중개역할을 한다.

중개자로서 투자자금의 제공은 효율성과 공정성 기준에 따라 이루어져야 한다. 생산성과 수익성이 낮은 기업보다는 높은 기업에게 우선하여 제공되어야 하고 이 기준은 누구에게나 예외 없이 적용되어야 한다. 만일 생산성이 더 낮더라도 소유·지배관계에 따라 이해를 같이 하는 특수한 관계라고 해서 자금을 제공하면 이는 기업과 은행 모두에게 부실의 씨앗이 된다. 1997-98년 국가부도를 가져왔던 금융위기를 통해 알게 되었듯이 금융위기의 씨앗은 재벌에 의한 금융지배였다. 당시 재벌은 막대한 부채경영에 몰두하였는데, 금융을 지배하니 막대한 자금을 금융기관으로부터 가져다 쓴 것이다. 이를 정실 자본주의(crony capitalism)라고 하는데 그 폐해가 바로 기업과 은행의 파산, 예금자 등 금융고객의 손실, 그리고 국가부도였다. 금산분리의 목적은 바로 이러한 정실자본주의를 예방하고자 하는 데 있다.

　정실 자본주의를 벗어나 건전한 경제성장을 위해서는 금융의 자금배분이 아무런 외압이나 특수한 이해관계 없이 효율적이고 공정하게 이루어져야 하며 이를 보장하는 시스템이 잘 갖추어져야 한다. 만일 금융이 특정 기업에게 소속될 경우 금융배분의 의사결정이 휘둘릴 가능성이 있고 그렇게 되면 자금의 효율적인 배분은 곤란하게 된다. 대출자금이 심각한 수준으로 부실화될 경우 금융기관은 파산을 피할 수 없게 된다. 금융기관의 파산은 일개 기업의 파산보다도 더 심각한 영향을 경제에 미친다. 물론 일개 기업의 파산도 그 기업의 종사자가 일자리를 잃게 되고 거래하던 기업들에게 충격을 줄 수 있지만 은행에 비해서는 상대적으로 그 영향이 덜 하다. 은행의 파산은 보다 광범위하고 그 수준도 심각하다.

　금융은 흔히 우리 신체에 혈액과 같다고 한다. 혈액은 혈관을 통하여 몸 전체를 순환한다. 혈액에 문제가 생기면 그 영향은 몸 전체가 받는다. 은행은 전 국민으로부터 예금을 받아 전국에 걸쳐 분포한 기업들에게 자금을 제공한다. 은행을 이용하는 자는 일부의 사람이나 기업이 아니라 전체 국민이고 전체 기업이다. 모든 경제활동이 은행 네트워크를 통하여 서로 긴밀히 연결된다. 은행 네트워크를 이용하지 않는 경제활동은 거의 없다. 그러다 보니 한 은행의 파산은 다른 은행의 파산에도 영향을 미치고, 또한 일부의 사람이나 기업만이 영향을 받는 것이 아니라 나라 경제 전체가 영향을 받는다. 그래서 은행은 그 존재 자체가 시스템 차원이다. 1997~1998년 금융위기에서 경험한 것이 바로 이것이다. 자신들이 지배하던 은행으로부터의 차입에 의존하여 막대한 부채경영을 했던 재벌기업들이 부도나자 직격탄을 맞은 은행이 파산하였고 곁에 있던 다른 은행들이 파산하였고 이에 따라 급기야는 재벌기업 이외에도 전국에 걸쳐 무수히 많은 기업과 자영업들이 파산하였고 결국에는 국가가 파산하는 사태에 이르게 되었다.

은행의 파산은 돈을 예치하는 자와 빌리는 자 가운데 어디에서 오는가? 은행의 중개기능은 돈을 은행에 예치하는 고객과 은행으로부터 빌려가는 고객을 대상으로 이루어진다. 예치하는 돈은 부도 위험이 전혀 없는 100% 현금이다. 그래서 은행의 파산은 예금자로부터 시작하지는 않는다. 반면 돈을 빌리는 자는 돈을 투자하여 성공할 수도 있고 실패할 수도 있다. 돈을 빌리는 자의 대표격에 해당하는 기업은 언제나 실패위험에 노출된다. 흔히 벤처기업은 10중 1만 성공해도 성공이라고 한다. 이는 그만큼 실패의 위험이 크다는 것이다. 기업은 크든 작든 언제나 부도위험에 노출되고 이 부도위험은 바로 은행의 부도위험으로 전환된다. 그리고 은행의 부도는 예금자와 국가경제의 손실로 전환된다. 이런 까닭에 은행은 자금을 제공함에 있어서 엄격성을 유지하고자 한다. 돈을 빌리고자 하는 기업은 건전한 기업인지, 과거 성과는 어떠했는지 등을 실사하고, 빌린 후 원래 투자하기로 했던 것이 아니라 함부로 투자하지는 않는지에 대해 모니터링을 한다. 그런데 은행이 이러한 엄격한 실사와 모니터링을 하더라도 기업은 예상치 못한 상황의 변화나 외부적인 충격에 의해 부도가 날 수도 있다. 하물며 엄격한 실사와 모니터링이 없으면 기업의 부도위험은 더욱 크고 이로 인해 은행의 부도와 예금자의 손실 가능성 또한 커질 것이다. 은행이 자금을 배분함에 있어서 효율성 원칙을 유지해야 한다는 것은 엄격한 실사와 모니터링을 통해 자금이 배분되어야 한다는 것을 의미한다. 공정성 원칙을 유지해야 한다는 것은 이러한 엄격한 실사와 모니터링의 대상에 예외를 두어서는 안 된다는 것을 의미한다. 1997~1998년 금융위기가 주는 교훈은 은행 등 금융기관으로부터 돈을 빌려가는 재벌이 금융을 지배하다보니 엄격한 실사도 모니터링도 제대로 되지 못하였다는 점이다. 금산분리가 목표로 하는 지점은 바로 여기다. 엄격한 실사와 모니터링에 예외를 초래할 수 있는 소유·지배를 억제하는 것이다. 즉, 돈을 빌리는 위치에 있는 기업이 은행 등 금융기관의 의사결정을 지배하는 것을 막는 것이다.

　　물론 금산분리가 예금자는 선이고 기업은 악이라고 가정하고 기업의 은행 지배를 막는 것은 아니다. 기업은 국민경제를 떠받치는 매우 중요한 역할을 한다. 국가경제에 예금자가 없으면 안 되듯이, 기업도 마찬가지다. 기업이 없으면 제대로 된 생산도 고용도 성장도 없게 될 것이다. 그래서 예금자가 중요하듯이 기업도 중요하다. 금산분리가 막고자 하는 것은 악으로서의 기업이 아니라 장기적으로 기업 스스로와 국가의 경쟁력을 훼손하고 금융건전성과 안전성에 해로운 영향을 미치는 금융과 산업의 소유·지배관계다.

2. 금산분리의 경제이론

　　금산분리정책은 무엇을 출발점으로 삼아야 하는가? 금산분리는 엄격하고 합리적인 금융시장에 대한 경제이론과 법리에 기초하여 이루어지는 것이 바람직하다. 편향된 견해와 이해의 관점에서 벗어나 객관적인 이론체계에 근거를 두어야 한다. 그렇게 하는 것이 학문으로서 금산분리를 바로 세울 수 있고 힘 있는 정책으로서 위상을 갖도록 할 수 있다.

　　금융이론에서 가장 기본적인 공리의 하나는 금융시장 내 정보의 비대칭성 (information asymmetry)이다. 돈을 빌려주는 자는 빌리는 자의 투자행위를 제대로 관측하기가 불가능할 수도 있고 불가능까지는 아니더라도 쉽지 않을 수 있다. 은행이 기업에게 빌려주는 돈은 원천으로는 예금자의 것이다. 하지만 예금자는 기업에 대한 정보를 갖고 있지 못하다. 이에 따라 예금자는 정보의 수집·분석·평가에 전문성을 가진 은행으로 하여금 예금자 자신을 대신하여 자금을 빌려 주도록 위임(delegation)한다. 은행은 예금자로부터의 위임에 따라 예금자에 대해 신인의무를 가지며 돈을 빌려간 기업에 대해 모니터링을 행한다. 이를 위임모니터링(delegated monitoring)이라고 부른다. 정도의 차이는 있으나 은행뿐 아니라 증권사, 보험사 모두 위임을 전제로 한다. 예금자로부터의 위임에 따른 신인의무를 충실히 이행하기 위해서는 은행 등 금융회사는 전문성을 유지하는 가운데 효율적인 자금배분을 이행할 수 있어야 하며 이를 위해서는 자금을 빌리는 자인 기업과 소유·지배관계를 가져서는 안 된다.[1]

정보의 비대칭성하에서 자금의 효율적 배분을 위한 필요조건인 엄격한 대출심사와 위임모니터링은 금산분리가 도입되어야 하는 경제학적 이유다. 엄격한 대출심사와 위임모니터링은 누구에게나 예외 없이 공정하게 적용되어야 한다. 만일 금융회사로부터 자금을 조달하는 자가 금융회사에 대하여 소유·지배관계를 가질 경우 소유·지배관계를 가진 자에 대해서는 엄격한 대출심사와 위임모니터링은 불가능하게 된다. 금융회사의 의사결정을 지배할 것이기 때문이다. 경제학의 제1원칙은 한정된 자원을 효율적으로 배분하는 것이다. 금융 역시 한정된 자원에 해당하는 것으로 금융의 효율적 배분은 경제학의 제1원칙에 해당한다. 따라서 금산분리는 엄격한 대출심사와 위임모니터링에 어떠한 예외도 두지 않는 가운데 보다 능력이 있는 기업과 경제인으로 하여금 성공의 기회를 얻도록 하는 자금의 지원을 가능하게 한다는 점에서 금융의 효율적 배분을 가능하게 하는 중요한 토대가 된다.

금산분리의 반대말은 금산결합이다. 금융과 산업이 결합하는 것이다. 금산결합은 양방향으로 이루어질 수 있다. 즉, 금융회사가 기업을 소유·지배할 수 있고, 반대로 기업이 금융회사를 소유·지배할 수 있다. 금융회사가 기업을 소유·지배하는 경우, 금융회사는 자신이 소유·지배한 기업이 생산성과 수익성이

[1] 물론 은행이 기업의 지분을 일부 소유하면 주주로서 기업의 주주총회에 참석하여 기업의 중요한 의사결정에 대한 정보를 얻는데 유리하는 등 주주권에 기반한 모니터링이 가능할 수 있다는 점에서 은행이 기업을 지배하거나 기업과 이익의 공동 운명체가 되지 않는 낮은 수준의 지분 보유는 이론적으로나 현실적으로 부정되지 않는다.

더 낮거나 심지어 부도날 위험이 있더라도 금융회사 자신의 이익을 위해 소유·지배한 기업에게 과도한 자금을 제공할 유인을 가질 수 있다. 기업이 금융회사를 소유·지배하는 경우에도 마찬가지로 금융회사에 영향력을 행사하여 자신에게 유리한 자금을 제공하게 할 수 있다. 그런데 어느 경우든 이러한 소유·지배를 행사하여 금융배분이 이루어질 경우, 궁극적으로는 금융회사의 부실이 증가하게 하고 경제성장에 크게 기여할 수 있는 더 능력 있는 기업이 자금을 얻지 못하는 결과가 초래된다. 금산분리가 도입될 경우 이러한 비효율적이고 공정하지 못한 자금배분은 억제될 수 있으며, 이것이 금산분리에 대한 경제학적 관점의 정책목적이다.

한편 금산분리에 반대하는 논리가 있을 수 있다. 이에 의하면 금융시장이 효율적 자금 배분을 하기 위해서는 금융시장이 경쟁적이어야 하는데 금융시장이 경쟁적이려면 금융시장 신규진입이 자유롭게 이루어져야 한다. 하지만 금산분리는 금융시장의 새로운 진입을 곤란하게 한다.[2] 특히 금융시장에 잠재적인 신규 진입자가 산업자본 외에 달리 없는 상황이라면, 금산분리가 진입장벽의 역할을 할 가능성을 배제하기 힘들고, 이 경우 금산분리는 기존 금융회사의 이노베이션 인센티브를 약화시켜 궁극적으로 금융시장의 경쟁력을 떨어뜨리는 문제를 야기할 수 있다는 것이다. 금산분리에 대하여 이러한 찬반의 견해가 있을 수 있다는 점을 고려하면 그간 오랜 역사를 거쳐 시행되어 온 금산분리정책의 효과에 대한 엄밀한 실증적인 분석이 필요할 수 있다.

2) Muckenfuss III and Eager(2007)는 금산분리가 반경쟁적인 정책이 될 수도 있다고 지적한다. Cantwell F. Muckenfuss III and Robert C. Eager, The separation of banking and commerce revisited, The Mixing of Banking and Commerce, Federal Reserve Bank of Chicago, 2007. 물론 반대의 주장도 가능할 수 있다. 예를 들어 산업자본이 지배한 은행들이 담합을 형성하여 신규진입을 방해할 수도 있다.

3. 금산분리의 법리

　　금산분리의 법리는 무엇인가? 금산분리를 명시하고 있는 법적 근거에 대한 것이 아니라 금산분리가 필요한 법리적 이유를 말한다. 법리가 명확해야 규제의 목적과 정책수단을 합리적으로 도출할 수 있으며, 이와 같이 도입된 금산분리는 법적 안정성을 확보하게 된다. 금산분리의 법리적 근거는 금산결합이 어떤 법적 권리의 생성과 충돌의 메커니즘을 통해 효율적 금융배분의 실패를 필연적으로 초래할 수 있는지를 밝히는 것이다. 경제학적 관점이 자금의 효율적 배분 여부를 기준으로 하는 것이라면, 법리적 관점은 법적 권리의 충돌 메커니즘 여부를 기준으로 하는 것이다. 이 두 관점은 서로 상충하는 것이 아니라 서로 보완적이다. 금융의 효율적 배분이 실패하는 곳에 법적 권리의 충돌이 있을 수 있고, 반대로 법적 권리의 충돌이 있는 곳에 효율적 배분이 실패할 수 있다. 다만 금융과 산업의 명시적 결합이 없이도 법적 권리의 충돌이 초래되어 금융의 효율적 배분의 실패를 가져올 수 있다. 또한 금융과 산업 간 결합의 정도에 따라서는 법적 권리의 충돌이 없을 수도 있다. 따라서 금융과 산업의 결합이 필연적으로 금융의 효율적 배분 실패를 초래할지 여부를 알기 위해서는 법적 권리의 충돌 가능성 여부를 판단해야 한다.

　　기존 금산분리에 대한 많은 논의는 금융자본과 산업자본 간의 정치적 긴장 관계, 그리고 두 자본의 결합이 초래하는 결과 자체에 치중한 측면이 있었다. 이로 인해 그러한 문제를 야기하는 금융과 산업 간 결합의 내적 메커니즘, 경제적 인센티브와 법적인 권리 관계를 구조적으로 정확히 파악하는 데에는 한계를 보여 왔다.

　　법리적 관점에서 금융과 산업 간 결합에 따른 문제점을 이해하기 위해서는 금융과 산업 간 결합의 내적 메커니즘을 법적으로 분석하고 법적 권리의 충돌 가능성을 배태하는 결합 메커니즘과 그 문제점을 이해해야 한다. 법리적 해석의 핵심은 (최대)주주권으로 표현되는 회사에 대한 물권적 지배권과 대출채권으로 표현되는 채권적 청구권 간의 관계다. 금융자본과 산업자본의 결합에 따른 이러한 중층적인 법적 권리의 체계는 유한책임의 특성상 주주권의 과도한 위험 추구로 인하여 은행의 건전성과 예금자 및 투자자의 이익을 훼손할 수 있다. 금융중개자인 은행에게 대출채권의 건전성은 예금채무의 책임을 이행하기 위한 필요조건이다. 대출채권의 부실화는 은행의 부실화, 궁극적으로는 예금자와 투자자의 이익을 훼손할 수 있다. 따라서 법리적 해석의 관점에 의하면 금산분리는 법적 권리간 충돌 가능한 메커니즘을 해소하는 것이며, 법적 권리의 충돌이 없는 두 자본간 결합의 가능성을 금산분리의 이름으로 배제하지 않는다. 또한 두 자본간 결합이 없더라도 법적 권리 간 충돌의 가능성은 금산분리의 대상으로 억제함이 적절하다.

금융과 산업의 결합에 따른 문제점을 법리적 관점에서 이해하기 위해서는 금융시장의 참여자를 은행, 증권사, 기업, 예금자(투자자)로 가정하는 상대적으로 간단한 경제적 관계를 전제하고, 금융과 산업의 다양한 결합형식을 유형화하며, 금융과 산업간 결합의 형식에 따른 소유·지배와, 채권채무의 중층적인 권리관계를 파악하는 것이 유용할 수 있다. 더 나아가 금산결합의 다양한 형식과 중층적인 권리 관계는 경제적 인센티브에 따라서는 이해상충의 가능성과 법적 권리의 충돌로 이어질 수 있다는 점도 고려하여야 한다.

법리적 해석의 핵심에 해당하는 (최대)주주권으로 표현되는 회사에 대한 물권적 지배권과 대출채권으로 표현되는 채권적 청구권 간의 긴장 관계에서, 주주권은 물권적 권리를 표상하는 것으로서 채권과는 민법상 전혀 성질이 다르다. 전자는 지배권을 행사할 수 있는 반면, 후자는 청구권을 행사할 수 있을 따름이다. 전자는 권리자와 물건 간 이익의 귀속관계를 표상하는 반면, 후자는 채권자와 채무자 간의 약속에 의한 대등한 의무결합관계를 표상한다.[3] 최대주주로서의 지분을 행사하여 이사회를 구성하고 대표권을 행사하는 것을 흔히 소유·지

---

3) 양창수, 민법입문, 박영사 (2018). 86면.

배라고 부르는 것은 주주권이 갖는 물권적 특성을 보여주는 것이다.⁴⁾ 이러한
물권의 배타적 지배권은 권리의 순위에 있어서 청구권인 채권에 언제나 앞선다.

　법적 권리가 각 경제주체에게 주어지고 복수의 권리가 중층적으로 공존하
는 상황에서 각 경제주체의 법적 권리행사는 지극히 정당하며, 이에 따라 설령
권리간 충돌이 부정적 영향을 야기할 것으로 예상이 되더라도 그 충돌 가능성
을 막을 방법은 없다.

　중층적 권리관계로부터 기인하는 법적 권리 간 긴장은 유한책임의 특성상
주권의 과도한 위험추구를 통해 은행의 건전성과 예금자 및 최대주주 아닌 투
자자의 이익을 훼손할 수 있다. 금융중개서비스를 제공하는 은행에게 있어서
대출채권은 예금채무 책임을 이행하기 위한 필요조건이다. 만일 대출에 대한
채권이 부실화된다면 은행이 예금자에 대한 채무책임을 이행하는 데 곤란을 겪
는 것은 지극히 당연하다. 따라서 은행 대출채권의 건전성은 은행의 건전성뿐
아니라 궁극적으로 예금자의 이익을 보호하기 위한 수단이며, 이를 위해 법적
권리 간 긴장관계를 적절히 관리하고 해소하는 것은 지극히 바람직하다.

　금산분리는 말 그대로 보면 금융과 산업 간 결합을 금지하는 것이다. 하지
만 금산분리라고 하더라도 지분보유를 전혀 허용하지 않는 완벽한 의미의 소유
규제를 채택하고 있는 나라는 없다. 금산분리는 미국, 영국, 유럽 등을 비롯하
여 많은 국가에서 채택되고 있으며, 금산분리의 정책수단은 주로 지분의 허용
범위를 일정 수준으로 정하거나 혹은 의결권을 제한하는 방식 등이다. 주주권
이 물권적 권리로서 지배권을 행사할 수 있지만 주권의 특성상 일정한 지분 수
준 혹은 최대주주에 이르지 않으면 지배권을 행사할 수 없다는 점에서 실질에
있어서 완전한 의미의 지분보유 제한을 할 필요는 없다고 할 수 있다.

　법리적 관점의 금산분리에 대한 이해는 외면적으로는 기존의 정치적 이해
와 크게 다르지 않다. 다만 기존의 정치적 이해는 결과에 초점을 두는 반면, 법

---

4) 물론 증권 일반이 곧 물권적 특성을 갖는 것은 아니며, 물권적 및 채권적 특성을 가지며
　이에 대한 자세한 논의는 본문에서 다룬다.

리적 관점은 법적 권리간 충돌의 가능성을 갖는 내적 메커니즘에 초점을 둔다는 점에 차이가 있다. 법리적 관점이 주는 장점은 법적 권리간 충돌을 예방함으로써 은행의 건전성, 예금자 및 투자자의 이익을 보호하는 것이 중요하다는 점을 명확히 드러낸다는 점이다. 법적 권리 간 충돌의 해소는 사전심사 및 사후 모니터링 기능을 훼손할 수 있는 요소를 배제함으로써 효율적인 신용배분에도 기여할 수 있다. 은행과 기업 등이 시스템적으로 중요한 경우에는 금산분리가 시스템 차원에서의 금융안정성을 유지하는 것에도 기여한다. 또한 은행의 의사결정을 지배하여 신용배분을 독점하고 과도한 경제력 집중을 초래하는 것을 방지하는 데에도 기여한다.[5] 공정한 경쟁환경의 유지를 통한 기업의 경쟁력 제고와 경제성장에의 기여는 금산분리의 또 다른 효과에 해당한다.[6] 요약하면, 법리적 해석의 관점에 따른 금산분리는 법적 권리간 충돌 가능한 메커니즘을 해소하는 것이다. 이러한 관점에 의하면 금산분리는 법적 권리의 충돌이 없는 두 자본간 결합의 가능성을 금산분리의 이름으로 배제하지 않으며, 반대로 두 자본간 결합이 없더라도 법적 권리간 충돌의 가능성은 금산분리의 대상으로서 이를 배제한다.

Ⅱ 금산분리의 역사

　금산분리 역사에 대해서는 의외로 오해가 많다. 역사가 별로 얼마 되지 않았다거나 불과 소수의 국가에서 시행되고 있다거나 은행에만 해당한다거나 우리나라 금산분리가 전 세계에서 가장 강력하다는 등이다. 이러한 것들은 대부분 사실이 아니다.

---

5) Saule T. Omarova, The Merchants of Wall Street: Banking, Commerce and Commodities, 98 Minnesota Law Review 265, 269 (2013)
6) 김자봉(2019), 금산분리의 경제이론 - 최근의 두 가지 쟁점에 대한 논의를 중심으로 - , 서울대 금융법센터 Business Finance and Law, 2019.11. 12면.

금산분리는 금융규제 역사에서 가장 오래된 원칙 가운데 하나다. 역사적 기원은 12세기 중세기 베니스의 은행이다. 은행의 시작이 베니스였으니 금산분리는 은행의 시작과 함께 한 셈이다.[7] 베니스 이후 영국, 미국 등에서도 금산분리가 도입되었으며, 현재는 영국, 미국, EU 등 대부분의 선진국과 많은 국가들이 금산분리를 도입하고 있다. 금산분리의 제도적 기초는 중세기 베니스와 영란은행의 경험 등을 거치면서 발전하였다. 우리나라에서도 금산분리 역사는 의외로 짧지 않다. 길게는 1961년, 짧게는 1982년에 시작되었다.

금산분리의 정책목적은 역사적으로 볼 때 은행의 건전성, 금융자원의 공정한 배분에서 시작되어 금융시스템의 안정성, 신인의무에 기반한 금융소비자보호 등으로 확대되기에 이르렀다. 또한 희소한 금융자원의 공정하고 효율적인 배분을 통한 기업 경쟁력 제고도 금산분리의 목적에 포함된다. 금산분리의 적용범위는 은행뿐 아니라 전 금융부문을 대상으로 하며 이는 금융겸업과 그 범위의 확대, 금융의 공적 안전망 확대 등에 따른 필연적 귀결이다.

금산분리 정책의 대상이 초기 금융 역사에서는 건전성과 공정경쟁 등을 목적으로 주로 은행에 한정되었던 것은 사실이다. 하지만 금융지주회사와 유니버설뱅킹(universal banking) 등을 통한 금융 겸업·겸영의 확대와 시스템 차원의 금융안전망 구축을 계기로 전 금융부문으로 확대되었다. 달리 표현하면 '본질적으로 은행업일 것'(Banking in nature)에서 '본질적으로 금융업일 것'(Financial in nature)으로 확대되었다.[8] 금융시스템 위기를 겪으면서 금융안전망은 금융시스템 전체 차원에서 광범위하게 구축되었고 그 결과 예금보험 등 금융안전망의

---

7) John Krainer (2000), "The separation of banking and commerce," FRBSF Economic Review, p. 16. 금산분리 목적은 금융시스템 안전성, 금융회사 건전성 유지, 공정하고 효율적인 신용배분, 시장의 정직성 유지, 과도한 경제력 집중의 방지 등이다. Saule T. Omarova, "The merchants of Wall Street: Banking, commerce and commodities," Minnesota Law Review 98: 265, 269 (2013).

8) Mark Olson, Are banks still special?, remarks at the Annual Washington Conference of the Institute of International Bankers, Washington DC, BIS Review 20, 2006.

적용 대상은 은행에 국한되지 않고 거의 모든 금융회사를 포함하게 되었다. 미국에서는 글로벌 금융위기를 거치면서 Goldman Sachs 등 투자은행도 공적 안전망의 적용 대상으로 전환되었고, 우리나라에서도 예금보험제도는 1997~1998년 금융위기를 거치면서 은행뿐 아니라 증권, 보험 등을 망라하게 되었다. 겸업·겸영이 확대되는 상황에서 공적 금융안전망의 확대는 시스템 차원의 금융안정을 위해서는 금산분리를 통한 부도위험의 억제가 시스템 차원에서 이루어지도록 하는 것이 중요함을 인식하는 계기가 되었다.

금산분리는 금융시장과 기업에 대하여 경쟁적 환경을 조성함으로써 기업경쟁력 제고와 경제발전에도 기여하였다. 금산분리를 가장 엄격하게 시행하는 국가 중 하나인 미국에서 금산분리가 기업경쟁력 제고에 미친 영향에 대한 평가는 인색하지 않다. Roe(1994)[9])에 의하면, 미국 경제의 경쟁력은 이노베이션 자체만으로 이룩한 것이 아니라 소유와 지배의 분리에 기초한 '경쟁'을 중시하는 정책의 산물이다. 특히 금산분리는 산업과 금융의 독점화 가능성을 적절히 억제함으로써 '경쟁'적 시장을 조성하는 데 기여해 왔다. 또한 경제민주주의에 대한 인식과 결단에 기초하여 추진된 강력한 법의 집행이 금산분리정책의 성공에 기여했다고 평가한다.

Roe가 지적한 것처럼, 소유와 지배의 분리에 기초한 '경쟁'은 시장경제(market economy)가 지향해야 하는 바람직한 정책목적이다. '소유와 지배의 분리'는 소유하되 지배하지 않음으로써, 소유하지 않는 전문경영인의 지배를 통해 기업의 경쟁력을 제고할 수 있다는 것을 전제로 한다. 주인-대리인 문제의 관점에서 대리인으로서 전문경영인의 도덕적 해이 문제를 지적할 수 있으나, 주인은 해고할 수 없는 반면, 대리인은 해고할 수 있다는 점에서 이 도덕적 해이 문제는 중요하기는 하나 부차적이다.[10])

---

9) Mark J. Roe (1994), Strong managers weak owners: The political roots of American finance, Princeton University, pp. 3-8, 21-25, 53-59.
10) 소유와 지배(경영)의 분리는 경영전문성과 기업 생산성을 제고할 수 있다는 점에서 분업

Ⅲ 미국의 금산분리

미국은 1787년 최초의 은행 설립 이래 금산분리규제를 시행하고 있으며11) 다양한 정책수단을 사전규제와 사후규제로 편재하여 체계적으로 활용하고 있다. 또한 금산분리 소유규제의 예외제도를 ILC(industrial loan companies, 혹은 industrial banks)에 대하여 시행해 오고 있다.12) ILC 예외제도는 미국 내 감독기관들 예를 들어, 연준(FRB), 재무부(Treasury), 예금보험공사(FDIC), 통화감독청(OCC) 등 간 의견 대립의 긴장이 존재하는 가운데에서도 여전히 지속되고 있다. 더러는 ILC가 금산분리로부터의 완전한 예외인 것처럼 이해되기도 하는데, 소유규제의 예외일뿐 지배구조규제 등 다른 정책수단에 대해서는 예외가 아니라는 점에서 금산분리로부터의 예외는 아니다. 정책당국간 의견차이도 소유규제에 대한 의견 차이일 뿐이지 금산분리에 대한 의견 차이는 아니다.

미국에서 금산분리정책의 핵심은 "산업자본의 은행지배"를 억제하는 것이다. 산업자본의 은행지배는 지분보유 자체가 아니라 설령 한도 내의 지분일지라도, 산업자본의 이익을 위해 은행의 금융의사결정을 왜곡하는 현상을 말한다.

미국 감독당국은 다양한 정책수단을 확보하고 있다. 이들 금산분리원칙의 정책수단 가운데 사전적인 것으로는 지분한도 규제가 대표적이다. 가장 대표적인 사후규제는 제재다. 이외에도 지배구조규제, 금융업무 범위 제한, 통합감독, 조건부승인 등이 있는데 이들은 사전규제로서뿐 아니라 실시간 혹은 사후규제로서의 기능도 갖는다. 제재는 감독당국 주도하의 사후 공적 제재(public

---

의 중요성을 강조한 Adam Smith의 『국부론』(The Wealth of Nations)에도 부합한다.

11) Bernard Shull(1999), The Separation of Banking and Commerce in the United States: an Examination of Principal Issues, FDIC Economics Working Paper 1999−1. P. 13.

12) ILC는 20세기 초 금융접근성이 취약한 근로계층의 상호부조를 위한 회사로 시작한 것으로, 은행지주회사법은 ILC를 지배하는 산업자본 모회사에 대하여 은행지주회사 규제를 면제하고 있다. 대신 ILC는 주법은행으로 예금보험적용을 받고 있으며, 자산규모 등이 특정하게 제한되는 한정허가회사(limited charter entity)이다. 자세한 것은 Ⅳ장 해외사례: 미국 참조.

enforcement)와 시장에서의 이해당사자 간 법정소송에 의한 사적 제재(private enforcement)를 포함한다.

　　사전규제는 행위 이전 진입요건을 판단하는 기준이 되고, 사후규제는 행위 이후 결과를 대상으로 하여 의사결정 과정에 처벌을 포함하는 제재 가능성을 내생화하도록 함으로써 산업자본의 은행지배 동기를 억제하는 효과를 낳는다. 집행 불가능의 문제점(Judgment－proof problem)[13]이 심각할수록 효과적인 사전규제가 정당화되며, 사전규제가 완화된다면 사후규제의 적절한 강화가 필요하다.

　　미국 감독당국의 금산분리규제를 위한 정책수단의 특징을 간략히 요약하면 다음과 같다. 첫째, 소유규제와 지배구조규제가 독립적으로 운영된다. 이러한 독립성은 오랜 역사를 가지고 있는 소유와 지배의 분리원칙(separation principle of ownership and control)에 배경을 두고 있다. 소유하되 지배하지 않는 소유와, 지배하되 소유하지 않는 지배라는 분리원칙을 공법적 의무의 형태로 산업자본과 금융회사 간의 관계에 확대 적용한 것이 바로 금산분리규제라고 할 수 있다. 둘째, 금산분리규제를 위하여 소유규제와 지배구조규제 이외에 다양한 보완적 정책수단들이 활용되며, 이들 규제수단들은 사전과 사후 차원의 관계를 고려하여 편재되고 조직화된다.

　　미국 감독당국의 금산분리정책으로부터 얻을 수 있는 시사점은 다음과 같다. 첫째, 금산분리정책의 핵심은 지분보유 자체에 대한 억제가 아니라 지배를 억제하는 것이다. 소유와 지배의 관계를 따져보면, 소유는 수단이고 지배가 목적이다. 미국의 금산분리규제는 소유뿐 아니라 궁극적으로는 지배를 규제대상으로 한다. 소유규제와 지배구조규제를 독립적으로 활용할 경우, 독립적이지 못

---

13) 집행 불가능의 문제는 타인에게 손해를 야기한 자가 손실규모를 충분히 보상할 수 있는 처지에 있지 못하게 되는 것을 말하는 것이다. 일단 상충하는 두 권리가 허용될 경우, 비록 사회적 손실이 야기될 것으로 예상되더라도 이를 사전에 관리하여 예금자와 투자자의 손실을 방지하는 것은 사실상 불가능하다는 점에서 집행 불가능의 문제에 해당하는 것으로 볼 수 있다. S. Shavell, The judgment－proof problem, International Review of Law and Economics (1986). 45－58. p.6.

한 경우에 비하여 감독당국의 정책수단 선택의 자유도가 더 높다. 지배구조규제를 활용하여 소유규제의 변화로 인한 집행 불가능의 문제에 대해서 탄력적이고 효과적으로 대응할 수 있다. 지배구조규제의 변화에 대해서는 소유규제를 활용하여 효과적인 대응이 가능할 수 있다.

둘째, 금산분리규제의 정책수단이 다양해야 한다. 이러한 다양한 수단을 통해 환경변화에 대응하는 적절한 정책수단 조합을 융통성 있게 설계할 수 있다. 미국 감독당국이 ILC에 대한 소유규제의 예외제도를 운영할 수 있는 이유는 우선적으로 정책수단의 다양성을 확보하고 있기 때문이다. 이런 관점에서 ILC 예외제도는 엄밀한 의미에서 금산분리의 예외가 아니라 다양한 정책수단 중 소유규제에 대한 예외다.

셋째, 정책수단 간 연관성을 고려하여 사전규제와 사후규제에 정책수단을 편재하여 활용하는 체계성을 구축해야 한다. 산업자본의 은행지분 보유한도라는 사전적 규제수단뿐 아니라 감독당국의 제재로 대표되는 효과적인 사후적 규제수단의 확보가 필요하다. 이외에도 지배구조규제, 통합감독, 조건부승인제도 등을 보유한도 규제와 제재의 중간지역에 배치함으로써 금산분리규제의 정책효과를 제고하는 포괄적인 규제체계를 정립할 수 있다.

ILC는 수년 전 국내에서도 금산분리 완화 주장의 한 근거로서 곧잘 언급되었던 제도다. 이것은 전적으로 오해다. ILC는 금산분리규제의 예외가 아니다. 미국 금산분리에 있어서 ILC는 특수한 지위를 가지고 있다. 이 제도를 제대로 이해하기 위해서는 미국 감독당국이 활용하는 금산분리규제의 정책수단과 은행지주회사법상 ILC 예외제도에 대하여 살펴보아야 한다. ILC는 금산분리 규제의 예외 혹은 사각지역이 아니라 요구불예금이나 자산규모 등이 특정하게 제한되는 한정허가회사(limited charter entity)로서 금산분리 규제수단의 포트폴리오가 달리 적용된다. 만일 사각지역이라면 미국 감독당국의 금산분리규제는 어설픈 정책에 불과하다는 결론을 피할 수 없게 된다. 미국 은행법상 금산분리원칙의 목적은 은행과 금융시스템의 안전성, 건전성, 소비자보호, 그리고 공정하고 효율적인 신용배분을 유지하는 것이며, 이를 위해 "산업자본의 은행지배" 억제에 주안점을 둔다. 금산분리규제에서 지분(소유)과 지배는 동의어가 아니다. 산업자본의 은행지배는 지분보유 자체를 의미하는 것이 아니라, 설령 한도 내의 지분일지라도, 산업자본의 이익을 위해 은행의 금융의사결정을 왜곡하는 행위를 말한다. ILC에 대하여 금산분리 규제의 다양한 정책수단은 소유규제 예외를 제외하고는 사전규제와 사후규제의 관계를 고려하여 편재되고 조직화되어 있으며, 소유규제와 독립된 지배구조규제가 엄격히 적용된다. 자산규모 등이 제한되는 한정허가회사로서 ILC는 지배구조규제를 중심으로 다양한 정책수단이 포트폴리오를 이루어 집행되는 사례다. ILC를 금산분리의 예외로 인용하는 것은 전혀 잘못된 것이다.

Ⅳ 우리나라 금산분리

국내에서 금산분리정책은 1961년 시작되었다. 1961년 금융기관에 대한 임시조치법은 대주주 의결권을 10%로 제한하고 재벌의 은행 지분을 모두 국유화하였다. 은행법이 금산분리를 도입한 것은 1982년이다. 1982년 은행법 개정은 산업자본을 포함한 동일인의 의결권 있는 발행주식의 8%를 초과한 소유나 사실상의 지배를 금지하였다. 1997－1998년 금융위기를 거치면서는 지분보유 한도가 4%로 강화되었다.

국내에서 금산분리를 정한 법률은 은행법, 인터넷전문은행 설립 및 운영에 관한 특례법(이하 "인터넷전문은행법"), 보험업법, 금융지주회사법, 금융산업의 구조개선에 관한 법률(이하 "금융산업구조개선법"), 독점규제 및 공정거래에 관한 법률(이하 "공정거래법"), 자본시장법 등이다.

이들 법률은 각 개별법의 취지에 따라 세 가지 주요 정책수단 범주 가운데 일부를 도입하고 있다. 세 가지 범주는 소유규제, 지배구조규제, 업무범위규제 등이다. 만일 산업자본과 금융자본을 포함하여 경제 전체적으로 소유와 지배가 분리되어 있으면 금융규제로서 금산분리의 수용은 논란의 대상이 되지 않을 수 있다. 하지만 소유와 지배가 전혀 분리되지 않다면, 금산분리 정책을 도입하고 운용하는 데에는 상당한 수준의 저항과 어려움이 있을 수 있다. 우리나라에서는 금융의 경우에는 은행을 중심으로 소유와 지배가 분리된 반면, 산업의 경우에는 소유와 지배가 분리되지 않았다.[14] 이러한 국내 현실에서는 금산분리를 둘러싼 산업자본과 금융자본 간 갈등을 예상하는 것은 어렵지 않다.

국내에서도 일부 정책수단에 대한 예외제도가 운용될 수도 있다. 인터넷전문은행에 대한 소유규제 예외가 대표적이다. 다만 중요한 것은 미국 ILC의 사례에서 보는 것처럼 예외제도의 목적이 얼마나 명확한지, 그리고 다양한 정책수단이 적절히 확보되어 있느냐의 여부다.

국내 금산분리는 산업자본의 소유와 지배의 미분리를 전제로, 산업자본과 금융자본의 소유규제를 중심으로 하는 정책을 추진해왔다. 그 결과, 현행 관련법 대부분은 소유를 중심으로 이를 전면 금지하거나 제한하는 규정을 두고 있다. 소유를 허용하는 경우에는 금융회사의 지배구조를 어떻게 규제하겠다는지에 대한 지배구조규제 관련 사항을 체계적으로 정하고 있지는 않다.[15] 이는 소유규제에 대한 예외를 도입한 인터넷전문은행법도 마찬가지다.

우리나라 금산분리 역사에 빼 놓을 수 없는 가장 중요한 역사적 사실은 1997~1998년 발생한 금융위기다. 이 금융위기는 국가부도라는 초유의 사태를 야기했으며 그 근본원인의 하나에는 금산분리 규제의 실패가 있었다. 미국 등 해외에서 금산분리 규제의 필요성을 역설하는 대표적인 인용사례가 당시 우리나라 금융위기다. 이들의 평가를 간략히 살펴보면 다음과 같다.

---

14) 우리나라는 상장기업의 가족경영이 95%에 이르는 등 소유와 지배의 미분리가 세계적으로 가장 심각한 수준이다. 박경서, 한국 지배구조 관련 쟁점들, 2017 기업지배구조 컨퍼런스 정리 보고서, 2017. 5－18면.
15) 엄격히 말하면, 대주주 적격성과 지배구조규제는 서로 다른 것이다.

1985~1991년 기간 동안 미 예금보험공사 의장이었던 William Seidman 은 2003년에 열린 FDIC 심포지엄에서 한국에서 산업과 금융의 결합에 따른 정 실자본주의(crony capitalism)가 효율적 신용배분원칙을 해쳤고 그 결과 1997－98년 은행파산과 금융위기가 초래되었다("the mixing of so－called commerce and finance created a disaster.")고 지적하였다.16)

2007년 당시 미국 예금보험공사(Federal Deposit Insurance Corporation, FDIC) 의장 Sheila C. Bair는 우리나라에서 산업과 금융의 결합이 이해상충, 경 제력 및 금융 집중 등의 문제점을 초래하였다고 했다. 이에 따라 금융기관의 건 전성을 제대로 유지하기 위해서는 은행을 소유 지배하는 산업자본 모회사에 대 한 감시가 중요하다는 점을 일깨워 주는 사례라고 지적하였다.17)

Wilmarth(2007)18)와 Cutler and Jackson(2017)19) 등에 의하면 1950년대 부터 1990년대에 이르기까지 우리나라에서는 금융감독당국이 감독영역을 과도 하게 확장하는 문제가 발생하였다. 감독당국은 은행에 압력을 가하여 성장률이

---

16) Seidman, L. William. 2003. Comments at the FDIC Symposium, The Future of Banking: The Structure and Role of Commercial Affiliations. Washington, D.C., July 16. ("I spent about the last ten years in the Far East looking at Japan, Korea, and other places where the mixing of so－called commerce and finance created a disaster. There's no doubt that what we saw in the Far East was primarily the result of what they call "crony capitalism" or in other words cross ownership between financial institutions and commerce if you will.")
http://www.fdic.gov/news/conferences/future_transcript.html#Seidman [July 22].

17) Sheila C. Bair (2007), "The fourth wave － the mixing of banking and commerce," Proceedings 1063, Federal Reserve Bank of Chicago. ("After the seeing the difficulties experienced in Japan and Korea —with conlicts of interest and concentration of economic and financial power — he [former FDIC chairman William Seidman] recognized the value of overseeing the parent company."). Sheila C. Bair (2004), The future of banking in America, FDIC Banking Review, Vol. 16 (4).
https://www.thompsoncoburn.com/docs/default－source/default－document－library/the－future－of－banking－in－america73df2a26dda26f05acb8ff0000ba5cc9.pdf?sfvrsn=197d45ea_0

18) Arthur E. Wilmarth, Jr. (2007), "계열회사 and the Separation of Banking and Commerce," 39 Conn. L. Rev. 1539, 1617－19. Cutler and Jackson(2017)에서 재인용. pp. 16－17.

19) Cutler and Jackson (2017), Wal－Mart and Banking, Harvard Law School.

높은 산업분야의 해당 기업이나 혹은 부도에 직면한 기업에게 신용을 제공하도록 하였다. 이러한 문제점에 근거하여 이들은 미 예금보험공사가 ILC 지주회사인 산업자본 기업에 대해 통합감독권한을 행사하는 것을 반대하였다. 강압적인 개입을 초래하고 시장경제의 역동성을 현저히 훼손하는 결과를 가져올 것이라는 것이었다.[20]

이들의 평가에 따르면 1997~1998년 금융위기의 경험이 주는 교훈은 건전한 경제를 위해서는 은산분리가 아니라 금산분리[21]원칙이 필요하며, 금융감독당국의 개입 범위와 방식은 시장경제의 역동성을 지켜내는 적절한 수준을 유지해야 한다는 것이다.

금산분리정책의 실패를 반복하지 않기 위해서는 우리의 잘못을 잊어서는 안 된다. 미국 등 해외 선진국들이 우리의 실패경험으로부터 교훈을 찾고 금산분리정책을 발전시키고 있다는 사실을 인식해야 한다. 국내에서는 금산분리가 마치 해외의 경험에 비추어 수입된 것처럼 인식되는 분위기가 있으나 이는 불과 얼마 전 우리 스스로가 행한 잘못을 망각한 것이다.

Ⅴ 금산분리의 실증분석

금산분리는 금융법상의 규제로서 비용-편익분석에 의해 적정성 여부를 점검해야 공공정책이다.[22] 금산분리는 효율적인 신용배분과 건전성 유지, 예금

---

20) Wilmarth(2007)는 이러한 우려를 피하기 위해 ILC에 대한 금산분리완화가 폐지되어야 한다고 주장한다.

21) Seidman은 은산결합이 아니라 명백히 금산결합(mixing of finance and commerce)의 문제점을 지적하였다. 국내에서 당시 대기업들은 은행만이 아니라 종금사를 비롯한 많은 비은행 금융회사들을 소유·지배하였다. 글로벌 금융위기 과정에서 드러난 동양증권 사례도 대기업에 의한 비은행 금융회사의 소유·지배에 해당한다. 이동걸(2005) 역시 전반적인 산업과 금융의 결합에 따른 문제점을 지적하는데, 이는 Seidman 등의 지적과 같은 맥락이다.

22) Cutler, Joshua and Howell Jackson, "Wal-Mart and Banking," Harvard Law School, 2017. 12, 21면.

자 및 투자자에 대한 신인의무와 금융시스템의 안정성[23] 등을 정책 목적으로
한다. 한편 산업자본의 금융시장 신규진입과 이에 기반한 경쟁 촉진 및 이노베
이션 등을 이유로 금융과 산업의 결합이 필요하다는 주장도 제기된다.[24] 금융
과 산업간 결합에 따른 비용은 금산분리 찬성의 논거가 되고, 그리고 편익은 금
산분리 반대의 논거가 된다. 현실에서 금융과 산업간 결합의 비용과 편익은 어
느 하나만이 아니라 동시에 나타날 수도 있다. 이에 따라 비용과 편익의 상대적
인 크기를 실증적으로 판단하는 것이 요청된다.

　　금산분리에 대한 실증분석은 예를 들어 은행과 산업의 결합에 따른 비용-
편익이 소유·지배관계에 의해 어떤 영향을 받는지 여부를 검증하는 것이다. 좀
더 구체적으로 보면, 산업자본에 의한 은행 소유·지배가 대주주인 대기업과 은
행의 재무적 성과 및 부도위험에 어떤 영향을 미치는지를 추정하는 것이다. 여
기에서 산업자본에 의한 은행의 소유가 주는 영향은 소유효과이고, 지배가 주
는 영향은 지배효과에 해당한다.

　　소유와 지배는 다르다. 이 두 행위는 엄밀히 구분되어야 한다. 소유와 지배
를 엄밀히 구분하지 않고서는 금융과 산업간 결합의 비용-편익에 대한 정확한
평가를 내리기가 곤란할 수 있다. 실증분석 결과, 만일 소유 자체로부터 은행실
패가 야기된다면, 산업자본의 은행 지분보유는 전면 금지되어야 하나, 만일 지
배로부터 은행실패가 야기된다면 소유는 허용하되 지배구조규제를 엄격하게 하
는 것이 타당한 정책수단이 될 것이다.

　　실증분석은 1990-2006년 기간 동안 산업자본에 의한 은행의 소유와 지
배를 대상으로 하였다. 금산결합은 은행으로만 국한되지 않고 증권사, 보험사,
종금사 등 거의 모든 금융회사를 포함하였다. 다만 아쉽게도 1997-98년 금융

---

23) Seidman, L. William., "The Future of Banking: The Structure and Role of Commercial
 Affiliations," Comments at the FDIC Symposium, Washington, D.C., July 16, 2003.
24) Cantwell F. Muckenfuss III and Robert C. Eager, "The Separation of Banking and
 Commerce Revisited," in *The Mixing of Banking and Commerce*, Federal Reserve
 Bank of Chicago, 2007.

위기를 거치면서 당국이 공식으로 발표한 데이터가 주로 은행으로만 국한되어 있어 은행을 제외한 나머지 금융기관을 대상으로 하는 체계적인 실증분석은 나중 기회로 미룰 수밖에 없다.

　1997~1998년 금융위기를 거치면서 발간된 당시 <금융개혁 종합보고서>에 의하면,[25] "금융자본과 산업자본의 결합"은 금융을 겸영하는 거대 기업집단을 출현시켜 경제력 집중, 신용배분의 왜곡 등 불공정행위 또는 이해상충을 야기하고, 기업의 사적 이익을 위한 은행 건전성과 안정성 훼손, 기업부실의 금융기관 전염, 정보비대칭성의 심화로 인한 차단벽의 무력화 및 감독기능의 곤란, 예금보험제도 및 중앙은행 최종대부기능 등 공적 안전망이 기업의 실패에 악용되는 비효율 등을 초래하였다. 이러한 문제점들을 해소하기 위해서는 "산업재벌의 은행경영 참여를 방지하면서 은행의 책임경영체제를 구축"[26]해야 했는데, "산업자본의 은행지배를 규제하고 있음에도 불구하고 실제로는 기업들이 직접 혹은 기업소유 보험회사 등을 통하여 은행주식을 상당 규모 소유하고 있어 실질적으로 산업자본의 은행지배를 완전히 금지하기가 쉽지 않은 실정"[27]이었다. 또한 "임직원의 주식보유 등을 통한 위장분산 가능성 등을 고려하면 대기업군의 은행주식 보유비중은 제한비율보다 훨씬 높은 것으로 추정"[28]되었고, "대기업 과점주주들이 은행의 경영권을 장악함으로써 산업과 은행 간 분리원칙은 무의미해질 가능성"[29]이 있었다.

　실증분석으로부터 얻은 결과를 간략히 소개하면 다음과 같다. 첫째, 금융과 산업의 결합에 따른 비용−편익이 은행과 대기업간 비대칭적으로 발생하였다. 은행 대주주의 지위를 가진 대기업은 대부분 부도를 피한 반면, 대기업이 대주주였던 은행은 대부분 부도가 났다. 하지만 대기업이 대주주였으나 부도를

---

25) 금융개혁위원회, 『금융개혁 종합보고서』, 1997.12. 136−143면.

26) 위 보고서, 136면.

27) 위 보고서, 138면.

28) 위 보고서, 138면.

29) 위 보고서, 139면.

피했을 뿐 아니라 예외적이기는 하나 가장 좋은 재무적 성과를 보인 경우도 있었다. 이러한 결과에 의하면 대기업의 부실이 은행에 전가되어 은행실패를 야기하였지만 대기업의 은행소유 자체가 은행실패의 원인이 된 것은 아니었다. 둘째, 은행과 대기업간 비대칭적인 비용−편익의 결과는 소유효과보다는 지배효과에 의해 초래된 것으로 드러났다. 이러한 분석결과가 금산분리에 주는 정책적 시사점은 금융위기가 발생하기 전 금산분리정책이 대기업에 대한 소유규제보다는 지배구조규제를 중심으로 추진되었어야 하며, 소유규제는 지배구조규제를 보완하는 차원에서 활용되었어야 했다는 점이다. 소유 자체보다는 지배의 억제를 궁극적인 정책목표로 삼았어야 했다. 소유 제한을 충족하면 그것으로 산업에 의한 금융지배가 없을 것으로 여기는 나이브 함이 있었던 것으로 보여지는 대목이다.

1997−98년 금융위기를 거치며 우리나라 기업지배구조는 크게 변화하였다.[30] 금융위기 전과 비교하여 대기업과 금융회사 모두 회계 투명성이 크게 제고되고 사외이사 수의 확대와 감시기능 강화가 이루어졌고, 기업과 은행이 파산위험에 직면하더라도 정부가 지원을 할 것이라는 전제 하에서 이루어지던 기업대출은 더 이상 불가능하게 되었다. 은행으로부터의 차입에 의존하던 대기업의 차입경영은 크게 해소되었고, 대기업의 주된 자금조달은 은행차입보다는 채권발행으로 전환되었다. 또한 지배주주와 임원의 책임은 강화되었다. 금융기관 지배구조에 관한 법률이 제정되는 등 은행 이사회 독립성은 크게 강화되었고, 은행의 대출은 대기업보다는 가계와 중소기업에서 더 큰 비중을 차지하게 되었다. 대기업 그룹의 자본취약성을 초래하는 원인으로 지적되었던 순환출자 역시 크게 축소되었다.[31]

---

30) Black, Bernard, Barry Metzger and Timothy J. O'Brien, International Development Law Institute, Young Moo Shin, "Corporate governance in Korea at the millennium: enhancing international competitiveness−final report and legal reform recommendations to the Ministry of Justice of the Republic of Korea," *The Journal of Corporation Law*, Spring 2001. 538−608면.

하지만 이러한 변화에도 불구하고 지배구조는 언제든 적정 수준에서 벗어날 유인을 가지고 있다. 특히 우리나라의 경우 여전히 일반 기업의 기업지배구조와 금융회사의 기업지배구조는 큰 격차를 보이고 있다. 금융부문에서는 지배구조가 법제화되어 중요한 정책목표의 하나인 반면, 일반 산업부문에서는 해외에 비추어서도 여전히 가족경영 비중이 압도적으로 높은 모습을 보이고 산업의 금융지배 유인은 여전히 남아 있다. 특히 최근 디지털금융의 발전을 계기로 비금융회사인 빅테크의 금융진출에 대한 열망과 유인은 대단히 높아 빅테크에 의한 금융지배 추구의 가능성을 배제하기 힘들다. 회사법제의 차원에서 보더라도 미국의 경우 소유와 지배의 분리가 중요한 법리로서 자리를 잡은 반면 우리는 그렇지 못하다. 미국에서도 가족경영이 없는 것은 아니지만 소유와 지배의 분리가 경영현실에서 주된 현상이고, 법제의 적용도 소유와 지배의 분리를 근간으로 지배행위에 대해 신인의무를 부과한다.

우리나라에서의 이런 현실에 비추어보면, 1997~1998년 금융위기에서 드러난 금산분리 실패의 문제점과 문제의식은 여전히 살아 있다고 할 수 있다. 따라서 1997~1998년 금융위기를 대상으로 하는 실증분석은 현재 시점에서도 중요한 의미를 갖는다고 할 수 있다. 한편 현재 시점은 금융위기가 발생한 지 20년 이상이 지나 당시의 이해관계로부터 자유롭다. 이에 따라 현재 시점에서의 분석은 당시의 상황과 문제점을 보다 객관적으로 파악하고 이해관계에 의해 흔들리지 않는 정책적 시사점을 도출할 수 있다.

---

31) 대기업 순환출자에 해당하는 기업의 수는 2013년 97,658개에서 2019년 13개로 크게 감소하였다.

Ⅵ 인터넷전문은행과 빅테크

1. 인터넷전문은행

2007-8년 글로벌 금융위기 이후 금산분리와 관련한 가장 커다란 두 가지 이슈는 인터넷전문은행과 빅테크다. 이 두 이슈는 앞서 논의한 실증분석에는 포함되지 않은 최근의 아주 새로운 이슈다. 이 가운데 인터넷전문은행의 경우 법은 2019년에 시행되었으나 인터넷전문은행 자체는 2017년부터 도입되어 운영 중인 제도다. 빅테크 금융참여는 아직 본격화되지 않았으나 빠르게 확대되는 이슈다. 인터넷전문은행을 설립한 주체가 사실상 빅테크 기업이라는 점에서 두 이슈를 하나로 간주할 수는 있다. 하지만 인터넷전문은행은 비록 특례법이기는 하나 그래도 은행법을 기본 원칙으로 하여 인허가를 받은 반면, 빅테크는 은행법 및 그 특례법 등 일체의 금융법 체계로부터 벗어나거나 보다 낮은 수준의 규제를 받으면서 금융업을 영위하고자 하는 유인을 가지고 있다. 따라서 인터넷전문은행과 빅테크는 사업의 주체 차원에서는 동일할지라도 금융규제의 관점에서는 다르다. 빅테크의 금융참여가 사실상 규제 없이 가능할 경우 인터넷전문은행을 보유한 빅테크는 아마도 그 인허가를 반납하고 규제차익을 누릴 수 있는 빅테크 플랫폼형 금융모델로 전환할 가능성도 배제할 수는 없다. 그만큼 두 방식이 크게 다르기 때문이다.

인터넷전문은행은 은행법상 산업자본의 은행소유에 대한 제한에도 불구하고 IT기술기업에 대해서는 은행법상 제한을 예외로 함으로써 IT기술기업이 은행업에 진출할 수 있는 길을 열어주었다. 이를 허용한 근거법인 인터넷전문은행법은 2018년 제정되어 2019년 1월부터 시행되고 있다. 인터넷전문은행은 당시 금산분리 정책과 관련하여 많은 사회적 논쟁의 과정을 거치면서 법이 제정되기 이전인 2017년에 이미 도입되었다.

인터넷전문은행법의 제정은 기존 은행법상 금산분리에 비추어 예외적인 큰 변화를 가져왔다는 점에서 국내 금산분리규제에 미치는 의미는 긍정적이든 혹은 부정적이든 매우 클 수 있다. 따라서 그 의미가 무엇인지 구체적이고 명확하게 검토할 필요가 있다. 은행법상 금산분리와 다른 기준에 의해 도입된 인터넷전문은행법상 규제체계는 금산분리의 부정인지, 아니면 여전히 금산분리의 지속인지, 아니면 또 다른 형태의 금산분리 방식인지 여부 등을 살펴보아야 한다. 인터넷전문은행법은 기존 은행법상 산업자본의 은행 지분한도 4%를 34%로 크게 확대하였다. 그렇다면 이 확대는 금산분리규제의 예외 혹은 부정인가, 아니면 소유규제의 예외에 불과한 것인지 여부가 검토되어야 하는 것이다.

금산분리는 회사법상 소유와 지배의 분리(the separation of ownership and control) 원칙과 깊은 관련이 있다. 금산분리는 말 그대로 금융과 산업의 분리를 의미하는 것이다. 분리의 구체적인 의미는 소유의 제한과 지배의 억제다. 금산분리에서 소유를 제한하는 궁극적인 목적은 지배를 억제하기 위한 것이다. 현실의 금산분리에서 소유의 제한은 소유의 전면금지가 아니다. 지배를 억제하기에 충분히 낮은 수준으로 제한하는데 초점이 있다. 만일 소유하더라도 지배하지 않는다면 금산분리의 취지에 부합한다. 이러한 관점에서 금산분리는 회사법상 소유와 지배의 분리원칙을 금융법 영역으로 확장한 것으로 이해할 수 있다. 둘 사이의 차이라면 회사법상 소유와 지배의 분리원칙은 사법(private law)의 영역인 반면, 금산분리는 공법(public law)의 영역에 있다는 점이다. 사법 원칙의 공법 원칙으로의 전환이라고 할 수 있다.

소유와 지배의 분리원칙에 의하면, 소유규제와 지배구조규제는 독립적으로 운영될 수 있다. 미국의 예에서도 금산분리는 소유규제와 지배구조규제를 독립적이고 보완적으로 활용한다. 따라서 두 규제가 독립적으로 보완적으로 적용될 경우 지분한도 확대는 소유규제의 예외적인 완화일 수 있는 반면 지배구조규제의 완화는 아니다. 소유규제의 예외적인 완화는 지배구조규제의 강화로 보완될 수도 있으므로 금산분리규제의 완화를 필연적으로 초래하지는 않을 수 있는 것이다. 하지만 이와 달리 소유와 지배가 분리되어 있지 않다면(the non-separation of ownership and control), 지분한도 확대는 소유규제의 예외적 완화일 수 있을 뿐만 아니라 동시에 지배구조규제의 완화를 의미할 수 있다. 따라서 소유와 지배가 분리되지 않은 상태에서 소유규제의 완화는 금산분리규제의 급격한 변화를 초래할 수 있다.

국내 금융법은 소유와 지배의 분리 혹은 미분리 가운데 어느 것 위에 서 있는가? 인터넷전문은행법상 지분한도의 완화가 금산분리의 완화를 필연적으로 의미할지 여부는 바로 이 질문에 대한 답에 달려 있다. 금융회사 지배구조에 관한 법률은 소유와 지배의 분리원칙을 암묵적으로 전제하며, 인터넷전문은행법을 포함한 은행법 등은 금융회사 지배구조에 관한 법률을 따라야 한다. 한편 국내 금융법제는 법실증주의를 따른다. 소유와 지배의 분리 혹은 미분리가 법원칙이 되기 위해서는 법에서 명확히 선언되어야 한다. 하지만 국내 금융법제는 소유와 지배의 분리 혹은 미분리를 명시하지 않고 있다.[32] 이에 따르면 국내 금융법제는 암묵적으로는 금융회사 지배구조에 관한 법률의 존재를 이유로 소유와 지배의 분리를 수용하고 있다고 보아도 큰 무리는 없을 수 있다.

금산분리의 목적은 표현을 달리하여 금융소비자보호원칙, 건전경영원칙, 공정경쟁원칙 등이라고 할 수 있다. 물론 이들은 서로 직간접적으로 연관되어

---

32) 법실증주의는 규제 법정주의가 구현되는 두 가지 방식 중 하나다. 다른 하나는 법해석주의다. 법의 구성요소와 관련하여 법실증주의는 규정(rule)을 주된 요소로 인식하는 반면, 법해석주의는 원칙(principle)을 주된 요소로 인식한다. 김자봉(2018), "원칙중심 v. 규정중심: 법의 형식에 대한 법철학적 논의,"『금융법연구』, 제15권 제2호, 161면. 국내에서 규제 법정주의는 행정규제기본법 제4조가 정하고 있는데, 규제는 법률에 근거하여 한다는 것이다. 법률에 근거하는 형식은 규정일 수도 있고, 원칙일 수도 있다. 더구나 원칙과 규정은 본질적으로 배타적인 것은 아니며, 행정규제기본법 제4조는 규정과 원칙을 명확히 구분하지는 않고 있다. 따라서 규제 법정주의는 원칙과 규정을 모두 포용하는 것으로 이해하는 것이 타당할 것으로 판단된다. 다만, 현재의 국내법은 규정중심 체계를 취하고 있으므로 통상적으로는 근거의 형식을 법실증주의에 의한 규정으로 이해할 수 있다. 참고로, 행정규제기본법 제4조(규제 법정주의): ① 규제는 법률에 근거하여야 하며, 그 내용은 알기 쉬운 용어로 구체적이고 명확하게 규정되어야 한다. ② 규제는 법률에 직접 규정하되, 규제의 세부적인 내용은 법률 또는 상위법령(上位法令)에서 구체적으로 범위를 정하여 위임한 바에 따라 대통령령·총리령·부령 또는 조례·규칙으로 정할 수 있다. 다만, 법령에서 전문적·기술적 사항이나 경미한 사항으로서 업무의 성질상 위임이 불가피한 사항에 관하여 구체적으로 범위를 정하여 위임한 경우에는 고시 등으로 정할 수 있다. ③ 행정기관은 법률에 근거하지 아니한 규제로 국민의 권리를 제한하거나 의무를 부과할 수 없다.

있다. 인터넷전문은행법은 건전경영원칙을 선언하고 있다. 인터넷전문은행법이 비록 소유와 지배의 분리원칙에 대해 전혀 언급하지 않지만, 대주주 신용공여 금지 등 건전경영원칙을 선언하고 있는 것이다. 따라서 인터넷전문은행법은 은행에 대한 소유규제를 완화하면서도 건전경영원칙, 즉 금산분리 규제의 목적을 유지하고자 하는 것으로 이해될 수 있다.

하지만 은행법과 인터넷전문은행법이 구체적으로 정의하고 있는 금산분리는 대체로 소유규제를 중심으로 하고 있으며 지배구조규제를 명시적으로는 정의하지는 않고 있다.

만일 법해석의 결과 소유와 지배의 분리가 타당하다면 인터넷전문은행법상 소유규제 완화는 필연적으로 금산분리의 완화를 의미하지 않게 될 것이다. 하지만 법해석의 결과, 미분리가 타당하다면, 인터넷전문은행법상 소유규제 완화는 곧 지배구조규제의 완화를 의미할 수 있다.

인터넷전문은행법이 금산분리에 대하여 다소 모호한 경계위에 서 있다는 점에서 인터넷전문은행법은 금산분리를 훼손하였다는 비판을 받을 수도 있다. 다른 한편으로는 금산분리의 취지를 보다 명확히 하고 정책수단을 소유규제 일변도에서 벗어나 다양화하는 계기가 될 수도 있다. 현 시점에서 금산분리와 관련한 인터넷전문은행법에 대한 논의가 갖는 의미는 그간 국내에서 이루어져 왔던 금산분리정책을 재검검하고 필요한 새로운 토대를 구축하는 것이라고 할 수 있다. 건전경영원칙을 실질적으로 실현해 낼 수 있는 적절하고도 구체적인 정책수단은 무엇인가? 그것은 지배구조규제를 명시적으로 도입하는 것이다.

2. 빅테크

빅테크의 금융참여에 대한 욕망이 대단히 강하다. 빅테크 플랫폼의 효율성을 제고하는 데 금융이 필요할 뿐 아니라 플랫폼 비즈니스의 완성을 위해서도 금융이 필요하다고 주장하고 있다. 규제의 관점에서 플랫폼이 금융에 참여하는 방식은 크게 세 가지로 구분할 수 있다. 기존 금융회사들과의 제휴 및 파트너십을 이용하는 방식, 빅테크 스스로가 금융업 인허가를 받는 방식, 그리고 그림자 금융방식 등이다.

제휴 및 파트너십 방식은 아마존 등 현재의 빅테크가 활용하는 방식이다. 예를 들어, 2007년 아마존은 지급결제서비스 기능을 갖는 아마존페이를 출범하면서 기존 금융회사 등과 제휴 및 파트너십을 맺었다. 구글페이, 삼성페이 등 대부분의 빅테크 금융서비스 제공은 마찬가지로 제휴 혹은 파트너십 방식을 활용하고 있다.

인허가를 받는 방식은 다시 두 가지로 나눌 수 있다. 하나는 동일기능 동일규제 원칙에 근거하는 경우와 다른 하나는 동일기능 다른규제 원칙에 근거하는 경우다. 동일기능 동일규제원칙에 의하면 만일 빅테크가 제공하고자 하는 서비스가 은행서비스인 경우 기존 은행과 마찬가지로 은행법상 은행으로서 인가를 받아 금융서비스를 제공해야 한다. 동일기능 다른규제 원칙에 의하면 비록 빅테크의 서비스가 은행서비스일지라도 은행법이 아닌 다른 법제의 적용을 받아 은행서비스를 제공하도록 하는 것이다.

그림자금융(shadow banking)방식은 플랫폼 내 자회사, 자사계열 가맹기업 및 기존 다른 금융회사들과의 기능적 네트워크를 활용하여 법적 제약을 받지 않는 가운데 금융서비스를 제공하는 것이다. 동일기능 다른 규제는 동일기능 동일규제에 비추어 차이만큼 규제차익을 누린다고 할 수 있다. 하지만 그림자 금융방식은 사실상 규제로부터 자유로운 상황이므로 완전한 규제차익을 누리는 것으로 그 차익의 크기는 동일기능 동일규제에 의해 지불해야 하는 규제비용과 같다.

금산분리의 관점에서 우려되는 빅테크의 금융참여 방식은 동일기능 다른 규제에 의한 참여방식과 그림자금융에 의한 임의적 참여방식이다. 빅테크는 기본적으로 비금융회사다. 금산분리원칙에 의하면 비금융회사인 빅테크의 동일기능 다른규제 및 그림자금융에 의한 금융참여는 금산분리를 우회하거나 위반하는 것이다.

빅테크의 금융참여와 관련하여 글로벌 규제당국은 우려를 제기하고 있다. 최근 OCC, BIS 등 글로벌 감독당국의 디지털금융 관련 금산분리에 대한 우려는 크게 다음 세 가지로 정리할 수 있다. 첫째, 핀테크 및 빅테크는 규제를 받지 않거나 상대적으로 약한 규제를 받아 왔다.[33] 그런데 이들의 금융참여는 기업 프로젝트에 대한 모니터링과 선별기능을 약화시키고 플랫폼 비금융부문 위험을 금융부문으로 옮기고, 심할 경우 플랫폼 밖 금융기관의 건전성을 훼손할 수 있다.[34] 둘째, 은행이 빅테크의 플랫폼에 기반한 네트워크(data-network-activities)를 갖추지 못한 이유는 금산분리규제 때문인데, 빅테크가 플랫폼 네트워크효과를 가졌다는 이유로 금산분리규제를 면제받는 것은 공정경쟁 관점에서 문제가 있다. 또한 동일기능 동일규제의 예외로 인해 규제차익(regulatory arbitrage)이 발생하고 이는 글로벌 금융위기에서처럼 그림자 금융(shadow banking)을 초래하여 비효율적 자금배분과 과도한 위험추구로 궁극적으로는 금융시스템의 안정성을 훼손할 수 있다.[35] 셋째, 사이버위험뿐 아니라 빅데이터 활용 및 제3자 서비스 제공자(third-party service provider)와의 사업 협력 혹은 결합 등으로 인한 개인정보 보호 문제가 중대한 위험요인이 되므로, 이에 적절히 대응하기 위해서는 금융상품, 서비스, 판매절차에 대한 효과적인 지배구조와 위험관리 방안이 마련되어야 한다.[36]

동일기능 다른 규제에 의한 빅테크의 금융참여는 규제당국의 결정에 의한

33) OCC(2016), Supporting Responsible Innovation in the Federal Banking System: An OCC Perspective, 3면.
34) Elena Carletti, Stijn Claessens, Antonio Fatas and Xavier Vives(2020), The bank business model in the post-covid-19 world, IESE/CEPR, 14면.
35) BIS(2019), Big tech in finance: opportunities and risks, *Annual Economic Report*, Chapter III.
36) OCC(2020), Semiannual Risk Perspective-From the National Risk Committee; OCC(2016), Supporting Responsible Innovation in the Federal Banking System: An OCC Perspective, 3-9면.

것이고, 그림자금융에 의한 임의적 참여는 빅테크가 시장의 다른 금융참여자들 간 기능을 중심으로 네트워크를 통해 결정된다. 그런데 이러한 결정이 가능하게 된 근본적인 이유는 빅테크가 규제차익을 적극적으로 누리기 위해 플랫폼 네트워크를 이용하여 기존 법률의 적용을 회피하기에 적절한 수준의 변형된 서비스채널을 활용한다는 점이다. 1970년대 nonbank가 당시 그랬고, 1990년대~2000년대 초반에 그림자금융이 그랬던 것처럼 규제의 사각지대에 비즈니스의 포지션을 취하는 것이다.

빅테크의 금융참여에 대한 적절한 대응을 위한 첫 번째 과제는 빅테크 플랫폼의 특성을 반영한 금산분리의 법리적 해석을 확보하는 것이다. 만일 법리적 해석에 의해 빅테크 플랫폼이 예를 들면 은행과는 달리 법적 권리의 충돌을 빚는 중층적 권리관계의 메커니즘을 갖지 않고 이에 따라 예금자보호와 은행 건전성을 해치는 특정한 행위결과를 필연적으로 초래하는 것이 아니라면 금산분리가 반드시 필요하지는 않을 수 있다. 하지만 이와는 반대로 빅테크에 의한 은행서비스 제공이 산업자본에 의한 은행의 소유·지배와 마찬가지로 예금자보호와 은행 건전성을 해치는 법적 권리의 충돌을 필연적으로 야기한다면 빅테크 플랫폼에 의한 은행서비스의 제공은 당연히 금산분리의 적용을 받아야 할 것이다.

두 번째 과제는 빅테크 플랫폼의 금융참여에 대한 적절하고 효과적인 규제시스템을 확보하는 것이다. 규제시스템의 특성에 따라 빅테크의 금융참여에 대한 규제 대응은 달라질 수 있다. 규제시스템은 크게 규정중심과 원칙중심으로 구분하는데, 규정중심 시스템이 상대적으로 취약할 수 있다. 규정중심은 법이 명시적으로 정한 구체적인 규정을 법 적용의 기준으로 하는 것이고, 원칙중심은 법이 추구하는 법집행의 취지 혹은 원칙을 법 적용의 기준으로 하는 것이다. 예를 들어, '은행의 의결권 있는 지분 4%를 초과하여 보유하는 것은 금지한다'고 정한 금산분리에 대하여 규정중심에 의한 법해석은 문언대로 금지의 대상은 은행의 의결권 있는 지분일 뿐이고 그 금지의 범위는 4%를 초과하는 것이라고 본다. 이에 따라 4%를 보유하여 은행을 지배하는 것은 가능하다고 해석할 수 있다. 하지만 원칙중심에 의한 법해석은 은행의 의결권 있는 지분을 일정 수준 초과하여 보유하는 것을 금지하는 목적이 은행의 건전성, 예금자보호, 공정경쟁 등이므로 이러한 목적에 위배되는 일체의 소유 및 지배행위를 금지할 수 있다. 이에 따라 4%미만이라도 이를 보유하여 은행을 지배하는 것은 불가능하다고 해석할 수 있다.

Ⅶ 금산분리의 정책과제

이상의 논의에 비추어 금산분리에 대한 정책과제를 종합적으로 도출할 수 있으며 이를 예시하면 다음과 같다. 첫째, 금산분리에 대한 경제적 이론과 함께 법리적 해석을 엄밀히 도출하는 것이다. 둘째, 금산분리의 목적과 대상 범위를 금융환경에 맞도록 정립하고 다양하고 효과적인 정책수단을 확보하는 것이다. 셋째, 규정중심을 보완하는 원칙중심 규제시스템을 확립하는 것이다. 넷째, 인터넷전문은행에 대한 보완적 정책수단을 도입하여 적용하는 것이다. 다섯째, 빅테크 금융참여에 대한 금산분리 관점의 법리적 해석과 적절한 정책수단을 도입하여 적용하는 것이다. 여섯째, 금산분리를 도입한 다양한 법률간 일관성을 유지하는 것이다.

국내에서 이루어진 그간의 금산분리에 대한 논의는 금융자본과 산업자본 간 세력갈등에 주로 초점을 두고 상당부분 정치적 입장과 견해의 차이에 주목해 왔으나 금산분리정책의 발전을 위해서는 법리적 해석을 명확히 하고 엄밀한 경제학적 실증분석을 행하는 것이 필요하다. 이를 통해 이념적 논의에서 학문적 및 전문적 논의로 진화해야 한다. 법리적 해석은 법적 권리 간 충돌 메커니즘을 밝히고 이에 근거한 정책적 대응방안의 모색을 가능하게 한다. 금산분리의 경제이론이 금융의 효율적인 자금배분 기능을 제도적으로 보장하기 위한 기초적인 이론을 확립하는 것이라면, 법리적 해석은 법적 권리관계를 밝혀냄에 따라 금산분리 규제의 목적을 구체적으로 어떤 정책수단을 통해 어떻게 금산분리 규제를 구현해 낼 수 있는지에 대한 정책과제를 분명히 한다.

금산분리는 최근 수년간 은산분리로 축소되어야 한다는 주장에 직면해 왔다. 금산분리는 금융 전반에 대한 산업자본의 참여를 제한하는 것이지만 적어도 보험과 증권 부문 등은 이미 산업자본에 의한 소유·지배가 광범위가 이루어져 있으므로 은행만 예외적으로 산업자본에 의한 소유·지배의 제한 대상으로 국한되어야 한다는 것이 주된 논지였다. 하지만 이는 지극히 잘못된 문제의 인식이다. 비록 정도의 차이는 있을지언정 모든 금융회사는 건전성을 도외시 할 수 없고 금융소비자보호로부터 자유로울 수 없다. 특히 1997~1998년 금융위기를 겪으며 재벌의 금융지배로 인해 은행뿐 아니라 증권사, 보험사, 종금사 등이 파산했던 점을 고려하면 어떤 금융회사도 금산분리원칙의 예외로 두어서는 안된다. 더구나 금융안전망 가운데 하나인 예금보험은 은행뿐 아니라 증권사 및 보험사 등도 그 대상으로 하고 있다. 국제적으로도 금산분리의 적용 범위와 대상은 은행서비스와 은행으로만 한정되지는 않는다.

우리나라의 규제시스템은 오랜 기간 규정중심에 기반해 왔다. 규정중심은 법률이 정한 구체적 기준과 행위유형이 법 적용의 근간이 되는 방식이다. 규정중심은 원칙중심과 비교되는 시스템으로 법 집행의 비용 측면에서 보면 더 저렴할 수 있다. 규정중심 시스템이 집중하는 단계는 주로 인허가를 받는 진입단계다. 이와 달리 원칙중심이 집중하는 규제 단계는 행위 자체와 그 행위의 결과다. 규정중심 시스템이 진입자격에 대한 심사를 대상으로 하는 규제는 행위의 결과를 대상으로 하는 규제에 비해 상대적으로 수월하고 명확할 수 있다. 하지만 많은 금융행위가 법이 정한 구체적 기준의 직접적인 위반뿐 아니라 우회를 통한 남용행위를 추구한다는 점에서 규정중심만으로 금융행위와 시장의 건전성을 유지하는 것은 쉽지 않을 수 있다. 특히 정보비대칭성 문제로 인하여 궁극적으로 진입단계의 서류심사만으로 행위와 그 행위의 결과를 추론하는 것은 거의 불가능하다. 행위의 결과를 대상으로 한 판단과 규제가 보다 더 실체적인 진실을 확보하는 데 더 큰 의미를 가질 수 있다. 이러한 시스템의 특성은 금산분리 정책에도 영향을 미친다. 규정중심에서는 금산분리규제의 회피가 보다 용이하게 이루어질 수 있고, 다른 한편으로는 금산분리규제의 경직성이 불가피할 수도 있다. 보다 합리적이고 탄력적인 규제로 발전하기 위해서는 원칙중심으로의 전환이 바람직하다.

　　인터넷전문은행의 시행은 5년째를 맞고 있다. 앞에서 지적한 바와 같이 기존 은행법에 비해 소유규제의 급격한 완화를 전제로 등장한 인터넷전문은행은 그간 금산분리 정책과 관련하여 논쟁의 대상이 되어왔다. 인터넷전문은행법이 소유규제의 완화에도 불구하고 건전경영원칙을 선언하고 있다는 점에서 소유규제완화가 곧 금산분리의 완화라고 이해하기는 어렵다. 다만 현재 인터넷전문은행의 특수성에 기반해 이루어지고 있는 사실상의 금산분리 현상은 제도적인 측면에서 보면 안정적이라고 보기는 힘들 수 있다. 이러한 현상을 보완하여 어떻게 안정적인 제도로 정착시킬 것인지 여부는 여전히 남겨진 과제다. 인터넷전문은행이 애초의 설립취지에 부합하는 비즈니스 모델을 유지하고 중금리시장 조성 등 금융시장에 기여하는지 여부 자체는 금산분리와는 무관할 수 있다. 하지만 인터넷전문은행의 비즈니스 모형에 대한 특정한 경향성은 현재의 소유·지배구조에 의해 영향을 받을 수는 있다는 점에서 이에 대한 논의가 필요하다.

　　빅테크의 금융참여에 대해 국내외에서 금산분리 차원의 우려가 제기되고 있다. 과거 역사에서도 드러나듯이 비금융기업의 금융 참여 욕망은 오래된 것이다. 비금융기업은 자신의 비금융서비스 제공에 있어서 효율성을 높이고, 금융이라는 새로운 영역으로의 비즈니스 영역 확대를 통해 시장지배력을 높이고자 한다. 이 점은 빅테크 역시 예외가 아니다. 특히 빅테크는 이전의 비금융기업과는 달리 플랫폼이라는 새로운 비즈니스모델을 주된 무기로 활용하고 있는바, 플랫폼은 제조와 판매를 전방위적으로 결합한다. 자신이 직접 생산한 제품만이 아니라 타인이 생산한 다양한 제품의 거래를 중개한다. 빅테크가 아마존페이, 구글페이, 페이스북의 DM 등과 같이 지급결제서비스에 적극적으로 참여하는 이유는 판매 중개에 매우 유용하기 때문이다. 또한 최근 국내에서 인앱결제에 대한 국회의 결정에서 보았듯이 결제서비스 제공 자체가 높은 수수료 이익을 낳는 매우 중요한 수익원이기도 하다. 빅테크는 결제서비스에 그치지 않고 보험 및 대출 등 보다 다양한 금융상품을 제공하고자 시도하는 데 플랫폼을 이용하는 많은 수의 구매고객과 판매고객을 대상으로 금융서비스를 제공함으로써 새로운 수익원을 창출하고자 한다. 그렇다면 이들의 금융참여는 금산분리 법리의 관점에서 어떤 해석이 가능할 것인가? 빅테크의 금융참여 역시 법적 권리의 충돌을 필연적으로 초래하는 중층적 권리체계를 야기하며, 이에 따라 금산분리가 정책목적으로 하는 건전성, 금융소비자보호, 공정경쟁 등을 위한 규제로부터 자유로울 수는 없다. 따라서 법적 권리의 충돌을 해소하는 적절한 정책대응 마련이 필요하다.

빅테크 플랫폼의 중개기능이 금융상품의 제조와 분리된 판매에 대해서는 금산분리의 적용을 면제할 필요가 있다는 주장이 제기될 수 있는데, 두 가지 점에서 문제가 될 수 있다. 하나는 제조와 판매의 분리가 물권적 속성을 갖는 물건의 경우에는 합당할 수 있으나 채권적 속성을 갖는 금융상품의 경우에는 합당하지 않을 수 있다는 점이다. 다른 하나는 제조와 판매의 분리여부는 금산분리와 전혀 무관한 것이라는 점이다. 금산분리는 금융자원의 효율적 배분을 저해하는 소유·지배를 대상으로 하는 것이지 금융상품의 제조 및 판매의 분리와 같은 서비스 체계의 기능적 분리 여부와는 무관하다.

마지막으로 국내에서 금산분리를 정하고 있는 다양한 법률간 정책일관성의 조율과 유지가 필요하다. 무엇보다도 법률간 정책목적의 범위에 있어서 일관성 확보가 필요하고, 정책수단의 관점에서도 일관성 확보가 필요하다. 또한 금산분리에 대한 법리적 해석과 정책수단의 다양화 측면에서 법률간 정책수단의 차이점과 공통점을 분석하고 적절한 보완방안이 마련될 필요도 있다. 법리적 해석에 근거하여 인터넷전문은행을 포함한 은행, 증권사, 보험사 등의 금융기관에 대한 정책목적과 정책수단의 범위와 대상이 종합적으로 일관성을 갖도록 하는 설계가 필요하다. 또한 필요하다면 정책수단을 병렬적으로 나열하기보다는 정책수단 간에도 우선순위를 고려하여 금산분리 규제방식이 보다 체계화되도록 할 필요가 있다.

제2부

금산분리의 이론

금산분리의 기초

Ⅰ 금산분리의 정의

금산분리는 금융 효율성, 건전성, 금융고객에 대한 신인의무, 공정경쟁을 저해하는 금융과 산업간 소유를 제한하고 지배를 금지하는 것이다. 금융과 산업간 소유·지배관계는 법적 권리관계의 충돌을 초래할 수 있으며 이 권리의 충돌은 필연적으로 금융효율성, 건전성, 고객에 대한 신인의무, 공정경쟁을 훼손한다. 금산분리는 소유·지배관계에 의해 초래될 수 있는 문제점을 미리 억제함으로써 금융자원의 배분에 있어서 효율성을 지키고자 한다. 객관적이고 공정한 기준에 의해 금융자원이 배분되도록 하기 위해서는 자금을 제공하는 자와 빌리는 자 간에는 이해를 같이하는 특수관계를 가져서는 안 된다.

이해를 같이하는 이익공동체로서 특수관계의 대표적인 한 예는 바로 은행(금융)과 기업(산업)의 관계다. 은행이 기업을 가지고 있는 경우 자기 기업에 더 유리하게 자금을 제공할 유인이 있고, 마찬가지로 기업이 은행을 소유하거나 지배할 경우에도 자신에게 더 유리하게 자금을 제공할 유인을 갖는다. 설령 자신들의 기업이 다른 경쟁기업에 비해 생산성과 수익성이 더 낮더라도 자기 이익을 위해서 자금을 제공할 유인을 갖는 것이다. 바로 이러한 문제점을 사전에 방지하기 위해 확립된 금융규제 원칙이 금산분리다.

금산분리 규제의 출발점은 금융고객에 대한 신인의무(fiduciary duty)다. 예금자 혹은 투자자로부터 위임받은 자금은 예금보험 등 공적 안전망의 대상이 되고 이 자금을 차입자에게 대출 혹은 제공하는 행위는 위임의 관점에서 모니터링과 자산건전성 규제의 대상이 된다. 금융이론에서 가장 기본적인 공리의 하나는 금융시장 내 정보의 비대칭성이다. 금융회사는 자금을 빌려가는 자에 대한 정보비대칭성 문제를 해소하기 위해 모니터링을 행하고, 감독당국은 금융회사가 위임모니터링(delegated monitoring)에 기반하여 건전한 자산을 운영하는지 여부에 대하여 정보비대칭성 문제를 해소하기 위해 조사 및 검사 등을 활용한 규제를 행한다.

금융과 산업의 결합에 따른 문제점을 열거하면 금융고객과 산업자본 간 이해상충, 경제력 및 금융의 집중, 금융회사의 건전성 훼손, 공정하고 효율적인 신용배분의 곤란 등이다.[1] 금산분리는 이러한 문제점을 방지하기 위한 정책원칙으로, 그 정책수단으로는 소유의 제한, 지배의 금지, 업무영역(조건부 승인, 자산규모 한도)의 제한, 통합감독 등을 활용한다.

금융과 산업의 결합에 따른 문제점을 해결하는 몇 가지 정책수단의 예는 다음과 같다. 첫째, 소유제한을 지적한 예로는 1985~1991년 기간 중 미국 예금보험공사 의장이었던 William Seidman[2]을 들 수 있는데, 그에 의하면 금산분리는 정실자본주의(crony capitalism)를 야기하는 금융회사와 산업자본 간 교차소유(cross ownership between financial institutions and commerce)를 억제하는 것이다.

두 번째로, 지배구조규제와 통합감독 등을 지적한 예로는 2007년 당시 미국 예금보험공사 의장이었던 Sheila C. Bair[3]를 들 수 있는데, 금산분리의 정책목적은 산업과 금융의 결합에 의한 이해상충의 방지, 경제력 및 금융의 집중 억제, 그리고 금융회사의 건전성 유지를 위한 산업자본 모회사에 대한 감시체계(overseeing the parent company)이다.

세 번째로, 업무영역을 제한의 예로는 영란은행을 들 수 있다. Barr, Jackson, and Tahyar에 의하면,[4] 1694년 영국의회는 영란은행(Bank of England)

---

1) 금융회사의 유형에 따라 문제점의 양상이 다를 수 있다. 은행은 대부분의 문제점으로부터 자유롭지 못한 반면, 증권사 및 보험사는 효율적 신용배분과 건전성 이슈에서 다소 다를 수 있다. 김자봉, 투자자예탁금 기능 확대의 충분조건, 기업지배구조연구 제5권, 2008 참고.

2) Seidman, L. William (2003), "Comments at the FDIC Symposium, The Future of Banking: The Structure and Role of Commercial Affiliations," Washington, D.C., July 16.

3) Sheila C. Bair (2007), "The fourth wave - the mixing of banking and commerce," Proceedings 1063, Federal Reserve Bank of Chicago.

4) Barr, Michael S., Howell E. Jackson, and Margret E. Tahyar, Financial Regulation: Law and Policy, Foundation Press. 2016. 184면.

을 설립하면서 영란은행의 머천트 뱅킹 관련한 모든 상업거래를 중지시키는 조항을 도입하였다.[5] 이것은 베니스에서 시작된 은행 업무영역(business of banking)의 제한과 같은 것으로, 이 전통은 1782년 미국 펜실베이니아 주의회가 최초의 은행인 Bank of North America를 설립하는 과정에서도 명시적으로 도입되었으며 이에 따라 모든 비금융 상업활동과 부동산보유가 금지되었다. Shull[6]에 의하면, 금산분리는 은행의 비금융 영업활동 제한만이 아니라 산업자본의 금융활동에 대한 제한으로까지 확대되는데, 이에 따라 금산분리는 은행의 비금융활동과 비금융회사의 금융활동을 억제하는 것이 되었다.

Ⅱ 금산분리규제의 두 가지 관점

금산분리규제는 소유와 지배의 분리(separation of ownership and control) 여부에 따라 두 가지로 구분될 수 있다. 하나는 소유와 지배가 분리되는 경우이고, 다른 하나는 분리되지 않는 경우이다. 어느 경우에 해당하는가에 따라 규제방법론과 정책수단이 달라질 수 있다.

1. 소유와 지배의 분리
  : 상호 독립적인 정책수단으로서 소유규제와 지배구조규제

회사법상 혹은 금융법상 소유와 지배의 분리가 이루어진 경우에는 소유규제뿐 아니라 소유규제와는 독립적인 의미에서 지배구조규제를 수단으로 하는

---

5) 영란은행 설립을 계기로 도입된 금산분리는 영란은행의 요구가 아니라 상업활동에 종사하는 머천트 뱅커들의 요구에 의한 것이었다.

6) Bernard Shull(1999), The separation of banking and commerce in the united states, FDIC Working Paper 1999－1. 3면.

금산분리규제가 이루어질 수 있다. 실질적으로는 지배구조규제가 더 중요한 의미를 가질 수 있다. 소유를 허용하더라도 지배력을 갖지 못하도록 규제할 수 있다면 그렇게 함으로써 소유와 지배의 분리를 이루어내고, 산업자본의 은행지배를 억제할 수 있다. 이런 사례는 미국의 경우에서 찾아볼 수 있다.

미국의 금산분리규제는 소유와 지배의 분리원칙 위에 서 있다. 산업자본의 지분 보유비율을 기준으로 허용 여부를 결정하지만, 또한 동시에 지분 보유비율에 관계없이 궁극적으로는 지배를 금지하고 산업자본의 은행지배를 억제할 수 있는 일정한 지배구조규제를 적용한다. 비록 낮은 수준의 지분일지라도 지배가능성을 전적으로 배제하지 않는 가운데 규제를 행하며, 또한 일정 수준 이상의 과도하게 높은 수준의 지분에 대해서는 지배로 간주하고 그 보유 자체를 금지한다. 간략히 표현하면, 미국 은행지주회사법상 금산분리규제의 목적은 궁극적으로 산업자본의 은행지배를 막는 데 있다.

미국 은행법상 소유규제의 구체적인 내용은 다음과 같다. 미국 은행지주회사법은 25%에 이르는 수준까지 산업자본의 지분 소유를 허용하지만, 어떤 형태의 지배도 허용하지 않는다.7) 더구나 설령 은행법이 심사의 절차 없이 허용하는 최저수준 5% 미만을 충족하더라도 이는 어디까지나 '반증 가능한 추정'(rebuttable presumption) 원칙에 따라 지배하지 않을 것이라는 전제 하에 허용하는 것일 뿐 5% 미만의 범위에서는 얼마든지 지배권을 행사해도 괜찮다는 보장은 아니다. 산업자본이 은행을 지배하더라도 5% 미만이라는 이유로 이를 인정하는 것은 아닌 것이다.8)

5%를 초과하고 25% 미만인 지분에 대해서는 산업자본이 은행에 대한 지

7) 25% 이상에 대해서는 전혀 허용하지 않는데, 그 까닭은 과도하게 높은 수준의 지분보유는 지배권을 억제하는 데 한계가 있다는 우려일 것으로 이해된다.
8) 여기서 반증 가능한 추정이란 반증이 없으면 가정한 바대로 추정한다는 법원의 증거채택 기준으로, 반증이 있으면 언제든 부정될 수 있다. 따라서 5% 미만이라고 하여도 그것이 반드시 산업자본이 지배력을 행사하지 않는다고 간주되지는 않는다. 12 U.S.C. 1841(a)(2)−(3) 참조.

배력을 행사하는지 여부를 조사한 후 승인 여부를 결정한다. 설령 25%에 가까운 지분을 보유하더라도 한 명 이상의 이사를 결정할 수 없고, 대출 및 이자율 등 은행의 의사결정에는 영향을 미칠 수 없다. 그리고 이러한 요건은 승인 이후에도 여전히 유지되어야 한다.[9]

　　Roe(1994)에 의하면,[10] 소유와 지배의 분리는 미국 특유의 경쟁문화를 발전시키는 데 기여해 왔으며 이것이 곧 미국 경제의 성공으로 이어졌다. 소유와 지배의 분리원칙에 의한 지배구조의 정착이 없는 경제적 이노베이션만으로는 경제적 성공을 보장할 수 없다고 보았다. 특히 금산분리는 소유와 지배의 분리원칙 위에 서 있으면서 동시에 이 분리원칙을 더욱 발전시키고 유지하는 데 중요한 기여를 했다. 산업자본의 은행지배를 억제하였을 뿐 아니라 금융의 산업지배를 억제하고 독점에 의한 경쟁저해 가능성을 막았으며, 이를 통해 소유와 지배의 분리가 보다 명확히 이루어지게 된 것이다.

　　2. 소유와 지배의 미분리
　　　: 독립적이지 않은 정책수단으로서 소유규제와 지배구조규제

　　소유와 지배가 분리되어 있지 않은 경우에는 금산분리 규제에서 소유규제와 지배구조규제는 동일시된다. 소유규제가 강화되면 지배구조규제 역시 강화되는 것으로 이해되고, 소유규제의 완화는 곧 지배구조규제의 완화로 이해될 수 있다.

---

9) Charter One Financial, Inc., 84 Fed. Res. Bull. 1079 (1998) 참조. Charter One Financial, Inc.의 자회사인 은행 및 자회사의 비은행자회사 즉 손자회사 인수허용과 지주회사 인허가 신청에 대한 감독당국은 심사결과 보고서에서 회사의 임직원, 이사 등이 개별적으로 은행지분을 추가로 보유하는지 여부, 한 명 이상을 은행이사로 두고 있는지 여부, 배당, 대출, 투자, 가격결정, 인사결정, 혹은 여타 운영에 개입하는지 여부 등을 포함하는 주요 조사기준을 예시하였으며, 이 심사기준은 여전히 유효하다.

10) Mark J. Roe(1994), *Strong Managers Weak Owners - The Political Roots of American Corporate Finance*, Princeton University, pp. 3−8, 21−25, 53−59.

　　정책수단의 선택이라는 관점에서 보면, 소유와 지배의 동일성원리에 따라 소유규제와 지배구조규제가 동시에 활용될 필요는 없으며, 소유규제 혹은 지배구조규제 가운데 어느 하나가 선택적으로 활용될 여지가 크다. 소유와 지배가 분리되지 않는 한 반드시 어느 하나가 더 우월적인 정책수단으로 여겨지지 않으며, 어느 하나가 정책수단으로 선택되어 활용되면 나머지 하나는 불필요한 (redundant) 것이 된다. 이와 같이 선택적으로 정책수단이 활용되는 경우에는, 소유규제를 활용하지 않는다는 이유로 금산분리규제가 없다고 평가하거나 혹은 지배구조규제를 활용하지 않는다는 이유로 역시 금산분리규제가 없다고 평가할 수는 없다. 소유규제가 없더라도 지배구조규제를 통해 금산분리규제를 할 수 있고, 지배구조규제가 없더라도 소유규제를 통해 금산분규제가 이루어질 수 있기 때문이다.

　　Mizruchi(2004)[11]에 의하면, 소유와 지배의 분리는 주주권의 분산 정도와 관련을 갖는데, 영국과 미국은 상대적으로 소유와 지배가 분리되어 있는 반면, 우리나라를 포함한 프랑스, 일본, 독일 등은 소유와 지배의 분리가 제대로 이루어지지 않았다. 물론 우리나라의 소유와 지배의 미분리 현상은 프랑스, 독일 등 비교국가들에 비해 더 심하다.[12]

---

11) Mark S. Mizruchi(2004),"Berle and Means revisited : the governance and power of large U.S. corporations," *Theory and Society*, p. 1. http://cpi.stanford.edu/media/_media/pdf/Reference%20Media/Mizruchi_2004_Elites.pdf. "Before proceeding, I note that my focus will be primarily on the United States. There are two reasons for this. First, although there is considerable variation in ownership and control patterns across industrialized nations, the U.S. is nearly alone in the extent of the dispersal of its stockholders. Ownership remains highly concentrated and, arguably, fused with control, in nations such as France, Germany, Japan, and South Korea. Second, to do justice to the richness of the cross-national variation while dealing with the theoretical issues with which I am concerned would likely require a book-length treatment. At the same time, it is important to note that many of the implications about ownership and control in the U.S. have also been posited to have occurred elsewhere, including Britain, France, and Germany. The theoretical issues at the heart of this discussion are thus relevant to virtually all industrialized capitalist nations, regardless of the extent to which they have experienced a separation of ownership from control."

12) 소유와 지배의 분리여부가 주주권의 분산현상과 밀접히 연관을 맺는 현상은 상관관

박경서(2017)에 의하면,[13] 우리나라의 상장기업은 대부분이 지배주주가 있는 가족경영으로, 영국, 미국뿐 아니라 일반적으로 가족경영 비중이 높은 유럽 등에 비해서도 월등히 높다. 박경서는 우리나라 상장기업 중 가족경영 비중이 95%에 이른다고 하는데, 그만큼 소유와 지배의 미분리 현상이 국내에서 심각하다는 의미로 이해할 수 있다.

소유와 지배가 분리되어 있지 않은 이들 독일, 프랑스 등의 국가에서는 금산분리규제 역시 소유규제 혹은 지배구조규제 가운데 어느 하나가 선택적으로 활용되고 있을 것이라는 추론을 해볼 수 있다. 이러한 추론의 일례로, 독일과 프랑스 등에서는 소유규제가 미국과 같이 엄격하지 않다고 할 수 있는데, 그 까닭이 소유와 지배의 미분리 상황에서 지배구조규제가 중심을 차지하고 있기 때문일 수 있다.

만일 이러한 추론이 타당하면, 독일에서는 지배구조규제가 곧 금산분리규

계의 수준에서 논의되는 것으로 인과관계인지 여부는 명확하지 않다. 소유와 지배의 미분리를 추구하는 주주의 존재 가능성과, 소유와 지배의 분리를 추구하는 주주의 존재 가능성 가운데 어느 가능성이 더 클지 여부는 주주권의 행사와 관련한 제도상의 차이가 영향을 미칠 수도 있다. 예를 들어, 지배하지 않더라도 이익배당청구권 및 의결권 행사 등의 주주권이 충분히 보장된다면 지배하지 않는 소유를 추구할 가능성이 있는 반면, 지배하지 않으면 주주권의 보장이 제대로 이루어지지 않은 경우 지배하지 않는 분산된 소수주주의 가능성이 상대적으로 낮을 수 있다.

13) 박경서(2017), "한국 지배구조 관련 쟁점들,"2017 기업지배구조 컨퍼런스 정리보고서, 탄천연구포럼, 5-18면. "한국 상장기업의 95% 이상이 지배주주가 있는 가족경영 기업으로, 분산된 소유구조 아래 전문가가 경영하는 기업은 5%에 불과하다. 이는 가족경영 기업의 비중이 훨씬 낮은 영미권 보통법 국가들은 물론이고(영국 10%, 캐나다 25%, 미국 30%), 약 70% 기업이 가족경영 기업인 유럽 국가들과도 크게 다른 부분이다. 가족경영 기업이 많다는 점이 그 자체로 문제는 아니다. 무엇보다 지배주주가 있는 가족경영 기업은 장기적 관점에서 전략을 세우고 책임경영을 할 수 있다는 뚜렷한 장점이 있다. 기업에서 일어나는 일을 꼼꼼히 챙기는 지배주주는 기업이 잘못된 길로 가지 않도록 감시하고 견제하는 보루 역할을 한다. 지배주주가 가진 지분도 투자상 이익을 얻으려 취득한 것이 아니므로 이를 단기간에 팔 생각이 없고 다음 세대까지 물려줄 생각으로, 장기적인 관점에서 기업을 경영하는 것이다. 반대로 가족경영 기업이 이른바 참호현상(entrenchment)으로 불리는 경영의 고착화나 도덕적 해이에 취약하다는 단점은 반드시 보완해야 한다. 즉, 보루 역할을 해야 할 지배주주가 오히려 갈피를 잡지 못하고 경영을 제대로 하지 못하는데도 이를 견제할 장치가 없을 때 이러한 단점은 두드러진다. 특히 지배주주가 일감 몰아주기 등 기업의 이익을 희생해가며 자신의 사적 이익을 추구하는데 이를 견제할 장치가 기업 내에 없으면 가족경영 기업은 기업의 존폐마저 우려해야 하는 상황으로 내몰리기도 한다."

제라고 할 수 있다. 실제 독일의 경우, 주식회사법이 엄격하기로 정평이 나 있다. 이사회는 경영이사회와 감독이사회로 이원화되어 있고 감독이사회는 1/3 이상에서 1/2을 근로자대표로 하는 근로자 이사제도를 두고 있으며, 운영방식은 노사 공동결정제다. 이사회의 구성과 운영이 노사 공동결정제에 따른 엄격한 감독기능을 절차적으로 보장한다.[14)

　　또한 김화진(2002)에 의하면, 독일 기업의 이사회는 미국보다 더 일찍 사외이사를 중심으로 하는 이사회의 감시기능을 제도화하였다. 따라서 엄격한 지배구조규제를 중심으로 금산분리규제가 이루어지고 있을 것임을 추론해 볼 수 있다.[15)16)

　　국내 은행법이 금산분리규제를 소유규제 중심으로 정의하는 것도 유럽과 마찬가지 관점에서 이해할 수 있다. 소유와 지배가 분리되어 있지 않으므로 소유규제와 지배구조규제를 모두 정책수단으로 활용하지 않고 둘 가운데 하나만을 활용하는 것이다. 다만 유럽과는 달리 지배구조규제 대신에 엄격한 소유규제를 중심으로 하는 금산분리규제를 도입하고 있다는 점이 차이점일 뿐이다. 물론 소유와 지배의 미분리 상황에서는 소유규제와 지배구조규제가 불필요한 중복이 될 수 있다고 하더라도, 우리나라에서 소유와 지배의 미분리는 유럽 국가들에 비해 더욱 심각하고, 현실적으로 소유규제가 소유의 전면금지를 의미하

---

14) 한국기업지배구조연구원(2014),"주요국의 상장기업 대상 이사회 구조 법제 현황," 19 − 20면. http://www.cgs.or.kr/common/Repdown.jsp?fnm = 6T4ywWKkIlFGNu%2FPo8NjDg%3D% 3D&gb = eb ; Aline Conchon(2013), "근로자의 기업 이사회 참여에 관한 유럽의 제도,"노동연구원, 4 − 7면. https://www.kli.re.kr/kli/downloadPodFile.do?pdicalOrginlDwldNo = 2697.

15) 김화진(2002), "독일의 기업금융과 자본시장의 최근 변화," 『서울대학교 법학』, 제43권 제2호, 34면. http://s − space.snu.ac.kr/bitstream/10371/9098/1/law_v43n2_028.pdf.

16) 어디까지나 확인이 필요한 가설이지만, 독일, 프랑스 등이 소유규제를 중심으로 하는 금산분리규제를 도입하지 않은 것은 지배구조규제를 중심으로 하는 규제체계가 도입되어 있기 때문일 수도 있다. 김화진(2002)은 이러한 가능성을 확인해 주는 글이다. 이러한 엄격한 지배구조규제로 인하여, 독일 역시 소유와 지배가 미분리되어 있지만, 박경서(2017)가 지적하는 참호현상이 나타나지 않을 것이라고 생각해 볼 수 있다. 따라서 소유가 곧 지배이면서도 소유자의 사적 이익에 의해 지배되지 않는 지배현상이 가능할 수 있게 된다.

는 것은 아니며, 소유는 수단이고 지배가 궁극적인 목적이라는 점에서 소유규제와 지배구조규제의 효과가 다소 다를 수 있고 또한 어떤 측면에서는 지배구조규제가 소유규제보다 더 효과적일 가능성도 전적으로 배제할 수는 없다.

3. 금산분리의 정책수단과 건전경영원칙

소유와 지배의 분리원칙 위에 금산분리규제가 적용되는 경우, 소유규제, 그리고 지배구조규제는 동시에 그리고 독립적으로 활용된다. 소유규제가 완화되면 상대적으로 지배구조규제를 강화할 수 있고, 반대로 지배구조규제가 완화되면 소유규제를 강화함으로써 전체적으로는 동일한 수준의 금산분리규제를 유지할 수 있다.[17)]

물론 대안적 수단도 활용될 수 있다. 미국에서는 ILC에 대한 소유규제를 완화하면서 지배구조규제와 함께 여타의 대안적 정책수단도 활용한다. 예를 들면, 금융업무범위의 제한, 조건부 승인제도, 모라토리엄 등이다.

소유와 지배가 분리되지 않은 경우에는 소유가 곧 지배이고 지배가 곧 소유다. 이에 따라 소유규제와 지배구조규제는 독립적이지 않으며 선택적으로 활용된다. 소유규제의 완화는 곧 지배구조의 완화를 의미하므로 소유규제가 완화되었다는 이유로 지배구조규제를 강화할 수 없다. 반대로 지배구조규제가 완화되는 경우에도 마찬가지로 이유로 소유규제를 강화할 수 없다. 이에 따라 소유규제와 지배구조규제 간 정책수단의 조합 가능성이 존재하지 않는다.

그런데 여기에서 던져야 하는 근본적인 질문의 하나는, 금산분리규제가 추구하는 건전경영원칙은 소유와 지배의 분리 여부와 무관하게 유지되어야 하는

---

17) 조금 다른 표현으로, 소유와 지배의 분리원칙하에서는 미분리인 경우에 비해 정책선택의 자유도가 유지된다고 할 수 있다. 소유규제와 지배구조규제가 독립적으로 활용될 수 있기 때문이다. 물론 미분리인 경우에는 대안적 정책수단을 고려할 수 있으므로 정책선택 자유도가 전혀 없는 것은 아니다. 하지만 소유와 지배가 분리되는 경우에 비해서는 정책선택의 자유도가 여전히 더 낮다.

것이 아닌가 하는 것이다. 설령 소유와 지배의 분리원칙이 도입되지 않았을지라도 '은행의 건전경영원칙을 해치는 어떠한 형태의 은행지배'도 억제하는 것이 바람직할 것이다. 만일 특수한 목적을 위해 소유규제를 완화하고자 한다면, 건전경영원칙을 실질적으로 지켜낼 수 있는 대안적 정책수단을 확보할 필요가 있다.

Ⅲ 금산분리의 기본구조

1. 목적과 정책수단

금산분리의 목적은 금융과 산업간 소유·지배관계를 규제함으로써 금융회사의 건전성, 금융시스템의 안정성 및 금융소비자 보호 등 금융의 효율성과 안정성을 유지하는 것이다.[18] 또한 더 나아가 금융자본과 산업자본의 결합으로 인해 야기될 수 있는 독점을 방지하고 공정경쟁을 유지하는 것이다.[19]

역사적으로 금산분리 정책수단의 범주는 세 가지이다. 소유규제, 지배구조규제, 업무범위제한 등이다.[20] 금산분리의 수단으로서 소유규제는 엄밀한 의미에서는 지분한도규제다. 소유를 전면금지하는 것이 아니라 지분보유 수준을 일정 한도로 제한한다. 소유규제가 지분보유를 완전금지 하는 것이 아니라 일정 한도로 허용함에 따라 지배구조규제가 큰 중요성을 갖게 된다. 설령 한도를 준수하더라도 지분의 분포에 따라서는 최대주주로서 은행을 지배할 수 있기 때문

---

18) Krainer, John, The Separation of Banking and Commerce, FRBSF Economic Review, 16 (2000); Barr, Michael S., Howell E. Jackson, Maragret E. Tahyar, Financial Regulation: Law and Policy, Foundation Press 184, 2016; 전성인, 금융과 산업의 분리: 이론과 정책과제, 금융학회, 2008.

19) Barr, Michael S., Howell E. Jackson, Maragret E. Tahyar(2016); Mark Roe (1994); The U.S. House of Representatives 101st Congress, An international comparison of banking regulatory structures, A staff study for the Committee on Banking, Finance, and Urban Affairs (1990)(이하 미 하원보고서); 이동걸, 금융기관을 이용한 경제력 집중: 문제점 및 개선방안, 한국금융연구원 금융브리프, 제14권 제11호, 2005.

20) Krainer(2000); Michael S. Barr, Howell E. Jackson, and Maragret E. Tahyar(2016); 서문식, '금산분리' 용어에 대한 소고, 금융법연구 제17권 제1호, 2020.

이다. 또한 금융법상 금융회사는 금융 서비스이외의 비금융업무 활동이 제한되고 금융법상 금융회사 이외의 기업이 금융서비스를 제공하는 것 또한 엄격히 제한된다.

이와 같이 금산분리는 소유제한뿐 아니라 지배구조규제 및 업무범위규제 등을 그 수단으로 한다. 법에 따라 세 가지 정책수단은 다양한 방식으로 활용된다. 예를 들면, 개별법에 따라 지분한도 규제를 가장 강하게 도입한 경우에는 지배구조규제를 상대적으로 약하게 하는 반면 가장 완화된 지분한도 규제를 도입한 경우에는 상대적으로 엄격한 지배구조 규제와 업무범위제한을 도입한다. 미국의 은행지주회사법은 최저한도를 기준으로 하면서도 최고한도까지 조건부로 허용한다.

2. 금산분리의 범위

금산분리의 범위는 국내에서뿐 아니라 미국 등에서도 많은 논의의 대상이 되어왔다. Olson(2006)에 의하면, 미국에서 금산분리가 처음 도입되던 때에는 주로 은행과 산업의 분리를 대상으로 하였다. 하지만 1999년 Gramm-Leach-Bliley Act의 제정을 계기로 금융지주회사가 등장하면서 금융지주회사와 산업의 분리 즉, 금융 전 분야를 대상으로 하는 분리원칙으로 발전하게 되었다. 유럽에서도 EU차원에서 금산분리가 도입됨에 따라 모든 회원국에 대하여 동일한 규제원칙으로 자리 잡았다. 특히 유럽은 기본적으로 전 금융분야를 모두 비즈니스 대상으로 하는 유니버설뱅킹이라는 점에서 은산분리보다는 금산분리로서의 의미를 갖는다.

국내에서도 1961년과 1983년 금산분리가 도입될 당시에는 은행을 중심으로 하였다. 하지만 1997~1998년 금융위기를 거치며 재벌과 소유-지배관계를 가졌던 많은 은행, 증권사, 보험사, 종금사 등이 파산하면서 전 금융 분야를 대상으로 예금보험 등 금융안전망이 확대됨에 따라 은행을 넘어 전 금융영역에서 재벌의 소유·지배에 따른 문제점을 해소하는 것이 중요한 과제가 되었다. 금산분리가 실무적으로는 주로 은행과 관련된다는 점에서 금산분리라는 명칭 대신에 은산분리 명칭을 사용하는 경우가 더러 있으나 시스템 차원의 금융건전성이 중시되는 상황에서 금산분리가 타당하다는 것은 지극히 당연하다.

국내 금융법상 금산분리를 정한 법률은 다양하다. 은행법, 인터넷전문은행법, 보험업법, 금융지주회사법, 금융산업구조개선법, 자본시장법, 상호저축은행법, 공정거래법 등이다. 이들 법률은 소유제한(은행법 제16조의2, 인터넷전문은행특례법 제5조), 대주주 신용공여 금지 및 거래 제한(은행법 제35조의2, 제35조의3, 인터넷전문은행법 제8조 및 제9조 및 제10조, 상호저축은행법 제12조의2, 자본시장법 제34조, 보험업법 제106조, 금융지주회사법 제45조의2 등), 업무범위제한(은행법 제2조 제1항 및 제27조, 인터넷전문은행법 제6조, 상호저축은행법 제11조, 자본시장법 제6조, 보험업법 제4조 등), 상호출자금지(공정거래법 제9조), 금융지주회사와 일반 지주회사의 분리(공정거래법 제8조의2), 금융(지주, 계열)회사의 비금융회사 지분소유 제한(은행법 제37조, 보험업법 제109조, 금융지주회사법 제6조의3, 금융산업구조개선법 제24조) 등 다양한 규제를 도입하고 있다.[21]

은행법, 자본시장법, 보험업법 등을 망라한 다양한 법률에서 금산분리를 위한 정책수단을 도입함에 따라 금산분리는 은행과 산업자본의 분리 이외에도 보험사 및 증권사에 대해서도 적정 수준의 분리원칙을 의미하게 되었다. 물론 이들 법률 모두가 일률적으로 소유규제 혹은 지배구조규제를 적용하는 것은 아니며, 개별법의 특성에 따라 상이한 모습을 갖는다. 특히 인터넷전문은행특례법은 소유규제에 있어서는 기존 은행법에 비해 매우 완화되었지만 나머지 규제수단에 대해서는 더 강력한 규제조치를 도입하고 있다. 예를 들어 제5조에서 비금융주력자의 주식보유 한도에 대한 특례를 두어 34%를 한도로 하는 반면, 제3장 건전경영 유지를 목적으로 제6조는 은행법과는 달리 법인에 대한 신용공여

---

21) 성형석, 공정거래법상 일반지주회사의 금융·보험회사 보유제한 규제에 대한 연구, 고려법학 제93호, 2019; 김자봉, 금산분리의 경제 이론, BFL, 제98호, 2019.

를 금지하고, 제7조는 동일차주 신용공여한도를 은행법상 25%에 비해 20%로 제한한다. 제8조는 대주주에 대한 신용공여를 아예 금지하고(은행법 제35조의2는 자기자본의 25% 이내 허용), 제9조는 대주주가 발행한 지분증권의 취득을 금지(은행법 제35조의3은 자기자본의 1% 이내 허용)하고 있다. 다만 제10조는 은행법 제35조의4와 마찬가지로 대주주의 부당한 영향력 행사의 금지를 위해 공개되지 않은 자료 또는 정보의 제공요구, 인터넷전문은행의 인사 또는 경영에 대한 부당한 영향력 행사 등을 금지하고 있다.

은산분리인가 금산분리인가?

우리는 앞 장의 마지막 부분에서 '금산분리의 범위'에 대하여 살펴 보았다. 금산분리 정책의 적용대상 범위는 대단히 중요하므로 추가적으로 살펴보고자 한다. 적용범위에 대한 논의는 궁극적으로 '은산분리인가 금산분리인가'라는 질문으로 요약된다. 답은 금산분리이다. 은행만을 대상으로 하는 규제가 아니라 은행 이외 금융회사 모두를 대상으로 하는 까닭은 금융 겸영 및 겸업의 확대, 예금자 및 투자자에 대한 신인의무, 금융시스템의 안정, 공정경쟁 등의 정책목적으로부터 기인한다.

I 금융 겸영 및 겸업의 확대

1. 미국: '본질적으로 은행업일 것'(Banking in nature) v. '본질적으로 금융업일 것'(Financial in nature)

금산분리는 역사를 거치면서 그 의미가 확대되었다.[1] 1930년대 대공황 이후 글래스-스티걸법(Glass-Steagall Act)과 은행지주회사법(Bank Holding Company Act of 1956) 체제에서 금산분리는 은행과 증권업을 분리하고 은행을 소유하는 자의 허용 가능한 활동을 제한하는 것에 초점을 두었다. 그야말로 은행이 할 수 있는 업의 범위는 '본질적으로 은행업일 것'(banking in nature)이라는 조건에 따라 결정되고 은행을 소유할 수 있는 자도 이 기준에 의해 결정되었다. 즉, 은행과 비은행의 구분이었다. 하지만 1980년대 이후부터 은행이 영위하는 사업의 범위는 증권업과 보험업을 사실상 광범위하게 포함하게 되었다.

글래스-스티걸법하에서 은행의 증권인수(securities underwriting) 허용 범위는 당초 은행 수입의 5%를 넘지 않는 것으로 제한되었으나(section 20), 이후

---

[1] Mark Olson, Are banks still special?, remarks at the Annual Washington Conference of the Institute of International Bankers, Washington DC, BIS Review 20, 2006.

10%, 마침내는 25%에 이르게 되었고, 연금보험상품을 인수하고 판매할 수 있
게 되었다.[2]

　1999년에 제정된 금융현대화법(Gramm－Leach－Bliley Act)은 미국 금융규
제 시스템에 근본적인 변화를 초래했다. 이 법은 은행과 은행지주회사의 업무
범위 확대를 법제화하였고[3] 이를 통해 금산분리는 분리 벽의 기준을 '본질적으
로 은행업일 것'에서 '본질적으로 금융업일 것'(financial in nature)으로 이동시켰
다.[4] 달리 말하면, 글래스－스티걸법 하에서는 금산분리가 은행과 산업의 분리
를 의미하였으나, 금융현대화법 하에서는 말 그대로 금융과 산업의 분리를 의
미하게 되었다.

　금융현대화법에 의해 폐지된 글래스－스티걸법의 조항은 제20조(Section
20)와 제32조(Section 32)다. 제20조에 의하면[5] 은행은 증권의 인수와 거래업무
를 적극적으로 영위할 수 없었고, 제32조에 의하면[6] 은행은 증권업무를 주된

---

2) Ibid. 3면.

3) 은행과 은행지주회사의 업무영역은 세 가지 원칙 즉, financial in nature, incidental to
banking, complementary to existing banking authority 등에 의해 결정되게 되었다.

4) Ibid.

5) Sec. 20. ("After one year from the date of the enactment of this Act, no member
bank shall be affiliated in any manner described in section 2 (b) hereof with any
corporation, association, business trust, or other similar organization engaged
principally in the issue, flotation, underwriting, public sale, or distribution at
wholesale or retail or through syndicate participation of stocks, bonds, debentures,
notes, or other securities.")

6) Sec. 32. ("From and after January 1, 1934, no officer or director of any member bank
shall be an officer, director, or manager of any corporation, partnership, or
unincorporated association engaged primarily in the business of purchasing, selling,
or negotiating securities, and no member bank shall perform the functions of a
correspondent bank on behalf of any such individual, partnership, corporation, or
unincorporated association and no such individual, partnership, corporation, or
unincorporated association shall perform the functions or a correspondent for any
member bank or hold on deposit any funds on behalf of any member bank, unless
in any such case there is a permit therefor issued by the Federal Reserve Board; and
the Board is authorized to issue such permit if in its judgment it is not incompatible
with the public interest, and to revoke any such permit whenever it finds after
reasonable notice and opportunity to be heard, that the public interest requires such

업무로 하는 회사와 지배구조를 공유할 수 없었다. 즉, 은행의 이사, 경영진 등 임원은 증권사의 임원이 될 수 없었다. 하지만 금융현대화법에 의해 금융지주 회사가 허용됨에 따라 전 금융업무를 포함할 수 있는 수준으로 업무영역이 크게 확대되었고, 이에 따라 은행을 자회사로 하는 금융지주회사는 은행, 증권, 보험 등 사실상 전 금융영역을 포괄하기에 이르렀다.[7] 이에 따라 금융현대화법 하에서 금산분리는 금융지주회사에 포괄된 전 금융업무의 산업자본의 지배로부 터 분리를 의미하게 되었다.

2. 유럽: 유니버설뱅킹

은행, 증권 등 통합 금융서비스를 제공하는 유니버설뱅킹제도를 취하고 있는 유럽의 경우[8] 산업자본의 지배를 억제하는 정책은 처음부터 금산분리로서의 의미를 갖게 된다.

EU의 은행 인허가 제도에서 채택하고 있는 은행 비즈니스 모델은 유니버 설뱅킹이다.[9] Directive 2013/36/EU[10]의 제33조(article 33: credit institutions)와

---

revocation.")

7) 12 U.S.C. 1843(n), (o)는 금융지주회사로 하여금 "incidental or complementary non-financial activities"를 포함한 모든 금융업무를 영위하도록 허용하였으나 비금 융업무의 영위는 금지하고 있다.

8) George J. Benston, Universal Banking, Journal of Economic Perspectives, Vol. 8, Number 3, Summer 1994, 121-143면.

9) Jean Dermine, European banking: past, present and future, Second ECB Central Banking Conference 2002."The banking model adopted by the EU is the universal banking model, which permits banks to undertake investment banking activities, while leaving it to national regulators to control financial conglomerates, the ownership structure of banks, and their relationship with industry." 5면.

10) Directive 2013/36/EU on access to the activity of credit institutions and the prudential supervision of credit institutions and investment firms. 일명 CRD(capital requirement directive) IV라고 불린다. CRD I은 2000년, CRD II는 2009년, CRD III는 2010년 directive를 말한다.
European Central Bank, Guide to asessments of license applications: license applications in general, Second revised edition. 11-12면.

제34조(article 34: financial institutions)는 유니버설뱅킹 업무를 정하고 있는데 예대업무와 증권거래업무 등을 광범위하게 망라한다. 아래의 <Box: Annex I>는 은행업과 증권업을 포함한 유니버설뱅킹의 구체적인 업무유형을 예시하고 있다.

유니버설뱅킹은 상업은행의 대출기능과 투자은행의 증권인수 기능을 동시에 영위하며 그 두 기능은 상호 연계될 수 있다. 상업은행 대출이 부실화될 경우 유니버설뱅킹 가운데 상업은행 기능만 문제가 되는 것이 아니고, 증권인수 기능에 문제가 발생할 경우 투자은행 기능만 문제가 되는 것이 아니다. 어느 한 부분에 문제가 발생하면 유니버설뱅킹 전체가 문제에 노출된다. 이에 따라 유니버설뱅킹 체제에서 금융안정은 두 기능을 따로따로 분리해서 보는 것이 아니라 이 두 기능을 모두 영위하는 유니버설뱅킹 전체를 대상으로 하며, 유니버설뱅킹으로 이전되는 위험을 어떻게 억제하고 완화할 것인지를 중요시한다.[11] 유니버설뱅킹의 이러한 특성으로 인하여 Directive 2006/48/EC의 은행 소유규제는 은행기능만을 대상으로 하는 것이 아니라 은행과 증권기능 등을 모두 망라하는 금융산업에 대한 규제로서 의미를 갖는다.[12] 따라서 Directive 2006/48/EC에 기반하여 소유규제가 적용될 경우, 지분보유에 대한 적격성(Suitability) 심사는 은행업일 것 혹은 증권업일 것과 같이 기능분리를 전제로 이루어지는 것이 아니라 유니버설뱅킹 전체를 대상으로 '본질적으로 금융업일 것'을 전제로 한다.[13]

---

11) George J. Benston (1994), 123면.

12) 성형석, 공정거래법상 일반지주회사의 금융·보험회사 보유제한 규제에 대한 연구, 고려법학 제93호, 2019.

13) European Central Bank, Guide to fit and proper assessments. May 2017.
https://www.bankingsupervision.europa.eu/ecb/pub/pdf/ssm.fap_guide_201705.en.pdf
Joint ESMA and EBA guidelines on the assessment of the suitability of members of the management body and key function holders under Directive 2013/36/EU and Directive 2014/65/EU.
https://eba.europa.eu/sites/default/documents/files/documents/10180/1972984/435 92777－a543－4a42－8d39－530dd4401832/Joint%20ESMA%20and%20EBA%20G

Directive 2013/36/EU Box: Annex I

겸영업무 대상 리스트

(LIST OF ACTIVITIES SUBJECT TO MUTUAL RECOGNITION)

1. 예금 및 여타 원금상환의무가 있는 자금의 수취(Taking deposits and other repayable funds)

2. 대출: 소비자신용, 부동산자산 관련 신용제공, 팩토링, 소구 혹은 비소구방식에 따르는 담보거래 자원지원 등(Lending including, inter alia: consumer credit, credit agreements relating to immovable property, factoring, with or without recourse, financing of commercial transactions(including forfeiting))

3. 금융리스(Financial leasing)

4. 지급서비스(Payment services as defined in Article 4(3) of Directive 2007/64/EC)

5. 여행자수표 등 여타 지급수단의 발행과 관리(Issuing and administering other means of payment(e.g. travellers' cheques and bankers' drafts) insofar as such activity is not covered by point 4)

6. 보증업무(Guarantees and commitments)

7. 아래의 각 경우에서 자기계좌 혹은 고객의 계좌에 대한 거래(Trading for own account or for account of customers in any of the following):

   (a) 단기시장상품(money market instruments (cheques, bills, certificates of deposit, etc.));

   (b) 외환(foreign exchange);

   (c) 금융선물과 옵션(financial futures and options);

   (d) 환 및 이자율 파생(exchange and interest-rate instruments);

uidelines%20on%20the%20assessment%20of%20suitability%20of%20members%20of%20the%20management%20body%20and%20key%20function%20holders%20(EBA-GL-2017-12).pdf

(e) 이전 증권(transferable securities)

8. 증권의 발행 및 관련 서비스(Participation in securities issues and the provision of services relating to such issues)

9. 자본구조, 산업전략, 합병 등 관련 자문서비스(Advice to undertakings on capital structure, industrial strategy and related questions and advice as well as services relating to mergers and the purchase of undertakings)

10. 자금중개(Money broking)

11. 포트폴리오 운용 및 자문(Portfolio management and advice)

12. 증권 보관 및 관리(Safekeeping and administration of securities)

13. 신용조회 서비스(Credit reference services)

14. 보관서비스(Safe custody services)

15. 전자화폐 발행(Issuing electronic money)

II 예금자와 투자자에 대한 신인의무

상업은행(Commercial banking)은 예대업무를 중심으로 하는 은행서비스를 의미하고, 투자은행(Investment banking)은 증권의 발행 및 거래를 중심으로 하는 증권서비스를 말한다. 은행은 예금자를 자금공급 측면의 주요 고객으로 하고, 기업을 자금수요 측면의 고객으로 한다. 증권사는 증권구매자인 투자자를 증권수요 측면의 주요 고객으로 하고, 증권발행사인 기업을 증권공급 측면의 고객으로 한다. 은행은 예금자에 대하여 예금에 대한 신인의무를 갖고 대출수요자인 기업에 대하여 채권자로서의 지위를 갖는다. 증권사는 투자자에 대하여 투자금에 대한 신인의무를 가지며, 증권발행자에 해당하는 기업에 대하여 증권의 등록과 발행 절차를 대행하는 대리인으로서 지위를 갖는다.

은행과 증권사는 상품의 구성이 다르고 이에 따른 계약의 법적 성격이 다소 다를 뿐 예금자, 투자자 및 기업을 대상으로 자금의 융통을 중개하는 금융중개기관이라는 공통점을 가진다. 특히 은행과 증권사의 신인의무는 이해 상충가능성의 억제라는 관점에서 기업이 아니라 예금자 혹은 투자자를 향한 것이다. 만일 대출을 통해서건 혹은 증권발행을 통해서건 간에 예금자와 투자자의 자금을 활용하는 기업이 은행 혹은 증권사를 보유하여 지배한다면, 다른 한 측면의 고객인 예금자 혹은 투자자에 대한 신인의무가 제대로 지켜지지 않을 가능성은 얼마든지 있다.

금융중개자인 은행에게 대출채권의 건전성은 예금채무의 책임을 이행하기 위한 필요조건이며 대출채권의 부실화는 은행의 부실화, 궁극적으로는 예금자의 이익을 훼손할 수 있다. 특히 대출수요자인 기업의 은행 소유 · 지배는 대출자산의 부실을 초래하는 원인이 될 수 있다.

증권사의 주된 신인의무는 증권발행과 유통의 공정한 대리인이자 중개인으로서 역할을 하는 것이다. 증권사는 투자자와 발행자 어느 한쪽의 이익을 대변하는 것이 아니라 공정한 중개자로서 역할을 해야 한다. 만일 증권사가 발행자인 특정 기업에 소유·지배될 경우 투자자를 향한 제대로 된 공시의무를 이행하지 않을 가능성이 생긴다. 또한 증권사 역시 건전성 문제에 직면할 수 있는데, 이 경우 은행과 다소 차이는 있지만 예금보험제도의 적용을 받는 투자예탁금 등을 예치하고 있는 투자자에 대한 신인의무를 제대로 이행하지 못하는 문제점을 낳을 수 있다. 증권사의 건전성은 대출, 채무보증 등의 결과에 따라 영향을 받을 수 있고, 높은 부채비율도 증권사의 건전성을 위협하는 요인이 될 수 있다. 또한 증권사의 이러한 건전성은 금산결합에 의해 영향을 받을 수도 있다. 최근 국내 주요 증권사들의 평균 부채비율은 2021년 6월 기준 대략 800% 수준을 넘는다(삼성증권 954.79%, 키움증권 935.09%, KB증권 921.34%, NH투자증권 878.93%, 미래에셋증권 800.69%, 하나금융투자 587.88% 등).[14]

---

14) 증권사의 건전성과 관련한 우려가 기사화되기도 한다. 조선일보, 신용평가의 경고 "대형증권사가 위험하다," 조선비즈 2020.9.8. 참고

정리하면, 은행과 증권사는 다소 정도와 범위에 있어서 어느 정도 차이가 있지만 모두 금융고객에 대한 신인의무를 가지며, 은행의 건전성 훼손과 증권사의 공시의무의 충실한 미이행 및 건전성 훼손은 예금자 및 투자자를 향한 신인의무 이행을 해치는 결과를 낳을 수 있다. 따라서 은행과 증권사에 대한 금산분리는 예금자/투자자 및 기업 등 양 측면의 고객에 대하여 이해상충을 방지하고 균형을 유지하며 독립적 지위를 유지하도록 하는데 기여한다.

Ⅲ 시스템 차원의 금융안전망

1. 2007~2008년 글로벌 금융위기

예금보험 등 공적 안전망은 원래는 예금을 수취하는 기관인 은행 등을 대상으로 하는 것이었다. 하지만 막상 금융위기가 발생하면 그 적용대상은 은행 이외의 금융회사 등으로 확대되어 집행되었다. 2007~2008년 글로벌 금융위기에서 미국이 그 한 예다. 당시 미국에서는 글로벌 금융위기 과정을 거치며 은행만이 아니라 투자은행 등에게도 공적 안전망으로부터의 지원이 제공되었다. 골드만 삭스 등은 예금을 수취하는 은행이 아니라 투자은행임에도 불구하고 긴급경제안정법(Emergency Economic Stabilization Act of 2008)에 의해 TARP(Troubled Asset Relief Program) 유동성을 지원받았다. 당시 골드만 삭스는 은행이 아니었으므로 연준으로부터 유동성지원을 받을 수 없었다. 하지만 이 공적 안전망의 지원을 받기 위해 자회사은행을 설립하여 은행지주회사로 전환한 이후 유동성지원을 받았다. 그런데 여기에서 유의해야 하는 점은 자회사 은행의 설립이 골드만 삭스를 투자은행에서 은행으로 전환시킨 데 목적이 있었던 것이 아니라는 점이다. 유동성위험에 노출된 투자은행에게 유동성을 지원하기 위한 형식적 수단이었다. 이렇듯 시스템 차원의 금융위기가 발생할 경우 공적 안전망은 시스템 차원에서 전 금융기관을 대상으로 작동하게 된다.

공적 안전망의 이러한 특성을 반영하여 Dodd-Frank Act 제117조에 의해 TARP에 의한 유동성지원을 받은 금융회사는 영구히 연준의 감독대상에서 벗어나지 못하도록 하였다. 일단 TARP지원을 받은 금융회사는 나중에 설령 SIFI(Systemically important financial institution)의 지위를 벗어나거나 차후 은행지주회사의 지위를 벗어나더라도 제117조에 의해 영구히 연준의 감독을 받아야 한다. 2010년 제정된 Dodd-Frank Act는 소위 'Hotel California Provision'이라고 불리는 제117조를 말한다. 이런 까닭에 Dodd-Frank Act 제117조는 흔히 Hotel California 조항이라고도 불린다. "You can check out any time you like, but you can never leave!"(일단 캘리포니아 호텔에 체크인을 하면 언제든 원하는 때에 체크아웃은 시도할 수 있지만 결코 떠날 수는 없다)라고 노래한 Eagles 의 Hotel California(1977)에 빗댄 것이다.

2. 1997~1998년 금융위기

우리나라에서도 공적 안전망의 확대는 금산분리 대상의 확대로 연결되었다. 금융위기는 공적 안전망이 확대되는 계기였다. 1997~1998년 금융위기 당시 산업자본의 금융지배에 따른 폐해는 비단 은행으로만 한정되지 않았다. 산업자본이 지배할 경우, 은행만이 문제가 되고 은행 아닌 다른 금융회사는 문제되지 않는 것이 아니었다. 재벌이 소유·지배한 것은 은행만이 아니라 증권사, 보험사, 종금사 등 전 금융 영역을 망라하였다. 금융위기 과정을 통해 드러난 산업자본의 금융지배에 따른 문제점은 은행뿐 아니라 증권사, 보험사, 종금사 등 광범위하게 나타났다. 당시 산업자본의 지배하에 있던 금융회사는 산업자본의 자금조달을 위한 수단으로 활용되고 궁극적으로는 산업자본의 위험을 떠안은 채 부도를 면치 못하였다. 또한 이들 금융회사들의 부도는 시스템위험으로 확대되고 금융소비자에게 막대한 피해를 야기했다. 시스템위험은 개별 금융회사의 부도에 그치지 않고 전체 금융시스템이 붕괴되는 현상을 말하는 것이다.

　　1997－98년 금융위기를 거치며 은행은 15개사가 부도나서 퇴출 또는 합병되었고, 종금사는 28개사, 증권사는 14개사가 퇴출 또는 합병되었다. 투자신탁회사는 7개사가 퇴출 또는 합병, 생명보험사는 17개사가 퇴출, 합병 또는 계약 이전되었고, 화재보험사는 6개사가 합병, 매각, 계약이전, 자진 철수하였고, 상호신용금고(2002년 이후 상호저축은행)는 97개사가 퇴출되었다.15)

　　<금융개혁 종합보고서>에 따르면, "기업들이 직접 혹은 기업소유 보험회사 등을 통하여 은행주식을 상당 규모 소유"하여 은행을 지배하였다. 산업자본의 금융회사 지배는 직간접적인 다양한 경로를 통해 이루어졌다. 먼저 은행에 대하여, 산업자본은 은행지분을 직접 보유하여 지배하고, 또한 산업자본이 지배하는 비은행 금융회사를 통해 은행지분을 간접적으로 보유하여 실질적으로 은행을 지배할 수도 있었다. 다음으로 비은행 금융회사에 대하여, 산업자본은 비은행 금융회사 지분을 직접 보유하여 지배하였고, 한편 산업자본이 지배하는 은행을 통해 비은행 금융회사의 지분을 보유하여 실질적으로 비은행 금융회사를 지배할 수도 있었다. 산업자본이 은행과 비은행을 지배하는 것은 이들 금융부문으로부터 자금을 조달하고 이를 통해 경제력을 집중하기 위한 목적에 따른 것이었다.

　　또한 당시 종금사 등 대기업이 소유·지배하였던 비은행 금융회사들은 대기업 자금조달을 목적으로 대규모의 단기 외화자금을 차입하여 대부분 부도에 이르러 결국 금융위기를 초래하는 원인이 되었다. 1997－98년 금융위기를 거치면서 단행된 금융개혁은 은행만이 아니라 증권사, 보험사, 종금사 등 대기업의 선단식 소유와 경영의 실패와 관련이 되었던 거의 모든 부문의 금융회사들을 대상으로 하였다.

---

15) 박경서, 은행의 소유 지배구조에 관한 연구, 한국금융연구원 (1997). 22－33면; 이규성, 한국의 외환위기: 발생, 극복, 그 이후, 박영사, 2006. 68면.

1997-98년 금융위기를 거치는 과정에서 공적 안전망은 은행뿐 아니라 전 금융영역으로 확대되었다. 일례로, 예금보험공사는 설립 당시에는 은행만을 대상으로 하였으나 금융위기를 거치면서 증권, 보험 등 전 금융영역을 포함하기에 이른 것이다. 은행 이외 금융회사 역시 실패로 인한 비용은 금융시스템 전체에 감당하기 힘든 부담을 초래하였고, 이를 제도적으로 관리하고 안정화 시키기 위해 예금보험제도 등 공적 안전망이 확대된 것이다.

3. 현행 예금보험 적용대상 범위

현행 예금보험 상품을 구체적으로 보면, 은행의 예금은 말할 것도 없고 저축은행의 예금, 금융투자회사의 투자자예탁금, 보험사의 책임준비금, 종금사의 CMA 등이 모두 예금보험 적용대상이다.

<표 4-1>에서 보는 바와 같이, 예금보험 적용을 받는 금융회사는 유형별로 은행(국내 18개사, 해외 36개사), 증권(국내 45, 해외 11), 자산운용(국내 45), 선물(국내 2), 증권금융(국내 1), 기타(36개사), 생명보험(국내 24개사), 손해보험(국내 17개사, 해외 4개사), 종금사(국내 1), 상호저축은행 및 상호저축은행중앙회(국내 80개사) 등이다.[16] 예금보험대상 금융상품은 은행의 보통예금과 외화예금 등, 투자매매업자·투자중개업자의 고객계좌 잔금과 신용거래계좌 설정보증금 등, 보험회사의 개인이 가입한 보험계약과 퇴직보험 등, 종합금융회사의 발행어음, 표지어음, 어음관리계좌(CMA) 등, 상호저축은행 및 상호저축은행중앙회의 보통예금, 저축예금, 정기예금, 정기적금, 신용부금, 표지어음 등 광범위하다.

예금보험제도의 이러한 현실과 관련하여 국내 다양한 개별 금융업법은 나름의 금산분리를 정하고 있다. 예를 들면, 은행법(제16조의2), 인터넷전문은행법(제5조), 보험업법(제109조), 금융지주회사법(제6조의3), 금융산업구조개선법(제24

---

16) 예금보험공사 보호대상 금융회사 http://www.kdic.or.kr/protect/protect_org_list.do (검색일 2020.7.26.)

4-1 예금보험대상 금융회사와 금융상품

구분	보호대상 금융상품
은 행	• 보통예금, 기업자유예금, 별단예금, 당좌예금 등 요구불예금 • 정기예금, 저축예금, 주택청약예금, 표지어음 등 저축성예금 • 정기적금, 주택청약부금, 상호부금 등 적립식예금 • 외화예금 • 예금보호대상 금융상품으로 운용되는 확정기여형 퇴직연금제도 및 개인형퇴직연금제도의 적립금 • 개인종합자산관리계좌(ISA)에 편입된 금융상품 중 예금보호 대상으로 운용되는 금융상품 • 원본이 보전되는 금전신탁 등
투자매매업자 · 투자중개업자	• 증권의 매수 등에 사용되지 않고 고객계좌에 현금으로 남아 있는 금액 • 자기신용대주담보금, 신용거래계좌 설정보증금, 신용공여담보금 등의 현금잔액 • 예금보호대상 금융상품으로 운용되는 확정기여형 퇴직연금제도 및 개인형퇴직연금제도의 적립금 • 개인종합자산관리계좌(ISA)에 편입된 금융상품 중 예금보호 대상으로 운용되는 금융상품 • 원본이 보전되는 금전신탁 등 • 증권금융회사가 「자본시장과 금융투자업에 관한 법률」 제330조 제1항에 따라 예탁받은 금전
보험회사	• 개인이 가입한 보험계약 • 퇴직보험 • 변액보험계약 특약 • 변액보험계약 최저사망보험금 · 최저연금적립금 · 최저중도인출금 · 최저종신중도인출금 등 최저보증 • 예금보호대상 금융상품으로 운용되는 확정기여형퇴직연금제도 및 개인형퇴직연금제도의 적립금 • 개인종합자산관리계좌(ISA)에 편입된 금융상품 중 예금보호 대상으로 운용되는 금융상품 • 원본이 보전되는 금전신탁 등
종합금융회사	• 발행어음, 표지어음, 어음관리계좌(CMA) 등
상호저축 은행 및 상호저축 은행중앙회	• 보통예금, 저축예금, 정기예금, 정기적금, 신용부금, 표지어음 • 예금보호대상 금융상품으로 운용되는 확정기여형퇴직연금제도 및 개인형퇴직연금제도의 적립금 • 상호저축은행중앙회 발행 자기앞수표 등

주) http://www.kdic.or.kr/protect/protect_product_list.do

조), 공정거래법(제8조의2), 금융복합기업집단의 감독에 관한 법률(제9조 제1항) 등이다. 이들 법률은 산업자본에 의한 의결권 있는 지분보유의 제한, 금융회사의 비금융회사 주식의 소유 금지 혹은 제한 등을 도입하고 있다. 금융복합기업집단의 감독에 관한 법률은 금융복합기업집단 내 금융회사와 비금융회사 간 이해상충 방지를 위한 내부통제와 위험관리의무를 부과하고 있다.

Ⅳ 공정경쟁과 '소유와 지배의 분리'

금산분리는 금융자본과 산업자본간 일정 한도의 소유를 허용하되 지배를 엄격히 금지한다. 미국의 경우 소유규제에 대한 일정 한도는 최저한도와 최고한도로 나뉘는데 지배를 하지 않는다는 전제하에서 최고한도 25%까지 지분보유가 허용된다. 지분을 소유하되 지배하지 못하도록 하는 것이다. 따라서 금산분리는 금융자본과 산업자본간 소유와 지배의 분리로 이해할 수 있다. 설령 산업자본이 금융회사를 소유하더라도 지배하지 못하도록 하는 것이다.

금산분리는 소유·지배의 규제를 통해 금융자원의 공정한 배분을 목적으로 한다. 만일 특정의 기업이 금융을 소유하고 지배한다면 이는 금융배분의 불공정을 초래할 수 있기 때문이다. 산업자본에 의한 금융의 소유 제한과 지배의 금지는 궁극적으로 기업의 경쟁력을 제고하는 지배구조를 형성하는 데 기여했다는 평가가 있다. 기업으로 하여금 금융을 이용한 독점적 지위의 확대가 아니라 자신의 기술 및 경영 능력에 기반한 경쟁력을 갖도록 함으로써 기업의 글로벌 경쟁력이 제고되었던 것이다.

Mark Roe(1994)에 의하면,[17] 금산분리는 산업과 금융의 결합에 따른 독점을 억제하고 대신에 효율적이고 공정한 자금배분 원칙을 유지함으로써경쟁적

---

17) Mark Roe, Strong managers and weak owners: the political roots of American finance, Princeton University, 1994.

시장을 조성하였다. 이는 기업으로 하여금 금융과의 결합에 따른 독점적 시장
지배가 아니라 기술적 능력을 포함한 기업의 전문적 경영능력 등 기업 자체의
경쟁력을 제고하는 데 기여했다. 금산분리에 의한 소유와 지배의 분리는 산업
자본의 금융지배를 통한 독점적 지위 추구를 억제하고 기업으로 하여금 소유와
지배의 분리하에서 전문적인 경영능력에 기초한 경쟁력 제고를 추구하도록 유
인하였기 때문이었다. 회사법상 소유와 지배의 분리현상은 비록 Berle and
Means(1932)[18]가 지적한 대리인 비용을 초래하는 지배권의 남용이라는 이차적
문제점[19]을 초래할 수 있지만, 금산분리는 금융자본과 산업자본의 결합에 의해
독점화 되지 않는 기업지배구조를 확립하여 기업 경쟁력을 제고하고자 하는 정
책이다. 이러한 정책의 배경에는 회사의 성장이 기술적 요인만으로 충분하지
않으며, 소유와 지배의 분리에 기초한 전문경영이 함께 해야 제대로 된 경쟁력
을 갖출 수 있다는 믿음이 있었다.

　　만일 금산결합이 허용된다면 기업의 기술 및 경영에 있어서의 전문성을 키
우기보다는 자신이 소유·지배하는 금융회사의 자금을 비효율적으로 활용하여
독점적 지위를 추구하려 하는 유인을 가질 수 있다. 그리고 이러한 독점 추구는
한 사회의 공정경쟁의 기반을 허물고 기업 경쟁력을 상실하게 할 뿐만 아니라
궁극적으로는 국가의 경쟁력도 상실하게 만드는 원인이 될 수 있다.

---

18) Berle, A. and Means, G. The Modern Corporation and Private Property, Commerce Clearing House, New York, 1932.

19) 회사법은 대리인비용의 문제점을 해결하기 위해 지배하는 자의 주주에 대한 신인의무를 부과된다. 회사법상 "소유와 지배의 분리(Separation of ownership from control)"는 다수 주주(Majority shareholders)가 아닌 소수 주주(Minority shareholders) 혹은 대리인의 지위를 갖는 전문경영인에 의한 지배 현상을 말한다. 회사를 지배하는 자는 주주에 대하여 주의의무(Duty of care)와 충실의무(Duty of loyalty) 등 신인의무를 이행해야 한다. 이러한 신인의무는 은행의 경우 은행(은행의 지배자)이 예금자에 대하여 신인의무를 갖는 것과 형식에 있어서는 마찬가지다.

제5장

우리나라 금산분리의
근거 법률과 주요 내용

▐ I ▌ 금산분리 관련 법률

국내에서 금산분리를 규정한 법률은 은행법만이 아니다. 은행법 이외에도 인터넷전문은행법, 보험업법, 자본시장법, 금융지주회사법, 금융산업구조개선법, 공정거래법, 금융복합기업집단의 감독에 관한 법률 등이 금산분리 취지에 따라 필요한 정책수단을 도입하고 있다. 각 개별법에 대하여 정책수단별 관련 조항과 내용을 살펴보면 다음과 같다.

1. 은행법

소유규제의 경우, 법 제16조의2 제1항에 따라, 비금융주력자는 은행의 의결권 있는 주식을 4% 이상 보유할 수 없다. 또한 은행법 제37조 제1항은 은행은 비금융회사의 의결권 있는 주식의 15%를 초과하여 소유할 수 없도록 정하고 있다.

지배구조규제의 경우, 제16조의2 제2항은 비금융회사의 은행 지분보유 최고한도를 10%로 정하고 대신 4%를 초과해서 10%에 이르는 지분에 대해서는 의결권을 행사하지 못하도록 하고 있다.

대주주에 대한 신용공여의 경우, 법 제35조의2는 은행 대주주에 대한 신용공여한도를 최대 자기자본의 25% 이내로 제한하고 만일 대주주의 출자비율이 25% 미만이면 출자비율을 한도로 설정하고 있다. 한도를 피하기 위해 다른 은행과 교차하여 신용공여를 하여서도 안 되고 대주주의 다른 회사에 대한 출자를 지원하기 위한 신용공여도 금지된다.

대주주 발행 지분증권의 경우, 법 제35조의3은 은행 자기자본의 1%를 넘어서서 대주주가 발행한 지분증권의 취득이 금지된다. 또한 법제35조의4에 의해 대주주의 부당한 영향력 행사를 금지하기 위해 은행의 공개되지 않은 정보의 제공요구를 금지하고, 다른 주주와 담합하여 그 은행의 인사 또는 경영에 부당한 영향력 행사도 금지하고, 경쟁사업자의 사업을 방해할 목적으로 신용공여를 조기회수하도록 하는 등의 영향력 행사도 금지하고 있다.

업무범위의 경우, 법 제2조 제1항은 은행업이 예금을 받거나 유가증권 또는 그 밖의 채무증서를 통해 조달한 자금을 대출하는 것으로 정의하고, 제27조는 은행의 업무범위를 예금·적금의 수입 또는 유가증권, 그 밖의 채무증서의 발행, 자금의 대출 또는 어음의 할인, 내국환 및 외국환으로 정의하고, 제27조의2는 채무의 보증 또는 어음의 인수, 상호부금, 팩토링 등의 부수업무를 정하고 있다. 이러한 규정을 통해 은행의 업무범위는 기본적으로 핵심업무와 부수업무를 포함하는 은행서비스로 제한된다.

2. 인터넷전문은행법

소유규제의 경우, 법 제5조 제1항에 따라, 비금융주력자는 인터넷전문은행의 의결권 있는 발행주식 총수의 34% 이내에서 주식을 보유할 수 있다.[1)]

대주주에 대한 신용공여의 경우, 법 제8조는 은행법과는 달리 신용공여를 일체 금지한다. 또한 이러한 금지를 회피하기 위해 다른 은행과 교차하여 신용공여를 하는 것도 금지하고, 대주주에게 은행의 자산 무상양도 혹은 현저히 불

---

1) 34%는 주주총회 보통결의와 특별결의를 유리하게 이끌 수 있는 비율이다. 이사선임 등 지배구조를 형성하는 보통결의는 출석주주 의결권의 과반수와 발행주식총수의 1/4 이상이다. 정관변경, 영업양도, 중요한 계약체결, 주식교환, 합병, 분할, 감자 등을 결정하는 특별결의의 요건은 출석주주 의결권의 2/3 이상과 발행주식총수의 1/3 이상이다. 34%는 보통결의와 특별결의의 발행주식총수 요건을 초과한다. 또한 주주총회 참석률이 100%인 경우라도 산업자본의 이익에 합치하지 않는 경우 의결종족수 요건인 출석지분 2/3 (=66.7%)를 불가능하게 할 수 있다. 만일 현실의 주주총회 참석률이 낮다면, 경우에 따라 34%는 출석주주 의결권 요건을 충족할 수도 있다. 김화진(2016)에 의하면 우리나라 기업들의 주주총회 참석률은 25%를 넘는 경우가 거의 없다. 인터넷은행의 주주총회 참석률도 다를 바 없다면, 34%는 주주총회에서 지배구조를 형성하는 보통결의, 정관변경 등 경영에 관한 제반 사항을 결정하는 데 충분하다. 대주주의 이익에 위배되는 지배구조의 형성과 경영이 사실상 곤란하다는 점에서 34%는 사실상의 지배에 해당하는 것으로 이해할 수도 있다. 김화진, 주주총회 관련 제도의 개선을 통한 상장회사 주주권의 강화, 선진상사 법률연구 통권 제73호 (2016.1). 6면.

리한 조건의 거래를 금지한다. 대주주 발행 지분증권에 대해서도 법 제9조는 은행법과는 달리 이를 금지한다. 대주주의 부당한 영향력을 제한하기 위한 조치는 제10조에서 은행법상 규제와 마찬가지로 적용된다.

업무영역 제한의 경우, 법 제6조는 은행과는 달리 법인을 대상으로 신용제공을 할 수 없다. 다만 중소기업법상 중소기업에 대한 신용공여는 예외로 하여 제공할 수 있다.

여타 업무범위의 경우, 은행법상 은행과 마찬가지로 예금과 대출 등 핵심업무 및 채무보증 또는 어음할인 등 부수업무로 제한되며 비금융 업무에는 참여할 수 없다.

3. 상호저축은행법

대주주가 발행한 주식 취득의 경우, 법 제12조의2는 상호저축은행으로 하여금 취득하도록 허용하되 시행령 제9조의4에 의해 자기자본의 0.1%와 10억원중 적은 금액으로 제한하고 이를 초과하여 취득하고자 할 경우에는 재적이사 전원의 찬성을 요건으로 하도록 한다. 대주주의 부당한 영향력 행사 금지의 경우, 제12조의3은 상호저축은행에 의해 공개되지 않은 정보의 요청, 인사 또는 부당한 영향력을 행사하는 것을 금지한다.

업무영역의 경우, 법 제11조는 신용계 업무, 신용부금업무, 예금 및 적금의 수입업무, 대출업무, 기업합병 및 매수의 중개, 주선 또는 대리업무 등으로 제한한다. 이에 따라 비금융업무를 영위할 수 없다.

4. 보험업법

소유규제의 경우, 법 제109조에 따라, 보험회사는 비금융회사의 발행주식 15%를 초과하여 소유할 수 없다.

대주주에 대한 신용공여의 경우, 법 106조 제1항 제5호는 일반계정에 대해 자기자본의 40%로 한도를 정하고 다만 자기자본 40%에 의한 신용공여가 총자산의 2%에 해당하는 금액보다 크면 총자산의 2%로 제한하도록 하였다. 특별계정의 경우에는 특별계정 자산의 2%로 제한한다.

대주주가 발행한 주식 및 채권의 경우, 법 동조 동항 제6호는 일반계정에 대해 자기자본의 60%를 한도로 하고 다만 그 금액이 총자산의 2%보다 큰 경우에는 총자산의 2%를 한도로 하고 있다. 특별계정에 대해서는 각 특별계정 자산의 100분의 3을 한도로 한다. 대주주의 부당한 영향력을 억제하기 위해 제111조 제5항은 보험회사에 의해 공개되지 않는 자료 또는 정보의 제공을 금지한다. 또한 다른 주주 또는 출자자와 담합하여 해당보험회사의 인사 및 경영에 부당한 영향력을 행사하는 것도 금지된다.

업무영역의 경우, 법 제4조에 의해 생명보험, 손해보험, 제3보험업 등으로 제한된다.

5. 자본시장법

대주주에 대한 신용공여의 경우, 법 제34조 제2항은 금융투자업자의 대주주 및 그 특수관계인에 대하여 신용공여를 금지하고 대주주는 금융투자업자로부터 신용공여를 받지 못하도록 금지하고 있다. 여기에서 신용공여는 금전·증권 등 경제적 가치가 있는 재산의 대여, 채무이행의 보증, 자금 지원적 성격의 증권의 매입, 그 밖에 거래상의 신용위험을 수반하는 직접적·간접적 거래로서 대통령령으로 정하는 거래 즉, 동법 시행령 제38조에 의한 대주주에 대한 담보제공, 어음배서, 출자이행의 약정, 경제적 가치가 있는 재산의 대여 등을 금지한다. 대주주의 부당한 영향력을 금지하기 위해 제35조는 금융투자업자에 의해 외부에 공개되지 않은 정보의 제공을 요구하는 것은 금지되며, 다른 주주와 담합하여 금융투자업자의 인사 또는 경영에 부당한 영향력을 행사하는 것은 금지된다.

업무영역의 경우, 법 제6조에 의해 투자매매업, 투자중개업, 집합투자업, 투자자문업, 투자일임업 등 금융투자상품의 거래와 관련한 업으로 제한되면 비금융 사업에 대한 참여는 원칙적으로 제한된다.

6. 금융지주회사법

소유규제의 경우, 법 제6조의3은 금융지주회사의 비금융회사 주식 소유를 금지한다. 또한 제6조의 4는 금융지주회사의 자외사 외 계열회사 주식 소유를 금지한다.[2] 이는 금융자본에 의한 산업자본 소유를 금지하기 위한 것이다. 또한 제8조의2에 따라, 비금융주력자는 은행지주회사의 의결권있는 발행주식총수의 4%, 지방은행지주회사의 경우에는 15%를 초과하여 주식을 보유할 수 없다.[3] 이는 산업자본에 의한 금융자본 소유를 제한하기 위한 것이다.

대주주에 대한 신용공여의 경우, 법 제45조의2는 은행지주회사의 주요 출자자에 대하여 신용공여의 합계액을 자기자본의 25% 범위로 제한한다. 또한 이를 회피하기 위해 다른 은행지주회사 또는 은행과 교차하여 신용공여를 할 수 없도록 하고 있다.

주요 출자자가 발행한 주식 취득의 경우, 법 제45조의3은 이를 자기자본의 1% 범위로 제한하고 있다. 주요 출자자에 의한 부당한 영향력 행사를 금지하기 위해 법 제45조의4에 의해 은행지주회사에 의해 공개되지 않은 정보제공의 요구, 경제적 이익 등 반대급부 제공을 조건으로 다른 주주와 담합하여 당해 은행

---

2) 금융지주회사법 제44조는 금융지주회사가 5% 이내에서 자회사가 아닌 다른 회사의 주식을 소유할 수 있도록 정하고 있다. 하지만, 제6조의 3에 의해 비금융회사 주식은 소유할 수 없고, 제6조의 4에 의해 계열회사의 주식을 소유할 수 없다. 따라서 제44조에 의해 보유할 수 있는 주식은 비금융회사나 계열회사 아닌 독립계 금융회사의 주식으로 한정된다.

3) 금융지주회사법상 비금융주력자는 공정거래법 제8조의2 제2항 제5에 의해 금융자회사를 둘 수 없는 일반지주회사를 포함하지 않는다.

지주회사등의 인사 또는 경영에 부당한 영향력을 행사하는 행위, 경쟁사업자의
사업활동을 방해할 목적으로 신용공여를 조기회수하도록 요구하는 등 은행지주
회사등의 경영에 영향력을 행사하는 행위 등은 금지된다.

업무영역의 경우, 법 제2조 제1항 제1호에 금융지주회사는 금융업을 영위
하는 회사 또는 금융업의 영위와 밀접한 관련이 있는 회사를 대통령령(시행령)
이 정하는 기준에 의해 지배하는 것을 주된 사업으로 해야 한다. 동법 시행령
제2조에 의하면 금융업의 영위와 밀접한 관련이 있는 회사는 금융기관에 대한
전산 및 정보처리 등의 용역 제공, 금융기관이 보유한 부동산 기타 자산의 관
리, 금융업과 관련한 조사 및 연구 등을 포함한다.

7. 금융산업구조개선법

소유규제의 경우, 법 제24조는 금융기관 및 그 금융기관과 같은 기업집단
에 속하는 금융기관(동일계열 금융기관)은 (1) 다른 회사의 의결권 있는 발행주식
총수의 20% 이상을 소유하고자 하거나, (2) 다른 회사의 의결권 있는 발행주식
총수의 5, 10, 15% 이상을 소유하고 동일계열 금융기관이나 동일계열 금융기관
이 속하는 기업집단이 그 회사를 사실상 지배하는 것으로 인정되기 위해서는
금융위원회의 사전승인을 받아야 한다. (3) 금융위원회의 사전 승인은 해당 주
식 소유가 관련 시장에서의 경쟁을 실질적으로 제한하는지에 대하여 미리 공정
거래위원회와 협의하여야 하며, (4) 제1항 단서에 따라 금융기관 설립근거가 되
는 법률에 따른 인가·승인의 경우 역시 금융위원회와 공정거래위원회는 협의하
여야 한다. 이러한 규정을 통해 금융자본에 의한 산업자본 소유·지배뿐 아니라
산업자본 계열에 의한 금융자본 소유·지배를 통한 기업결합을 제한함으로써 경
제력 집중을 억제하고자 한다.

8. 공정거래법

소유규제의 경우, 법 제8조의2 제2항 제4호에 따라, 금융지주회사는 금융업 또는 보험업을 영위하는 자회사 이외의 비금융회사의 주식을 소유할 수 없다. 이와 대칭적으로 동조 제5호에 따라 비금융지주회사는 금융업 또는 보험업을 영위하는 국내회사의 주식을 소유할 수 없다.[4] 이에 따라 금융지주회사와 비금융지주회사는 교차하여 주식을 소유할 수 없고 각각 비금융과 금융회사를 소유·지배할 수 없다. 또한 법 제9조는 상호출자제한기업집단에 속하는 회사에 대하여 자기의 주식을 취득 또는 소유하고 있는 계열회사의 주식 취득 또는 소유를 금지한다.

지배구조규제의 경우, 법 제11조는 상호출자 제한 기업집단에 속하는 회사로서 금융업 또는 보험업을 영위하는 회사는 취득 또는 소유하고 있는 국내계열회사에 대해 의결권을 행사할 수 없도록 정하고 있다. 다만 금융업 또는 보험업을 영위하기 위해 주식을 취득 또는 소유하는 경우, 보험자산의 효율적인 운용 및 관리를 위하여 보험업법 등에 의한 승인 등을 얻어 주식을 취득 또는 소유하는 경우 등의 경우에는 의결권의 행사가 허용된다.

9. 금융복합기업집단의 감독에 관한 법률

이해상충 방지를 위한 내부통제정책의 경우, 법 제9조(내부통제정책 수립) 제1항 제4호에 따라, 금융복합기업집단의 고객, 소속금융회사, 금융회사와 동일한 기업집단에 속한 회사 중 금융회사가 아닌 회사 등 이해관계자 사이의 이해상충 방지를 위한 그룹 내부통제 정책을 이행해야 한다.

---

4) 공정거래법은 애초 경제력 집중 우려로 인해 지주회사 설립 및 전환을 금지하였으나, 1999년 금융위기 이후 기업지배구조의 투명성과 구조조정 촉진을 위해 지주회사 설립을 허용하였다. 다만, 과도한 경제력 집중억제를 위해 금융 보험사 보유 제한을 도입하였다.

위험관리정책의 경우, 제11조(위험관리정책의 수립) 제1항 제4호에 따라 금융복합기업집단의 고객, 소속금융회사, 소속비금융회사 등 이해관계자 사이의 이해상충으로 인한 위험관리 정책을 이행해야 한다.

자본적정성의 경우, 제14조(금융복합기업집단의 자본적정성 관리) 제2항 제4호에 따라, 소속비금융회사와의 이해상충 및 소속비금융회사의 재무·경영 위험 등이 금융복합기업집단의 부실을 초래할 수 있는 위험을 흡수할 수 있는 자본적정성을 유지해야 한다.

위험전이 관리의 경우, 제16조(금융복합기업집단의 위험전이 관리) 제1항에 따라, 금융복합기업집단은 금융복합기업집단의 내부통제체계 또는 위험관리체계의 취약성 등에 따라 소속금융회사의 위험이 금융복합기업집단의 건전성에 미치는 영향을 적절하게 인식·평가·감시 및 통제하여야 한다. 제2항에 따라, 금융복합기업집단은 소속비금융회사와의 이해상충 및 소속비금융회사의 재무·경영 위험 등으로 인하여 발생 가능한 금융복합기업집단 수준의 위험을 적절하게 인식·평가·감시 및 통제하여야 한다.

경영개선계획의 경우, 제22조(경영개선계획의 제출) 제1항에 따라, 금융위원회는 금융복합기업집단의 부실화를 예방하고 건전한 경영을 유도하기 위하여 해당 금융복합기업집단의 대표금융회사에 금융복합기업집단 수준의 경영개선계획을 제출할 것을 명할 수 있다. 동조 제2항 제4호에 따라, 제1항의 제출명령을 받은 대표회사는 위험의 전이 가능성이 있는 소속비금융회사에 대한 출자 또는 그 밖의 거래관계에 대한 중단 또는 해소를 위한 경영개선계획을 제출해야 한다.

Ⅱ 금산분리 법률의 주요 내용과 특징

금산분리의 주요 내용과 특징은 다음과 같이 네 가지로 정리할 수 있다.

첫째, 금산분리를 규정한 법률이 은행법뿐 아니라 자본시장법, 보험업법,

표 5-1 금산분리 규제유형을 채택하고 있는 각 개별 법률 분류

규제유형	개별 법률
소유규제	은행법, 금융지주회사법, 인터넷전문은행법, 보험업법, 금융산업구조개선법, 공정거래법
지배구조규제	은행법, 공정거래법
업무범위	은행법, 인터넷전문은행법, 상호저축은행법, 보험업법, 자본시장법, 금융지주회사법
대주주 신용공여 금지 및 제한	은행법, 인터넷전문은행법, 보험업법, 자본시장법, 금융지주회사법
대주주 발행주식 취득금지 및 제한	은행법, 인터넷전문은행법, 상호저축은행법, 보험업법, 금융지주회사법
대주주 부당한 영향력 금지	은행법, 인터넷전문은행법, 상호저축은행법, 보험업법, 자본시장법, 금융지주회사법
금융복합기업집단 내 이해상충 억제를 위한 내부통제와 위험관리	금융복합기업집단의 감독에 관한 법률

공정거래법, 금융지주회사법, 금융산업구조개선법 등 매우 다양하며 전 금융 영역을 포괄한다. 물론 은행이 금융산업에서 차지하는 비중이 절대적이라는 점에서 은행법상 금산분리가 가장 큰 주목을 받는 것은 사실이지만 금융소비자보호, 금융회사의 건전성, 금융시스템의 안정성, 금융시장 내 공정경쟁 등에 대한 정책적 이슈가 은행법만으로 국한되지는 않는다.

둘째, 각 법이 채택하고 있는 금산분리의 정책수단이 다소 상이하다.[5] 은행법과 금융지주회사법은 소유규제, 지배구조규제, 업무범위, 대주주 신용공여 등 거래제한 등을 수단으로 하고, 인터넷전문은행법은 소유규제, 법인 신용공여 금지, 대주주 신용공여 금지 등을 수단으로 하고, 상호저축은행법은 대주주 발행주식 취득금지 및 부당한 영향력 행사 금지, 업무범위 등을 수단으로 한다. 보험업법은 대주주 신용공여제한, 업무영역 제한 등을 수단으로 하고, 자본시장법은 대주주 신용공여 금지, 업무영역 제한을 수단으로 한다. 금융산업구조개선법은 소유규제를 수단으로 하고, 공정거래법은 소유규제와 지배구조규제를 수

---

5) 금지 혹은 한도에 따른 다양한 기준은 각 근거법의 정책목적을 반영하는 것이겠지만, 이러한 차이와 비일관성이 바람직한지는 명확하지 않다. 관련한 자세한 논의는 생략한다.

단으로 한다. 업무영역제한은 대부분의 업법이 거의 공통적으로 채택하고 있고 소유규제 역시 은행법, 공정거래법, 금융지주회사법, 금융산업구조개선법 등이 채택하고 있다. 반면 지배구조는 은행법과 공정거래법만이 채택하고 있다.

셋째, 동일한 범주의 정책수단이라도 각 법률마다 다른 기준으로 규정되고 있다. 예를 들어, 소유규제의 경우 산업자본의 금융지배를 막기 위해 은행법과 금융지주회사법은 4%, 금융산업구조개선법은 조건에 따라 5~15%, 그리고 20% 한도를 두고 있다. 인터넷전문은행법상 한도는 34%이고, 보험업법은 관련 한도를 두고 있지 않다. 한편 금융자본의 산업지배를 막기 위해서는 은행법 15%, 보험업법 15%이다. 공정거래법은 금융지주회사와 비금융지주회사 간 상호 전혀 보유할 수 없도록 금지한다. 금융지주회사법은 금융지주회사의 산업자본 보유를 금지하고, 비금융주력자의 은행지주회사 의결권 있는 발행주식총수의 4%, 지방은행지주회사의 경우에는 15%를 초과하여 주식을 보유할 수 없도록 금지한다.

넷째, 지배구조규제가 최소한도로 채택되는 수준에 불과하다. 지배구조규제를 도입한 법은 은행법과 공정거래법인데, 이 두 법은 보유주식에 대한 의결권 제한을 정하는 수준이며, 지배를 금지하는 사항을 명시적으로 도입하고 있지는 않다. 은행법은 산업자본의 초과지분에 대한 의결권을 제한하고 공정거래법은 상호출자제한 기업집단 내 금융회사의 계열회사에 대한 의결권을 제한한다. 지배구조규제는 이 부분이 전부인데, 이는 이사회지배를 실질적으로 억제하는 것을 목표로 하는 미국의 경우와 차이가 있다. 비금융주력자가 은행의 지분을 보유하여 은행의 대출 등에 대한 의사결정에 영향을 미치는 것은 주로 이사회를 통해서이다. 이러한 까닭에 미국의 경우에는 비금융주력자가 은행지분을 보유하더라도 이사회를 지배할 가능성을 제한하기 위해 이사를 임명할 권한을 제한한다. 의결권의 제한이 얼마나 실질적으로 은행 의사결정 지배를 적절히 제한해 낼 수 있을지 여부가 중요한 관건이라고 할 수 있다.

금산분리의 경제이론과 법리

☐ 금융시장 정보비대칭성과 금산분리의 경제이론

금산분리는 경제학적으로 어떻게 정당화되는가?

첫째, 금융시장 내 정보비대칭성에서 예금자 등 금융소비자를 보호하는 데 기여한다. 금융이론에서 가장 기본적인 공리의 하나는 금융시장 내 정보의 비대칭성(information asymmetry)이다. 정보비대칭성하에서 돈을 빌려주는 자는 빌리는[1] 자의 행위를 제대로 관측할 수 없다. 이에 따라 예금자가 직접 기업에게 돈을 빌려주기보다는 기업에 대한 정보의 수집·분석·평가에 전문성을 가진 자로 하여금 금융중개를 하도록 하는 금융의 위임(delegation of banking, 이하 위임금융)[2]이 이루어진다.

예금자의 입장에서 은행은 예금자가 위임한 권한에 기반하여 자금을 기업에 대출한다. 정도의 차이는 있으나 은행, 증권사, 보험사 모두 위임을 전제로 한다. 금융의 위임이 제대로 이루어지기 위해서는 위임받은 금융회사가 높은 수준의 효율적인 정보수집·분석·평가의 전문성을 유지해야 한다. 또한 수익성이 높은 투자 프로젝트를 선별(screening)하고 돈을 빌린 자(기업)의 투자활동을 모니터링해야 하며, 자금을 빌리는 수요자인 기업의 이익을 위해서가 아니라 위임자(예금자, 투자자, 보험가입자 등)의 이익을 위하여 신인의무를 이행해야 한다.[3] 금산분리는 자금을 빌리는 위치에 있는 기업과 은행 간 소유·지배관계를 갖지 못하도록 규제함으로써 위임자인 예금자 등에 대한 신인의무를 저버릴 가능성을 억제하고자 한다.

둘째, 기업의 은행 소유·지배로부터 초래되는 자금배분의 잘못된 인센티브를 억제하고 금융시장의 자금배분에 있어서 효율성과 공정성을 제고하는데

---

1) 여기서 '빌리는' 행위는 대출뿐 아니라 투자도 포함한다.
2) Douglas W. Diamond, Financial intermediation and delegated monitoring, The Review of Economic Studies, Vol. 51, No. 3 (1984).
3) 표현상 차이는 있으나, 이러한 위임금융이 Adam Smith의 분업에 따른 전문경영의 내용에 해당한다고 볼 수 있다.

기여한다. 만일 은행이 기업을 소유·지배할 경우 자신의 기업에게 더 유리한 조건으로 더 많은 자금을 제공할 유인을 가질 수 있다. 특히 은행은 예금자보호 등의 공적 안전망 지원을 받는다는 점에서 위험이 큰 대출을 행할 유인을 가질 수 있다. 예금자에게 일정 수준의 손실이 발생하더라도 예금보험이 이를 보전하고 예금자는 은행을 감시할 유인이 없기 때문이다. 기업이 은행을 소유·지배할 경우에도 기업은 은행의 의사결정에 개입하여 자신에게 유리한 조건으로 더 많은 자금의 대출하는 결정을 내릴 수 있다. 1997~1998년 금융위기를 거치면서 은행, 증권사, 보험사 등 금융회사 등을 자회사로 거느리거나 이들의 대주주 지위를 가졌던 재벌기업들이 차입경영이라고 불렸던 높은 부채비율을 보였던 것은 바로 소유·지배를 이용한 자금배분의 인센티브가 드러난 결과였다. 금산분리는 이러한 소유·지배가 초래하는 자금배분의 인센티브를 억제하고, 소유·지배관계를 떠나 생산성이 높은 기업에게 자금조달의 기회를 제공하는 효율성 원칙이 유지될 수 있도록 하는 유인구조의 기초를 이룬다.

셋째, 기업의 독점적 지위추구를 억제하는데 기여한다. 기업은 금융회사를 소유·지배하여 자신에게 유리한 자금조달뿐 아니라, 이를 넘어 금융업을 겸업 혹은 겸영함으로써 제조업(예. 자동차 제조회사 등)뿐 아니라 금융을 이용하여 판매업(예. 아마존 등)에서도 시장지배를 확대함으로써 독점적 지위를 구축하고자 추구할 수 있다. 이는 금융을 독점적 지대추구의 수단으로 활용하는 것으로, 궁극적으로는 기업경쟁력 제고보다는 도덕적 해이에 빠져 경쟁력을 상실하는 결과를 초래할 수 있다. 금산분리는 이러한 독점적 지대 추구 가능성을 사전에 억제하는 효과를 낳을 수 있다.

정리하면, 금산분리는 금융회사의 기업에 대한 적절한 모니터링에 의한 정보수집·분석·평가를 통한 전문성의 공정한 유지와 예금자보호 등 신인의무의 성실한 이행, 기업의 은행 소유·지배로부터 초래되는 자금배분의 잘못된 인센티브를 억제하고 금융시장의 자금배분에 있어서 효율성과 공정성 유지, 독점적 지대 추구를 억제함으로써 기업의 경쟁력 제고 유인을 형성하는 등의 효과를 낳는다.

Ⅱ 금융과 산업 간 결합의 구조적 유형

1. 금융시장의 참여자

금융시장에는 은행, 증권사, 기업, 예금자(투자자)가 존재한다고 가정해보자.[4] 은행은 예금자로부터 예금을 받고 기업에 대출하며 기업의 투자행위에 대한 전문적인 모니터링[5] 능력을 가지고 있다. 은행이 법적으로 준수해야 하는 가장 중요한 의무는 예금자 보호이며, 이를 위해 과도한 위험추구를 자제해야 하는 등 은행의 건전성 의무를 이행해야 한다. 증권사는 은행과 기업의 증권 발행, 등록, 거래를 지원하는 서비스를 제공한다. 증권사가 법적으로 준수해야 하는 가장 중요한 의무는 투자자 보호이며, 이를 위해 발행, 등록, 거래절차에서의 투명한 공시의무를 이행하여야 한다.[6]

기업은 위험이 있는 프로젝트 투자를 통해 수익을 극대화하는 행동을 하며, 기업이 행하는 프로젝트에는 두 가지 유형이 있다. 하나는 상대적으로 위험과 수익이 낮은 프로젝트1과, 상대적으로 위험과 수익이 매우 높은 프로젝트2다. 기업은 은행으로부터 자금을 차입하고 또한 주식을 발행하여 증권시장에서도 자금을 조달한다.

---

4) 금융시장에는 이들 이외에도 보험, 서민금융기관, P2P 등 다수의 시장 참여자가 있으나 이들을 포함하지 않더라도 본고의 논의 목적에 비추어 충분하다. Park의 분석모델은 은행, 기업, 예금자를 가정하여 은행과 기업간 결합이 초래하는 문제점에 대하여 논의한다. Sangkyun Park(2000), Effects of the affiliation of banking and commerce on the firm's investment and the bank's risk, Journal of Banking and Finance. 24. 1629−1650. 본고는 Park에 비하여 증권사를 추가로 가정함으로써 은행과 기업의 결합뿐 아니라 증권사와 기업의 결합에 따른 문제점으로 논의를 확장한다.

5) Diamond(1984)에 의하면 은행의 전문적인 모니터링 기능은 위임 모니터링(delegated monitoring)이라고 불린다. 예금자로부터 위임된 기능이라는 취지다. Douglas W. Diamond, Financial intermediation and Delegated Monitoring, The Review of Economic Studies Vol. 51, No. 3 (Jul., 1984), pp. 393−414.

6) 증권사 역시 은행과 마찬가지로 예금보험의 대상인 투자자예탁금의 예치에 따른 신인의무, 그리고 대출 등의 자산에 대한 건전성 이슈가 존재하나 논의의 편의를 위해 이러한 특성은 가정하지 않는다.

은행은 주식을 발행하여 증권시장에서 자본금을 조달하고 예금을 통해 자금을 조달하여 기업에 대출한다. 은행의 기업 대출은 기업이 프로젝트1에 투자하는 것을 전제로 한다. 은행의 건전성 관점에서 프로젝트2는 위험이 과도하게 높다고 평가된다. 예금자는 이자소득을 위해 은행에 예금을 하며 기업의 투자 행위에 대한 전문적인 모니터링 능력을 갖지 못한다. 예금자는 또한 투자자로서 은행과 기업이 발행한 증권을 구매하여 배당금과 자본이득을 목적으로 금융자산으로서 보유하며, 대주주 혹은 최대주주로서 은행 혹은 기업을 지배할 동기는 갖지 않는다.

2. 금융과 산업의 결합형식

금융과 산업의 결합은 은행과 기업 간, 증권사와 기업 간 지분을 보유하고 이를 기반으로 지배 혹은 협력 관계를 맺는 것을 말한다. 여기에서 지분보유는 최대주주로서의 지위를 의미한다. 이러한 결합은 몇 가지 다양한 형식을 가질 수 있다.[7]

(1) 은행이 기업의 지분을 보유하는 경우

(2) 기업이 은행의 지분을 보유하는 경우

(3) 은행과 기업이 상호간에 지분을 보유하는 경우

(4) 은행이 기업의 지분을 보유하고 기업에 대하여 채권자인 경우

(5) 기업이 은행의 지분을 보유하고 은행에 대하여 채무자인 경우

(6) 은행과 기업이 상호간에 지분을 보유하고 은행은 채권자이고 기업은 채무자인 경우

(7) 기업이 증권사의 지분을 보유하는 경우

---

7) 결합의 형식도 현실에서는 더 다양할 수 있으나 논의의 목적상 이와 같이 가정한다.

(1)~(3)은 은행과 기업이 상호간에 순수하게 지분만을 보유하는 경우이고, (4)~(6)은 지분보유와 채권-채무관계를 갖는 경우이다. (7)의 경우 기업은 증권사의 지분만을 보유하며 다른 권리를 갖지는 않는다.

3. 금산결합의 형식에 따른 소유-지배 및 채권-채무 관계

(1)~(3)에서와 같이 은행과 기업이 순수히 지분만을 보유할 경우에는 지분에 따른 권리의 행사만을 할 뿐 다른 이해와의 현실적인 상충은 없다. 하지만 (4)~(6)에서와 같이 지분의 보유 이외에도 채권-채무관계를 가질 경우에는 지분권에 따르는 이해와 채권-채무관계에 따르는 이해가 상충할 가능성을 갖는다.

최대주주로서 지분보유는 회사를 지배할 권리와 현금흐름에 대한 권리를 가진다.[8] 이와 달리 채권은 채무자에 대하여 급부이행을 청구할 권리를 가지며 채무자가 채무이행을 하지 않은 경우 미이행에 따른 손해배상 청구권을 행사할 수 있다. 지분의 현금흐름에 대한 권리는 프로젝트의 결과에 따르는 잔여재산 분배청구권인 반면, 채권은 미리 약정된 일정한 비율의 수익에 대한 청구권이다. 지분에 의한 현금흐름에 대한 권리와 채권은 모두 기업 수익에 대한 권리다. 이에 따라 기업 수익은 이 두 권리의 합으로 표현될 수 있다. 즉, 채권 이자로 제공해야 할 부분과 지분을 보유한 자가 청구할 수 있는 잔여 현금흐름으로 나눌 수 있다.

(4)에서와 같이 은행이 기업의 최대주주이면서 동시에 채권자이면 은행은 대출의 의사결정뿐 아니라 실질적으로는 차입의 의사결정도 하게 된다. 이에 따라 은행의 입장에서 기업에 대한 대출이자율에 대한 의사결정과 기업의 입장에서 차입이자율에 대한 의사결정이 실질적으로는 은행이라는 동일인에 의해

---

8) 송옥렬, 상법강의, 홍문사 (2016). 769면.

결정된다. 이 경우 은행은 기업을 지배할 권리, 기업 현금흐름에 대한 권리, 대출이자율 결정의 권리를 은행의 이익을 위해 행사할 수 있다. 또한 은행은 기업지배권으로부터의 이익을 위해 프로젝트1보다는 프로젝트2를 더 선호하고 이를 위해 대출을 제공할 유인을 갖는다.

(5)에서와 같이 기업이 은행의 최대주주이면서 동시에 채무자이면 기업은 스스로의 차입에 대한 의사결정뿐 아니라 실질적으로는 은행의 대출에 대한 의사결정도 하게 된다. 이에 따라 기업의 입장에서 차입이자율에 대한 의사결정과 은행의 입장에서 대출이자율에 대한 의사결정이 실질적으로 기업이라는 동일인에 의해 결정된다. 이 경우 기업은 은행을 지배할 권리, 은행 현금흐름에 대한 권리, 차입이자율 결정의 권리를 기업의 이익을 위해 행사할 수 있다. 이에 따라 기업은 은행지배권을 행사하여 프로젝트1보다는 프로젝트2에 대한 대출을 제공할 유인을 갖는다.

기업은 은행으로부터의 차입을 통해 은행의 주식을 매입함으로써 지분을 보유할 수도 있으며, 이 자금의 차입이 만일 명목상으로는 실물 투자를 목적으로 차입한 것이었다면 이러한 은행 지분의 매입은 차입의 목적과 행위의 괴리에 해당하는 것으로서, 사후 모니터링의 대상이 된다.

(6)에서와 같이 은행과 기업이 상호간에 지분을 보유하고 채권자 및 채무자인 경우에는 (4)와 (5)에서의 의사결정이 결합되고 공존한다. 즉, 은행은 대출 의사결정뿐 아니라 기업의 최대주주로서 차입 의사결정을 내리고, 기업은 차입 의사결정뿐 아니라 은행의 최대주주로서 대출 의사결정을 내린다. 이러한 의사결정은 'A가 B를 결정하고, B가 A를 결정하면 A와 B는 동일인'이므로 은행과 기업은 사실상 동일인으로서 의사결정을 하게 된다. 이 경우 은행과 기업은 동일인으로서 지배 및 현금흐름에 대한 권리, 이자율 결정의 권리를 행사하게 된다.

(4)와 (7)이 결합하는 경우에는 은행은 증권사의 의사결정 역시 간접적으로 지배할 수 있으며, (5)와 (7)이 결합하는 경우에는 기업이 은행과 증권사의

의사결정을 직접적으로 지배하게 된다. (6)과 (7)이 결합하는 경우에는 은행은 기업을 직접, 증권사를 간접적으로 지배하고, 기업은 은행과 증권사를 직접 지배할 수 있다. 이와 같이 증권사의 의사결정 역시 지배될 경우에는 예금자이기도 하는 투자자보호를 위한 투명한 공시의무를 제대로 이해하지 않을 유인을 가질 수 있다.

Ⅲ 금산결합의 경제적 인센티브와 이해 상충

금융과 기업의 다양한 결합형식에 따라서는 경제적 인센티브와 이해상충의 가능성이 발생할 수 있다. 먼저, (4)의 경우, 은행은 기업의 최대주주로서 기업의 투자 의사결정을 내리고 투자행위에 대한 명확한 모니터링을 할 수 있게 되어 사후 모니터링을 강화할 수 있으며 예금자의 이익보호에 기여할 수 있다. 이때에는 은행은 기업에 대한 채권자로서의 권한을 주주로서의 권한보다 위에 두고 있다고 할 수 있다.

하지만 은행이 물권적 지배권에 기하여 기업의 현금흐름에 대한 잔여 청구권자로서의 수익을 극대화하고자 시도한다면 위험이 높은 프로젝트2를 선택할 수 있다. 특히 은행은 손실이 발생하더라도 예금손실의 일부를 보장하는 일종의 풋옵션에 해당하는 예금보험제도로 인하여 위험이 큰 프로젝트를 선호할 유인을 가질 수 있다.[9] 이 경우에 극단적으로는 은행의 건전성이 유지되지 못하고 예금자의 이익이 충분히 보호되지 못하는 결과를 가져올 수 있다.

---

9) Merton(1977)이 말한 것처럼 예금보험하의 은행 주주는 풋옵션을 보유하고 있으므로 과도한 위험추구행동을 한다는 이론과 합치된다. Merton, Robert C., An Analytic Derivation of the Cost of Deposit Insurance and LoanGuarantees: An Application of Modern Option Pricing Theory, Journal of Banking and Finance, 1. (1977). Berger, Allen N., Imbierowicz, Björn, Rauch, Christian(2016), The Roles of Corporate Governance in Bank Failures during the Recent Financial Crisis, Journal of Money, Credit and Banking, Vol.48, No. 4 p.731.

Park(2000)에 의하면,[10] 은행이 보유하는 기업 지분이 일정 수준 이하로 낮은 경우에는 기업 지분보유가 은행의 모니터링 기능을 강화하는 효과를 낳는다. 이때 일정 수준의 기준이란 은행이 보유하는 기업지분(equity share)이 채무지분(debt share)을 초과하지 않는 경우이다. 예를 들어, 은행이 기업의 지분 중 5%를 보유하고 기업의 채무 중 10%를 제공하고 있다면 기업지분이 채무지분을 초과하지 않는다. 만일 은행의 기업지분이 채무지분을 초과하면 기업지배를 통한 잔여청구권자로서의 이익을 극대화하고자 하는 유인을 가지게 되어 은행은 과도한 위험을 추구할 가능성을 갖게 된다. 만일 은행이 기업의 최대주주 지위를 갖는다면 채무 지분의 크기와는 무관하게 지배권을 행사하여 과도한 위험 추구행위를 할 가능성이 높다고 볼 수 있다.[11] 따라서 (4)의 경우에는 (기업지분과 채무지분 간 상대적 비율의 크기에 따라) 채권자로서의 은행이 갖는 권리와 기업의 최대주주로서 은행이 갖는 주주권간의 충돌이 발생할 수 있다.

(5)의 경우에는 기업이 은행의 최대주주로서 은행의 의사결정을 지배함으로써 자신에게 유리한 차입 규모와 이자율을 결정하고 은행의 사후적 모니터링을 최소화한다. 또한 자신의 위험 프로젝트2에 은행이 대출을 할 수 있도록 결정한다. 이에 따라 채권자로서의 은행 권리와 은행을 지배하는 기업의 지배권간 충돌이 발생하며, 은행의 효율적 신용배분과 사후관리, 건전성이 훼손될 수 있다.

(6)의 경우에는 (4)에서의 이해 상충과 (5)에서의 이해 상충이 중복되어 나타날 수 있다. 은행과 기업이 동일인으로서 의사결정을 내릴 수 있게 됨에 따

---

10) Sangkyun Park(2000), Effects of the affiliation of banking and commerce on the firm's investment and the bank's risk, Journal of Banking and Finance. 24. 1629−1650. p. 1646. "The optimum share of the bank's equity holding,however, is likely to be smaller than its debt share because the monitoring need of other debtholders increases with the bank's equity holding"

11) (1)의 경우에서와 같이 기업에 대해 채권을 보유함이 없이 오로지 최대주주로서 지분만을 갖는다면, 은행의 잔여청구권자로서의 이익극대화가 은행을 위험에 빠뜨리는 이해상충은 발생하지 않는다.

라 은행은 신용제공자로서 권한을 엄격히 행사하지 않고, 기업은 채무자로서 의무를 엄격히 이행하지 않을 수 있다. 즉, 은행은 기업에 대하여 사전 심사와 사후 모니터링 기능을 행사하지 않고,[12] 기업은 은행에 대하여 채무자로서 의무를 성실히 행하지 않게 된다. 이에 따라 은행의 자산건전성과 예금자보호는 훼손되고 기업은 과도한 위험추구에 따른 부도위험의 증가에 직면할 수 있다. 만일 (6)에 대해 (7)이 더해질 경우, 증권사는 직접 최대주주인 기업 및 간접 최대주주인 은행의 증권의 발행, 등록, 거래를 함에 있어서 투명한 공시의무를 엄격히 이행하지 않을 유인을 가질 수 있으며 이에 따라 투자자의 이익이 훼손될 수 있다.

정리하면, (4)~(7)의 예에서 보는 바와 같이, 은행이 기업의 지분을 보유함으로써 주주이자 동시에 채권자의 지위를 가질 수 있고, 혹은 기업이 은행의 지분을 보유함으로써 채무자이면서도 동시에 주주의 지위를 가질 수 있다. 또한 은행과 기업이 상호간에 지분을 보유함으로써 상호간에 채권자 혹은 채무자이면서 상호주주인 지위를 가질 수도 있다.[13]

은행이 채권자이면서 동시에 주주로서의 지위를 갖는 경우, 은행은 주주권을 통해 위임모니터링(delegated monitoring)을 보다 용이하게 할 수 있으므로 채권자로서의 지위가 강화되어 주주로서의 이익과 채권자로서의 이익간의 충돌(agency conflict)이 감소할 수 있다. 하지만 은행이 기업의 최대주주로서 지배권을 행사할 경우에는 비효율적인 투자와 대출을 지원함으로써 은행의 위험을 높일 수 있다.[14] 기업이 은행의 채무자이자 동시에 주주로서 은행의 의사결정을

---

12) 채무자인 기업이 은행 최대주주 지위를 가질 경우 은행으로부터 차입금으로 은행주식을 보유하게 되거나 기업 자신이 과도한 위험 프로젝트에 투자하는 문제점을 야기할 수 있다. 이러한 문제점은 Diamond(1984)가 지적한 위임 모니터링(delegated monitoring)의 실패를 초래하는 원인이 된다.

13) 우리나라에서는 시기에 따라 일방향의 대주주이거나 쌍방향의 대주주인 시기가 모두 존재하였다. 쌍방향의 주주는 주로 대기업 순환출자를 배경으로 이루어졌다. 대기업 순환출자에 해당하는 기업의 수는 2013년 97,658개에서 2019년 13개로 크게 감소하였다. 물론 대주주의 지위는 아닐지라도 순환출자가 크게 감소한 현재에도 순수한 쌍방향의 주주는 가능할 수 있다.

지배하는 경우에는 최대주주로서 은행의 의사결정을 지배함으로써 은행의 위험을 높이는 결과를 낳을 수 있다.[15] 은행과 기업이 상호간에 최대주주이면서 채권자 및 채무자인 경우에는 은행이 채권자이면서 동시에 주주로서의 지위를 갖는 경우에 나타나는 문제점과 기업이 은행의 채무자이자 동시에 주주로서 은행의 의사결정을 지배하는 경우에 초래되는 문제점이 동시에 나타날 수 있다.

Ⅳ 금산분리의 법적 권리관계

1. 주주권의 물권적 속성

물권은 객체에 대한 배타적인 지배를 내용으로 하며, 권리자와 물건(또는 기타의 객체) 간 이익의 귀속관계를 표상한다.[16] 배타적인 지배란 동일한 내용의 권리가 오로지 유일하게 존재하며, 권리가 침해된 경우 방해배제청구권, 손해배상청구권, 부당이득반환청구권 등의 행사를 통해 원상회복할 수 있는 대항력을 갖는다.[17]

회사에 대하여 지분을 보유하는 것은 의결권 있는 보통주에 해당하는 유가증권을 수단으로 한다. 유가증권은 사권을 표창한 증권으로서 권리의 행사나 이전에 증권의 소지를 필요로 하며 사권은 채권, 물권, 사원권 등을 포함하는 모든 재산권을 의미한다.[18] 유가증권은 표창하는 권리의 성질에 따라 채권적

---

14) Sangkyun Park(2000), p. 1630. 'The bank's incentives to allow riskier projects may increase the riskiness of boh the debt and equity of the firm, thereby increasing the riskiness of the bank's investment in the firm. In the cases where the firm controls the bank, the bank's risk exposure may increase without any efficiency gain.'

15) 위험이 큰 결정은 주주의 위험이 채권자에게 이전되는 결과를 초래한다. 이 경우 비은행 채권자는 은행과 기업이 함께 추구하는 위험행위에 대한 모니터링을 확대해야 하며 이에 따른 사회적 비효율성이 야기될 수 있게 된다.

16) 양창수, 민법입문, 박영사 (2018). 86면.

17) 채권이라도 이러한 대항력을 갖춘 예외적인 경우에는 물권적 효력을 가질 수 있다. 채권 가운데 대항력을 갖춘 예외적인 예는 등기한 전세권이 있다. 등기하면 이를 물권적 전세라고 이르고, 그렇지 않으면 채권적 전세라고 한다.

유가증권, 물권적 유가증권, 사원권적 유가증권 등으로 구분된다.[19] 이 가운데 채권적 유가증권의 예로는 약속어음, 채권 등과 같이 금전채권이나 화물상환증 등의 인도청구권을 표창하는 유가증권이 있다. 물권적 유가증권은 독일의 저당 채권 등이 있는데 국내에서는 아직 인정되지 않는다. 사원권적 유가증권의 예 는 보통주로서 실체를 갖는 주권이 있다.[20]

주식은 사원권으로서 주권에 표창되어 유통된다. 사원권은 의결권이나 각 종 소제기권과 같이 회사의 지배에 참여할 수 있는 권리[21]와, 이익배당청구권 이나 잔여재산 분배청구권과 같이 회사의 현금흐름에 대한 권리[22]를 갖는다.[23] 의결권은 주주총회에 출석하여 결의에 참가할 수 있는 권리로서, 회사의 경영 에 간섭할 수 있는 권한이다. 이는 주주의 권리 가운데 가장 중요한 공익권이 고, 고유권으로서 정관으로도 이를 박탈하거나 제한할 수 없으며, 주주도 의결 권을 포기할 수 없다.[24] 특히 의결권은 배타적 권리로서 지배권을 행사하는 수 단이며, 현금흐름에 대한 권리 또한 마찬가지다. 따라서 주주권은 보통주라는 객체에 표상된 물권적 지배권이라고 볼 수 있다.[25]

---

18) 정경영, 전자금융 거래와 법, 박영사 (2007). 463면.

19) 위의 책, 465면.

20) 정찬형, 상법강의(하), 박영사 (2016). 19 − 20면; 정경영, 위, 465면.

21) 이러한 권리를 공익권이라 한다.

22) 이러한 권리를 자익권이라 한다.

23) 송옥렬, 상법강의, 홍문사 (2016). 769면.

24) 위의 책, 898 − 899면.

25) 송옥렬에 의하면, 주주의 의결권 보유의 이론적 근거는 두 가지이다. 하나는 회사가 주주 의 출자로 설립되었다거나 주주가 회사의 소유자라는 점이다. 설립자 혹은 소유자로서 주 주의 의결권 보유는 정당화될 수 있다. 다른 하나는 회사 가치의 극대화 관점이다. 회사의 자산을 모두 채권자가 소유하면서 주주에게는 그 자산을 기본 자본으로 하는 콜옵션을 발 행한 경우와 동일하다. 이러한 관점에서 주주는 잔여지분 청구권자(residual claimant)에 해당하여 채권자와 달리 확정적 권리를 갖지 않으므로 주주만이 회사의 가치를 극대화하 고자 한다. 따라서 회사 가치의 극대화 입장에서 주주가 의결권을 갖는 것은 합리적이다. 위의 책, 898 − 899면.

2. 최대주주의 지배력

주주 가운데에는 특별한 지위를 가진 자가 있다. 대주주가 그들이다. 금융 회사의 지배구조에 관한 법률 제2조(정의)에 의하면[26] 대주주는 금융회사의 의 결권 있는 발행주식 총수를 기준으로 그 수가 가장 많은 자로서, 누구의 명의로 하든지 자기의 계산으로 금융회사의 의결권 있는 발행주식 총수의 100분의 10 이상의 주식을 소유한 자, 혹은 이사, 집행임원, 감사 등 임원의 임면 등의 방법 으로 금융회사의 중요한 경영사항에 대하여 사실상의 영향력을 행사하는 주주 를 말한다.

주주의 결의는 보통결의와 특별결의로 나뉜다. 보통결의는 이사선임 등 지 배구조에 관한 사항을 결정하며 출석주주 과반수와 발행주식의 4분의 1 이상을 요구한다.[27] 정관변경, 영업양도, 중요한 계약체결, 주식교환, 합병, 분할, 감자 등을 결정하는 것은 특별결의로 출석주주 의결권의 3분의 2 이상과 발행주식 총 수의 3분의 1 이상을 요건으로 한다.[28] 만일 대주주가 34%의 지분을 보유한 최 대주주가 되면,[29] 주주 출석이 100%라고 할 때[30] 특별결의 의결권에 필요한 3 분의 2, 즉 66.6%의 성립을 부정할 수 있다. 이에 따라 사실상 최대주주의 이익

---

26) 상법 제542조의8(사외이사의 선임)도 마찬가지다.

27) 상법 제368조

28) 상법 제434조

29) 2019년 시행된 인터넷전문은행 설립 및 운영에 관한 특례법의 제5조는 비금융주력자의 주식보유한도 특례를 정하여 은행법 제16조의2 제1항 및 제2항에도 불구하고 인터넷전문 은행의 의결권 있는 발행주식 총수의 34%까지 주식을 보유하도록 허용하고 있는바, 이는 상법상 특별결의 요건과 관련하여 그 의미를 이해할 수도 있다. 34%는 발행주식 총수의 3분의 1 이상에 해당하고, 주주 출석율에 따라서는 출석주주의 3분의 2 이상이 될 수 있 으므로 보통결의뿐 아니라 특별결의도 지배할 수 있다. 김자봉, 인터넷전문은행은 금산분 리규제의 예외인가?, 금융법연구 제15권 제3호 (2018.12) 참조. 심사자의 요청에 따라 금 산분리의 법리적 해석에 따른 인터넷전문은행 금산분리에 대한 간략한 논의를 Ⅴ장에 추 가한다.

30) 김화진(2016)에 의하면, 국내 기업의 주주총회 참석률은 25%를 넘는 경우가 드물다. 따라 서 참석률에 따라서는 34%는 출석주주의 3분의 2 이상이 될 수도 있다. 김화진, 주주총회 관련제도의 개선을 통한 상장회사 주주권의 강화, 선진상사법률연구 제73호 (2016.1). 6면.

을 위해 지배구조를 형성할 수 있을 뿐 아니라 정관변경 등 중요사항에 대한 의결에도 중대한 영향을 줄 수 있다. 만일 지분 보유비율이 66.6%에 이른다면, 최대주주는 의심의 여지없이 회사를 소유하여 배타적 지배권을 행사할 수 있다.[31]

Ⅴ 금산결합에 따른 중층적 법적 권리의 충돌

1. 주주권과 채권

앞에서 본 것처럼 은행이 기업에 대해 채권자이면서 동시에 주주의 지위를 갖거나, 기업이 은행에 대해 채무자이면서 동시에 주주의 지위를 갖는 경우 법적으로는 채권과 주주권의 충돌이 야기될 수 있다. 주주권은 지분의 크기에 따라 지배구조를 결정하고 회사 및 은행의 의사결정을 지배할 수 있다. 이에 따라 지배권을 형성한 주주권은 채권과 얼마든지 충돌할 가능성을 가질 수 있다. 최대주주의 물권적 권리와 채권 간에 충돌이 빚어질 경우 그 결과는 어떻게 되는가?

금산결합의 형식 가운데 (1)~(3)은 권리의 충돌을 야기하지 않는다. 은행과 기업은 각각 상대방의 지분만을 보유할 뿐 채권-채무관계를 갖지 않는다.

하지만 (4)의 경우에서는 이해의 충돌이 발생할 수 있다. 은행이 최대주주로서 기업의 지분을 보유함으로써 기업 투자의 의사결정과 현금흐름에 대하여 배타적 지배권을 행사할 수 있고, 동시에 채권자의 지위를 갖는다. 이 경우에는 은행 자신이 내부적으로 배타적 지배권을 우선시 할 것인지, 아니면 채권자의 지위를 우선시 할 것인지 갈등할 수 있다. 동일인인 은행이 채권과 배타적 지배권 가운데 어느 것을 더 우선시 할 것인가 하는 것은 달리 표현하면 은행이 주주로서의 이익을 더 우선시 할 것인가 아니면 예금에 대한 건전한 관리자로서

---

31) 물론 주주 참석률의 처지에 따라 지분율이 66.6%에 이르기 이전에서도 배타적 지배권은 행사될 수 있다. 김화진, 위 논문 참조.

의 신인의무를 더 중시할 것인가 하는 것이다. 다만 상충하는 권리를 가진 자가 동일인이라는 점에서 법적 소송을 통한 권리의 충돌이 빚어지지는 않을 것이다. 앞에서도 언급한 바와 같이, 은행의 배타적 지배권은 한편으로는 신인의무의 효과적인 이행을 위한 차원에서 사후 모니터링 권한을 강화함으로써 은행의 건전성과 예금자 보호를 효과적으로 달성하는 데 기여할 수 있다. 하지만 다른 한편으로는 주주권을 더 우선시 할 경우에 은행의 건전성과 예금자의 이익을 훼손하는 결과를 초래할 수 있다.

(5)의 경우에서는 은행은 기업의 채권자이지만, 기업은 은행의 최대주주로서 지분을 보유하고 은행 의사결정에 대한 배타적 지배권을 행사할 수 있다. 이때에는 (4)와 달리 은행의 채권과 기업의 배타적 지배권 간에 충돌이 빚어질 수 있고, 법적인 소송으로 상황이 이어질 수도 있다. 하지만 법적 소송이 빚어지더라도 배타적 지배권과 채권간의 법적 분쟁은 그 결론이 명확하다. 물권적 권리와 채권적 권리 간의 대립에서는 물권이 우위에 있다는 점에서, 은행이 금전채권을 이유로 기업의 배타적 지배권을 거부할 수는 없으며, 기업이 채무를 이행하지 않을 경우 채무불이행 책임을 물어 손해배상을 청구할 수 있을 따름이다. 따라서 기업이 최대주주로서 은행의 의사결정을 지배하여 기업에게 유리한 대출결정을 하더라도 이는 권리행사의 관점에서는 법적으로 효력을 갖는 데 전혀 문제점이 없다.

(6)의 경우에는 바로 앞에서 언급한 (4)와 (5)의 상황과 문제점이 동시에 존재한다. 다만, 서로 상대방의 의사결정을 지배한다는 점에서 실질적으로는 동일인의 내부의사결정의 성격을 가질 것이며, 따라서 그 결과는 법적 소송에 이르지 않는 (4)의 경우와 유사한 것이 될 수 있다. 은행과 기업의 상대방에 대한 물권적 지배권이 채권－채무 관계보다 더 우위에서 영향력을 발휘함에 따라 은행은 기업의 최대주주로서 주주이익 극대화를 위하여 위험이 큰 투자프로젝트를 선택하고 이에 대출하고, 기업은 은행의 최대주주로서 은행이 채권자로서 행사하는 수단인 사후 모니터링을 최소화하는 결정을 한다. 은행 예금자의 이

익은 은행이 채권자로서 권한을 충실히 발휘할 경우에만 보장되므로 (6)의 상황에서 예금자의 이익은 보장되지 못한다.

(4)~(6)의 상황이 (7)과 더해질 경우 증권사의 공시의무가 엄격히 이루어지지 않을 유인이 발생하여 궁극적으로 투자자의 이익이 훼손되는 결과가 초래될 수 있다. 구체적으로 (4)와 더해질 경우에는 은행 증권의 발행, 등록, 거래에 있어서 투자자의 이익이 훼손될 수 있고, (5)와 더해질 경우에는 기업 증권의 발행, 등록, 거래에 있어서 투자자의 이익이 훼손될 수 있다. 또한 (6)과 (7)이 더해질 경우에는 은행과 기업 양자의 증권 발행, 등록, 거래에 있어서 투자자의 이익이 훼손되는 결과가 초래될 수 있다.

2. 법적 권리 충돌의 불가피성

앞에서 본 바와 같이 금산결합은 물권적 권리와 채권적 청구권 간의 충돌을 불가피한 것으로 만든다. 금산결합의 형식 (4)~(6) 가운데 권리의 충돌이 예상되지 않는 경우는 없다. (4)의 경우에는 비록 은행 내부의 의사결정 과정에서의 권리 충돌이지만 내용적으로는 주주권과 채권의 충돌이며, 채권이 주주권의 배타적 지배를 물리칠 방법은 없다. (5)의 경우에는 은행의 채권과 기업의 주주권간 충돌이며 그 충돌은 법적 소송을 통해 얼마든지 외연적으로 빚어질 수 있으나 그 결론은 명확하며, 물권적 지배권을 갖는 기업의 은행 주주권의 우위다. (6)의 경우에는 (4)와 (5)의 충돌이 동시에 빚어질 수 있다. (4)~(6)에 (7)이 더해지면 투자자의 이익을 위한 신인의무가 주주권과 채권 간의 충돌에 종속되거나 희생되는 결과가 빚어질 수 있다. 이러한 충돌의 결과는 주주권을 근거로 하는 배타적 지배권에 의한 채권적 이익의 훼손이다.

Ⅵ 금산분리정책의 합리성

1. 금융의 건전성과 예금자/투자자 보호

은행의 채권적 이익이 최종적으로 이르는 곳은 금융기관의 건전성, 예금자 및 투자자의 이익이다. 만일 (4)에서와 같이 은행이 기업 주주권을 이용하여 과도한 위험을 추구할 경우, 또한 (5)에서와 같이 기업이 은행 주주권에 기반하여 은행의 의사결정을 기업에게 유리하도록 이끌 경우에는 은행의 건전성을 악화시키고, 궁극적으로는 예금자 및 투자자의 이익을 훼손하는 결과를 낳는다.

주주권에 기반하여 과도한 위험의 프로젝트에 은행의 대출이 이루어질 경우에도 유한책임자인 주주는 위험을 대출 채권자에게 이전하게 된다. 이로 인해 주주는 위험을 추가로 추구할 유인을 가지게 되며, 결국에는 전체 위험의 크기는 사회적으로 바람직한 수준을 훨씬 초과하게 될 수 있다. 특히 대출 채권자는 주주로부터 이전된 위험을 다시 예금 채권자에게 이전하여 최종적으로 예금자에게 초과위험이 이전된다. 예금 채무자는 동시에 대출 채권자인 은행이고 예금 채권자는 예금자이다.

기업이 은행의 최대주주의 지위를 갖는 경우 신용배분에 초래되는 문제점은 두 가지이다. 첫째, 최대주주인 기업을 대상으로 하는 대출심사가 제대로 이루어지지 않는다. 최대주주인 기업이 실질적으로 은행의 대출 의사결정을 할 것이기 때문이다. 둘째, 대출 후 자금이 대출목적에 부합하여 활용되는지 여부에 대한 사후 모니터링이 제대로 이루어지기 어렵다. 사후 모니터링에 대한 의사결정 역시 실질적으로 최대주주인 기업에 의해 이루어지기 때문이다. 이에 따라 주주권에 의해 지배된 채권은 부실채권이 될 가능성이 크다. 은행 대출채권의 부실화는 궁극적으로 예금자의 예금에 대한 반환책임을 이행할 능력을 상실하는 결과를 초래하고, 또한 최대주주 아닌 일반주주(투자자)의 이익배당 청구권을 무의미한 것으로 만드는 결과를 낳는다.

만일 해당 은행이 시스템적으로 중요한 경우에는, 해당 은행의 건전성 훼손은 금융시장 전반에 큰 충격을 주는 시스템 위험으로의 발전 가능성도 배제할 수는 없다. 또한 해당 기업 역시 시스템 차원에서 중요한 대기업인 경우에는, 과도한 위험 추구로 부실해질 경우 그 결과는 역시 경제 전체에 큰 영향을 주는 시스템 위험을 초래할 수 있다.[32]

2. 금산분리의 목적과 정책수단

금산분리는 무엇보다도 금산결합에 따른 법적 권리의 충돌을 예방하고, 궁극적으로는 금융회사의 건전성, 시스템 안정성, 소비자 및 투자자를 보호하는 것이다. 이러한 목적을 위해서 금산분리는 주주권과 채권의 충돌을 빚을 수 있는 중층적 권리메커니즘을 해소하거나 제한한다.

금산분리의 목적을 단순히 모든 형태의 금융과 산업의 결합을 금지하는 것이라고 표현하는 것은 타당하지 않다. 법리적 해석의 관점에 의하면, 앞에서 논의한 유형 가운데 (1)~(3)은 금산분리의 대상에 포함되지 않는다. 물권적 지배권과 채권적 청구권 간의 충돌을 야기하는 (4)~(6)의 경우가 금산분리의 대상이다. 좀 더 구체적으로 표현하면, 법리적 해석의 관점에 의한 금산분리는 법적 권리의 충돌을 야기하는 금융자본과 산업자본 간의 결합을 허용하지 않는다 ((5), (6)의 경우). 법적 권리의 충돌이 없는 두 자본간 결합은 금산분리의 이름으로 배제하지 않는다((1)~(3)의 경우). 하지만 두 자본간 결합이 없더라도 법적 권리간 충돌의 가능성은 금산분리의 대상으로서 이를 규제하는 것이 적절하다고 판단한다((4)의 경우).

금산분리에 의한 권리의 제한은 사법적 권리(private legal rights)에 대하여 공법적 개입(public law intervention)이 이루어진다는 것을 의미한다. 다만 사법적 권리 가운데에서도 회사를 지배할 권리에 해당하는 공익권을 대상으로 하며,

---

32) 시스템적으로 중요한 은행과 기업의 파산이 시스템 위험을 초래한 것은 이미 1997~1998년 금융위기를 통해 경험한 바 있다.

그림 6-1 금산분리의 정책수단 유형

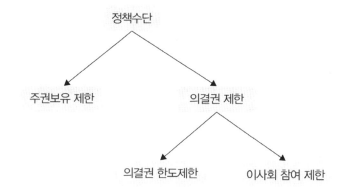

반면 현금흐름에 대한 권리에 해당하는 자익권은 그 대상이 아니다.

　공익권을 대상으로 한 권리의 제한은 두 가지 차원에서 이루어질 수 있다. 하나는 주권 자체의 보유를 일정하게 제한하는 것이고, 다른 하나는 주주권 자체는 허용하되 그것의 의결권을 제한하는 것이다. 전자는 주주권의 보유 자체를 제한하는 것이고, 후자는 주주권으로부터 지배권을 분리하는 것이다. 전자는 지분이 곧 지배일 수 있다는 전제를 반영하는 것이고, 후자는 지분이 곧 지배는 아닐 수 있다는 전제를 반영한다. 전자를 소유규제라고 하고, 후자를 지배구조 규제라고 할 수 있다.

　지배구조규제 차원에서 의결권을 제한하더라도 의결권 대상 범위를 달리하여 제한할 수도 있다. 예를 들면, 지분보유비율이 특정 수준 이상이면 그 이상은 의결권을 행사하지 못하도록 하는 의결권 한도를 정하는 방식이나 혹은 이사회 구성에 있어서 의결권의 크기에 관계없이 의결권을 대표하는 이사의 수를 일정 수 이하로 제한하는 이사회 참여 제한 방식일 수도 있다(<그림 6-1>).[33]

---

33) Charter One 은행은 Gateway Bank의 의결권 있는 지분의 9.95% 보유 승인을 감독당국에 신청하면서 Charter One은 Gateway에 대하여 지배할 의도가 없음을 선언하였다. 이에 따라 지배가 이루어지지 않음을 보장하기 위해서는 FRB가 은행지주회사법 목적에 따라 제시한 조치를 이행해야 하며, 그 조치 가운데 하나로서 Gateway 혹은 그 자회사의 이사회에 Charter One 은행의 이익을 대표하는 이사의 수를 한 명 이상 둘 수 없었다.

현실의 금산분리는 이러한 다양한 수단을 선택적으로 사용하기보다는 결합하는 모습을 보인다. 우리나라를 포함하여 금산분리를 채택하고 있는 미국, 영국, 유럽 등 많은 국가에서 주주권의 보유 자체를 전적으로 금지하는 경우는 없다.[34] 대체로 적정한 수준에서 주주권 보유를 허용하되 의결권을 제한하는 방식을 취한다. 예를 들면, 미국의 경우에는 주주권 보유를 최대 25% 수준까지 허용하되 그러한 보유가 지배 가능성을 갖는지 여부를 중심으로 하는 소유와 지배간의 추정적 관계를 전제로 다양한 권리제한을 도입하고 있다. 지배가 추정될 경우 지분보유를 5% 미만으로 제한함으로써 법적 권리 간 충돌가능성을 해소한다(미국의 금산분리에 대한 자세한 사항은 제8장을 참조).

Charter One Financial, Inc., 84 Fed. Res. Bull. 1079 (1998). 여기에서 은행지주회사법은 12 U.S.C. 1841(a)(2)(B)를 말하는 것으로 지배권을 행사하는 것은 (A)에서 25% 이상의 투표권 있는 지분 보유뿐 아니라 (B)에서 이사회의 다수를 선출하는 경우도 해당한다. 따라서 이사회를 구성함에 있어서 한 명 이상을 선출하지 못하도록 하는 것은 이사회에서 다수를 점하지 못하도록 하는 것으로서 이사회 참여를 제한하는 경우에 해당한다. 김자봉, ILC는 은산분리규제의 예외인가, 은행법연구 제11권 제2호 (2018.11); Pauline B. Heller, Melanie L. Fein, Scott Zesch, Federal Bank Holding Company Law, Law Journal Press (2003). 4−51. Sec. 4.05[2] 각주 2.2 참조.

34) 미국의 경우에는 <표 6−1>에서 보는 바와 같이 산업자본이라도 5% 미만은 미지배의 추정(presumption of no−control)에 따라 지분을 보유할 수 있다. 영국의 경우에는 영란은행에 중앙은행의 지위를 부여하면서 의회는 영란은행의 일체의 상업활동을 중지하는 방식으로 금산분리를 도입하였다(Michael S. Barr, Howell E. Jackson, and Maragret E. Tahyar(2016), Financial Regulation: Law and Policy, Foundation Press. P. 184.). 상업활동의 금지는 지배목적의 지분보유 유인을 없애는 효과를 낳는다. EU directive 2006/48/EC는 의결권 있는 은행주식을 직간접적으로 보유하고자 할 때는 감독당국으로부터 적격성 심사를 받도록 정하고 있고, 20%, 33%, 50%에 이르거나 초과할 경우 마찬가지로 적격성 심사를 받도록 하고 있다(Directive 2006/48/EC of the taking up and pursuit of the business of credit institutions). 이와 같이 미국, 영국, 유럽 등에서는 주식보유를 전면적으로 금지하는 것이 아니라 추정의 기준을 정하고 적격성 심사를 통해 결정하도록 하는 방식을 따른다.

제3부

금산분리의 발전

제7장

금산분리의 역사

I 금산분리의 역사

1. 베니스

역사적으로 금산분리는 중세 베니스에서 처음 시작되었다.[1] 은행의 시작이 베니스였으므로 금산분리는 은행의 시작과 함께 한 것이다. 베니스에서는 초기 은행들에서부터 건전성 유지와 독점 방지를 위해 은행의 수출입업무와 구리거래 등 비금융 상업활동이 금지되었다. 수출입업무나 구리 등의 거래는 부도위험이 높아 은행 건전성을 훼손해 은행을 위험에 빠뜨릴 수 있다고 판단되었다. 또한 금융적으로 우위를 가진 은행이 비금융 활동을 독점적으로 지배하여 공정경쟁을 훼손할 수 있다는 우려도 주된 이유였다. 금산분리의 시초가 된 베니스에서의 문제의식은 오늘날 금산분리의 문제의식 속에서도 여전히 살아 있다.[2]

베니스는 당대 가장 현대적인 도시국가였다. 1330년 경 베니스의 인구수는 파리에 견줄만하고 런던의 3배에 이르렀다. 베니스는 현금으로 이루어진 제국이었다. 화폐인 두카트(Ducats)는 당대의 달러화였다. 베니스는 중세의 기사를 새로운 유형의 영웅인 사업가들로 대체했다. 기업가들이 국가를 운영했다. 베니스는 수요공급의 법칙, 소비자선택의 필요성, 안정적인 통화, 상품의 적기 공급, 합리적인 법과 세금, 일관되고 통제된 장기정책의 적용 등 핵심적인 상업규칙들을 다른 누구보다 먼저 이해했다.[3] 베니스 경제의 토대 중 하나는 경제제도를 한층 포용적인 방향으로 이끌었던 계약제도의 혁신이었다. 가장 유명한 것은 코멘다(commenda)로 자본을 투자하는 파트너와 무역을 하는 사업 파트너 간 위탁계약 형식의 합자회사였다. 정치 및 경제제도의 개혁이 이루어져 독립

---

1) Krainer(2000), p. 16. "Early banks in Venice were not permitted to engage in certain import－export activities or trade in commodities such as copper and linens, partly for fear that these activities were too risky and partly for fear that banks would dominate the trade.

2) Krainer(2000), 위의 논문.

3) 로저 크롤리(우태영 번역), 500년 무역대국 부의 도시 베네치아, 다른세상, 2011. pp. 507－508.

치안판사, 법원, 상소법원이 신설되고 이에 기반하여 사적 계약 및 파산 관련 법이 만들어졌다. 이에 따라 다양한 사업과 계약이 발전했고 금융혁신도 급속도로 진행되어 근대적 은행 업무의 효시가 되었다.[4] 예대업무를 중심으로 하는 현대적 의미의 은행업무의 원형이 베니스에서 시작된 것이다.[5]

　　Bank of Venice는 1157년에 설립된 최초의 은행(public bank)이었다. 은행이 발행한 부채(public debt)는 오늘날의 정부와 은행이 발행한 부채처럼 지급의 수단(medium of payment)으로 활용되었고 예금과 자금 이체(deposits and transfers of money)의 핵심적인 수단이 되었다. 현대적인 의미의 은행예금의 원형이 된 것은 물론이다. 또한 베니스는 무역의 중심지로서 해외 통화 딜러업이 번창했다.[6]

　　13세기 이후 유럽에서는 은행의 파산(bank failures), 통화문제(currency problem), 버블과 관련한 금융위기가 주기적으로 발생하였다. 이에 따라 베니스를 포함한 나폴리, 제노아, 밀란 등은 공적 규제를 받는 은행시스템(public banks)을 제도화했다. 이들 은행은 비금융 상업활동을 할 수 없도록 금지되었다. 투기적 대출이 은행실패를 초래하는 것을 막기 위해 개인 및 기업 등에 대한 대출이 제한되었고 정부와 정부관련 기관들에 대한 대출만 허용되었다. 예금은 100% 현금로만 보유하도록 하였는데, 요즘의 개념으로 보면 내로우뱅크(narrow bank)에 해당하였다.[7]

　　1270년 은행들은 정부에 대한 자금지원을 위해 의무적으로 정부채권을 보유하도록 제도화되었다.[8] 1374년 상원(Venetian senate)은 은행의 위험한 활동

4) 대런 애쓰모글루, 제임 A 로빈슨, 국가는 왜 실패하는가, 시공사, 2013. pp. 225−228

5) Bernard Shull, The separation of banking and commerce in the United States: an examination of principal issues, OCC Economics Working Paper 1999−1 (1999).

6) Charles F. Dunbar, The Bank of Venice, Quarterly Journal of Economics, Apr., 1892, Vol. 6, No. 3 (Apr., 1892), pp. 308−335

7) Bernard Shull(1999) 위의 논문.

8) Bernard Shull(1999) 위의 논문.

을 제한하고 특정 상품에 대한 독점화 가능성을 억제하기 위해 은행이 구리, 주
석, 철, 납, 향신료 샤프론, 벌꿀 등의 거래에 참여하는 것을 금지하였다.[9]
1421년에서 1523년 사이에는 은행과 예금자에 대한 법적 이슈를 규정한 많은
법률들이 제정되었는데, 1450년 투기적 목적의 대출을 억제하기 위해 은(silver)
거래자에 대한 신용제공이 제한되었다. 1467년에는 대출 다변화(diversification)
를 위해 은행이 한 사람에게 대출할 수 있는 금액의 한도를 10 두카트(ducats)
로 제한하는 법이 제정되었다.

2. 영국

베니스에 이어 또 다른 중요한 사례는 영국의 영란은행이다. Krainer(2000)
와 Barr, Jackson, and Tahyar(2016) 등에 의하면,[10] 영란은행은 그 시작에서부
터 비금융 상업활동과 관련한 머천트뱅킹(merchant banking)이 금지되어 지속하
여 왔다. 그 이유는 베니스에서 은행의 비금융 상업활동 금지와 마찬가지로 영
란은행이 상업활동에서 독점적 지위를 가질 수 있다는 우려 때문이었다.[11] 영란
은행에 대한 이러한 비금융활동 금지는 영국에서 금산분리의 시작이 되었다.

1694년 영국 의회는 법제정을 통해 영란은행을 설립하였다. 영란은행은 왕
의 칙령(royal charter)에 의해 허락된 유한책임을 갖는 출자은행(joint-stock
bank with limited liability)이었으며, 이러한 출자은행 방식은 1826년에 이르기까

---

9) Charles F. Dunbar, the Bank of Venice, Quarterly Journal of Economics, Apr., 1892, Vol. 6, No. 3 (Apr., 1892), pp. 308-335

10) Michael S. Barr, Howell E. Jackson, and Maragret E. Tahyar(2016), P. 184; Bernard Shull, "The Separation of Banking and Commerce in the United States: an Examination of Principal Issues," *OCC Economics Working Paper*, 1999. 9-12면.

11) Shull(1999) 역시 마찬가지 사실을 지적하고 있다. Krainer(2000), 위의 논문: "the Bank of England's charter forbade it from trading in merchandise. This clause apparently was inserted in order to placate British merchants who worried that the bank's monopoly in creating bank notes would give it a competitive advantage in other commercial markets."

지 영국 내에서 유일한 것이었다.[12) 영란은행은 설립 후 당시 프랑스와의 전쟁 비용을 조달하는 정부에게 자금을 제공하는 역할을 하였다. 유럽 대륙과는 달리 형식적으로는 민간은행(private bank)이었는데 당시 왕 윌리엄과 여왕 메리(William and Mary)가 영란은행의 최초 주주였다. 영란은행은 비록 민간은행이었으나 목적은 공공의 선과 시민들의 이익을 촉진(promote the public Good and Benefit of our People)한다는 공적인 것이었고 영란은행의 업무활동은 정부와 의회에 의해 결정되었다. 영란은행은 처음 출범할 때 일반 고객으로부터 예금을 수취하는 통상의 은행업무를 영위했다. 영란은행의 주인이 개인 주주로부터 정부로 바뀌게 된 것은 1946이었으며 이때부터 영란은행 총재 임명권을 정부가 공식적으로 행사할 수 있게 되었다.[13)

영란은행은 인허가 당시 자신의 전체 자본금 120만 파운드를 정부에 당시 기준 저리(8%)로 제공하는 대신 요구불 약속어음(promissory notes payable on demand)을 발행하여 은행업을 할 수 있는 권한을 의회로부터 부여받았다. 영란은행은 영국 은행사에서 최초의 체계적인 은행이었고 그 이듬해 Bank of Scotland가 설립되어 1696년부터 영업을 시작했다. 영란은행 이전 영국에서의 은행은 금세공업자(goldsmith)가 하는 사업의 일부였고, 유럽 대륙의 공적 은행(public bank)과는 달리 민간은행(private bank) 방식으로 이루어졌다. 영란은행 설립 전에 영국은 대륙의 공적 은행에 대해 잘 알고 있었으나 영란은행을 민간은행으로 출범시켰다. 물론 형식으로는 민간은행의 인가(corporate charter)이지만 내용적으로는 화폐발행이라는 공적 기능을 사적 기관에 위임(delegation of public functions to private individuals)하는 것이었다. 이 위임에 의해 영란은행은 자신의 이름으로 소송의 주체가 되는 법적 책임과 권한을 가졌다. 영국에서는 금융만이 아니라 운송, 물, 교육 등 공공부문에 대한 정부의 공적 기능을 독점적 특권(monopoly privileges)의 형태로 민간부문에 위임하는 것은 통상적으로

---

12) Bank of England. https://www.britannica.com/topic/Bank-of-England
13) Bank of England: Our History. https://www.bankofengland.co.uk/about/history

있는 일이었다. 정부는 특권을 부여한 회사에 대해 과다부채를 막고 채권자를 보호하기 위해 자본금요건을 부과하였고 위임한 공적 기능이 제대로 작동하는지 모니터링하는 역할을 하였다.[14]

영란은행에 대한 은행권 발행의 독점권 부여는 많은 상인(merchants)들로부터 불공정경쟁 가능성에 대한 불만을 초래했다. 이에 타협의 산물로 영란은행의 비금융 상품의 거래 활동을 제한하기에 이르렀고 대신 은행권 발행의 독점(monopoly of bank note)은 지속되고 강화되었다.

영란은행을 기점으로 시작된 영국 은행시스템에서 금산분리는 명시적인 성문법적 규정보다는 영국의 전통적인 불문법적 방식에 근거하여 지속되고 있다. 명시적인 법적 근거가 없다는 점에서 은행과 기업이 상대방의 지분을 보유하여 소유·지배할 수 있는 것처럼 여겨질 수 있으나 전혀 그렇지 않다. 현실에서도 은행은 상대적으로 소규모의 벤처캐피탈 자회사를 제외하고는 일반 기업에 대한 지분을 보유하지 않는다. 금산분리를 위해 규제당국이 적용하는 명시적인 규제 절차는 적격성(fitness and propriety) 심사다. 중앙은행으로서 규제권한을 가진 영란은행은 은행이 기업의 투자결정을 지배하는 것에 대해 반대한다.[15]

3. 미국

미국의 금산분리에 대한 자세한 것은 제8장에서 다루므로 여기에서는 글로벌 차원의 금산분리 발전과정에서 미국의 역할과 위치에 대해 간략히 설명하는데 주안점을 둔다.

베니스 은행과 영국 영란은행에 대해 적용되었던 업무영역 제한은 미국의 금융역사 초기에도 등장하였다. 미국의 최초 은행은 1782년 미국 펜실베이니아 주의회가 승인한 북미은행(Bank of North America)인데, 주의회는 북미은행을 승

---

14) Bernard Shull(1999) 위의 논문.
15) Bernard Shull(1999) 위의 논문.

인하는 과정에서 북미은행의 비금융 활동과 부동산 보유 등을 금지하였다. Bernard Shull(1999)에 의하면,[16] 금산분리는 은행의 영업활동만이 아니라 산업자본의 금융 활동에 대한 제한으로까지 확대되었으며, 이에 따라 금산분리는 은행의 비금융 활동과 비금융회사의 금융 활동을 억제하는 것으로 확장이 되었다.

대공황 이후 업무영역 규제는 지배구조규제로 전환되었다. 지배구조규제를 처음 성문화한 법은 Glass-Steagall Act(Banking Act of 1933)로, 은행업과 기업 투자활동 간의 관계를 단절함으로써 은행 예금자의 이익과 주주의 이익 간 상충을 해소하고자 하였다. 이를 위해 증권회사 및 투자은행의 예금수취를 금지하고,[17] 상업은행의 증권매매, 인수를 금지[18]하는 것과 함께, 동일인이 투자은행과 상업은행에 동시에 임직원으로 고용되는 것을 금지함으로써 업무연계를 통한 사실상의 지배 가능성을 차단하였다.[19]

금산분리 목적의 소유에 대한 규제는 지배구조규제를 보완하는 수단으로 상대적으로 늦게 도입되었다. 지분한도를 처음 도입한 법은 1956년 미국 은행 지주회사법이다. 물론 지분한도의 도입이 지분한도만을 기준으로 하는 규제는 아니다. 지분보유에 따른 지배 가능성을 함께 고려하여 규제를 적용한다. 더 자세한 사항은 다음 장에서 논의하지만, 간략히 소개하면 은행에 대한 지분보유 규모가 5% 미만이면 은행을 지배하지 않는 것으로 추정하는 반면 25% 이상이면 지배하는 것으로 간주한다.[20]

---

16) Bernard Shull, The Separation of Banking and Commerce in the United States, FDIC Working Paper 1999-1, 1999, 3면.

17) Banking Act of 1933: Section 21(no deposit taking by security companies)

18) Banking Act of 1933: Section 16(no security business by banks)

19) Banking Act of 1933: Sections 20(no affiliation with security company), 32(no sharing officer or director). 2007년 당시 미국 예금보험공사 의장이었던 실라 베어(Sheila C. Bair)에 의하면, 금산분리는 산업과 금융의 결합에 의한 이해상충의 방지, 경제력 및 금융의 집중 억제, 그리고 금융회사의 건전성 유지를 위한 산업자본 모회사에 대한 감시체계(overseeing the parent company)이다. 이에 따라 금산분리를 위해서는 지배구조규제가 매우 중요하다.

20) Bank Holding Company Act of 1956, Section 2("Bank holding company" means any company (1) which directly or indirectly owns, controls, or holds with power to vote,

은행지주회사법 이후 미국에서 산업과 은행의 결합에 따른 문제점을 억제하기 위한 금산분리정책은 소유규제와 지배구조규제를 적절히 결합(mix)하는 정책수단을 활용한다. 소유규제는 산업자본에 의한 소유를 제한하는 것이고, 지배구조규제는 산업자본의 은행지배를 금지한다. 만일 소유규제가 소유의 전면금지이면 산업자본의 은행소유는 불가능하게 되고, 지배구조규제를 엄격히 실행하면, 산업자본이 대주주로서 은행의 지분을 보유하더라도 지배는 불가능하게 된다. 소유규제를 하더라도 지분보유의 전면금지가 아니라면 은행의 소유·지배구조에 따라서는 한도 내의 지분으로도 직간접적인 지배권을 행사할 수도 있다.

미국에서의 금산분리 발전 이후 미국뿐 아니라 영국 등 유럽에서의 금산분리 역시 지배구조규제와 소유규제를 결합하는 방식으로 이루어진다(유럽에 대한 상세한 사항은 바로 다음에 후술한다. 전통적으로 유럽에서는 지배구조규제를 중심으로 해왔고 소유규제는 최근에 확대 도입되었다).

미국의 금산분리는 1999년 금융현대화법(Gramm－Leach－Bliley Act) 이후 그 적용범위가 확대되었다. 금융현대화법에 의해 금융지주회사가 허용되어 단일 금융그룹이 은행, 증권, 보험업 등 모든 금융업을 영위할 수 있게 됨에 따라 기존의 separation of banking and commerce 원칙은 은행의 범위를 넘어 모름지기 금융 전 영역을 포함하는 것으로 확대되었다.[21]

---

25 per centum or more of the voting shares of each of two or more banks or of a company which is or becomes a bank holding company by virtue of this Act, or (2) which controls in any manner the election of a majority of the directors of each of two or more banks, or (3) for the benefit oi whose shareholders or members 25 per centum or more of the voting shares of each of two or more banks or a bank holding company is held by trustees; and for the purposes of this Act, any successor to any such company shall be deemed to be a bank holding company from the date as of which such predecessor company became a bank holding company...), Section 3("It shall be unlawful except with the prior approval of the Board (1) for any action...directly or indirectly own or control more than 5 per centum of the voting shares of such bank.")

21) Mark Olson, "Are banks still special?," remarks at the Annual Washington Conference

4. 유럽

　유럽에서의 금산분리는 유럽 은행의 특성을 반영한다. 유럽에서는 미국 등과 달리 은행이 은행법 뿐 아니라 증권업, 보험업을 모두 겸영·겸업하는 유니버설뱅킹 구조다. 이에 따라 금산분리는 유니버설뱅킹을 기준으로 은행부문만이 아니라 영위하는 모든 금융부문에 대하여 적용된다. 전업주의를 특징으로 하는 미국에서는 처음 금산분리가 도입될 때 은행을 대상으로 한 것과는 크게 다른 맥락이다. 미국이 금융지주회사제도를 도입함에 따라 확대된 금산분리가 유럽에서는 금융의 내부겸영[22] 체제 특성을 반영하여 이미 확대 시행되고 있었던 것으로 이해할 수 있다.

　유럽에서 발견되는 또 하나의 특징은 지배구조규제를 중심으로 한 금산분리가 미국보다 앞서서 도입된 것으로 이해할 수 있다는 점이다. 예를 들어 독일의 주식회사법은 미국에 비해 보다 엄격하여 소유와 지배의 분리를 가능하도록 한다. 이사회는 경영이사회와 감독이사회로 구분되고 이해관계자인 근로자대표를 포함하는 노사공동의 이사회로 운영되며 지배행위에 대한 감독기능을 엄격히 행한다. 연원으로 보면 사외이사를 중심으로 하는 지배행위에 대한 엄격한 감시기능이 미국보다 먼저 도입되었다. 이와 같이 독일에서는 이해관계자 관점에 기반한 이사회를 중심으로 소유와 지배의 분리를 가능하게 하는 지배에 대한 감시기능이 이루어져 산업자본에 의한 은행의 지배 및 은행에 의한 산업자본의 지배가 억제되었다. 비록 소유규제 자체는 미국보다 상대적으로 뒤늦게 도입되었지만 지배구조규제를 중심으로 하는 금산분리는 미국보다 앞섰고 보다 강하게 도입되어 왔다고 할 수 있다.

---

of the Institute of International bankers, Washington DC, BIS Review 20, 2006.

22) 영국에서 내부겸영은 1987년 빅뱅을 기점으로 하여 크게 확대되었다. Bernard Shull (1999), 11면; Richard Davies and Peter Richardson, Evolution of the UK banking system, Research and Analysis, Quarterly Bulletin, Bank of England, 2010 Q4.

유럽에서의 금산분리는 크게 EU Directive 2006/48/EC[23])를 전후로 하여 나눌 수 있다. EU Directive 2006/48/EC 이전에는 유럽 국가들 중 영국, 이태리[24]) 등의 국가들이 금산분리를 도입하였으나 독일, 프랑스 등 일부의 국가는 금융과 산업 간 지분보유를 허용하였다.[25]) 물론 지분보유를 허용하더라도 앞에서 지적한 바와 같이 독일에서는 근로이사와 사외이사를 중심으로 하는 지배행위에 대한 감독기능에 의해 소유와 지배의 결합은 제약되었다. 독일과 프랑스 등의 금산결합 유형은 다소 상이하였는 데 독일에서는 은행에 의한 기업지분 소유가 대부분이었다.[26][27]) 프랑스에서는 은행과 기업 간 주식의 상호보유보다는 은행지주회사가 은행과 기업을 모두 자회사로 보유하는 방식이었는데 다만 은행지주회사의 기업지분 보유는 50%에 현저히 미달하는 수준이었다.[28])

Directive 2006/48/EC가 도입됨에 따라 금산분리는 EU 전 회원국으로 확대되었다. 의결권 있는 은행 주식을 직간접적으로 보유하고자 하는 자는 먼저 감독당국에게 신고하여 적격성 심사를 받아야 하며, 그 대상은 은행 주식보유 규모가 20%, 33%, 50%에 이르거나 혹은 초과하거나 혹은 은행을 자회사로 두

---

23) Directive 2006/48/EC of the taking up and pursuit of the business of credit institutions. https://eur−lex.europa.eu/legal−content/EN/TXT/PDF/?uri=CELEX:32006L0048&from=EN. 성희석, '공정거래법상 일반지주회사의 금융·보험회사 보유제한 규제'에 대한 연구, 고려법학 제93호 (2019) 참조.

24) 베니스의 예에서 보았듯이 이태리는 금산분리가 탄생한 국가다.

25) The U.S. House of Representatives 101st Congress, An international comparison of banking regulatory structures, A staff study for the Committee on Banking, Finance, and Urban Affairs (1990)(이하 미 하원보고서), 12−14면.

26) 미하원보고서에 의하면, 기업에 의한 은행소유는 자동차 회사가 consumer finance를 목적으로 하는 등 특정 목적을 위한 경우 등이다. 은행 자산을 기준으로 비금융 기업이 보유한 은행은 약 5% 수준이다. 미 하원보고서, 17면. 각주 5.

27) 일본에서는 지분보유보다는 파트너십에 의한 계열(keiretsu)에 기반하여 금융과 산업이 느슨하게 연합함으로써 임원겸직, 공동이해 등을 추구하였다. "A group of companies, which may include a bank, may be loosely affiliated through shared directors, long−term financial and management interests, and small ownership interest in each other." 미 하원보고서, 18면.

28) "In practicec, however, French bank holding companies have tended to keep their ownership participations in commercial firms well below 50 percent." 미 하원보고서, 16면.

고자 하는 경우 등이다.29) 만일 적격성(suitability)을 충족하지 못할 경우 은행 지분을 보유할 수 없다. 적격성 심사의 기준은 은행을 건전하고 안정되게 운영 (sound and prudent management of a credit institution)할 수 있는지 여부다.30) 또한 은행 이사(directors)의 평판과 경험도 평가의 대상이다.31)

Ⅱ 금산분리 역사의 의미

금산분리의 역사가 주는 의미를 정리하면 다음과 같다.

첫째, 금산분리는 베니스에서 처음 은행이 역사에 등장하던 당시부터 시작되어 지금에 이르기까지 같은 이유로 여전히 중요한 규제원칙으로서 자리를 잡고 있다. 오랜 기간에 걸쳐 시대 상황의 변화에도 불구하고 존속함으로써 금산분리는 금융회사의 건전성을 유지하고 금융자원이 효율적으로 배분되고 공정경쟁이 실현되도록 하는 원칙으로서 깊이 자리를 잡았다고 볼 수 있다.

둘째, 금산분리의 정책목적은 여전히 확장적이다. 역사적으로 금산분리의 목적은 금융회사 특히 은행의 건전성과 공정경쟁을 대상으로 시작하였으며, 이후 시스템차원의 금융위기를 겪으며 증권업, 보험업 등을 포괄한 시스템 안정성 및 금융소비자보호 등을 새로운 목적으로 포함하기에 이르렀다.

셋째, 금산분리는 정책목적의 확장성에 부합하여 다수의 금융법률이 금융지배를 억제하는 정책수단으로서 위상을 갖게 되었다. 국내에서 금산분리를 도입하고 있는 법률은 은행법, 인터넷전문은행법, 보험업법, 금융지주회사법, 금융산업구조개선법, 자본시장법, 상호저축은행법 등 다양하다. 이들 법률이 담고 있는 금산분리 정책수단의 세 가지 범주는 소유규제, 지배구조규제, 업무범위규

---

29) Directive 2006/48/EC, Article 19
30) Directive 2006/48/EC, Article 12
31) Directive 2006/48/EC, Article 15.

제 등이며 구체적으로는 지분보유제한, 대주주거래 금지 혹은 제한, 업무범위제한, 신용공여 금지 혹은 한도, 상호출자금지 등을 포함한다.

넷째, 금산분리의 적용대상이 금융의 전 부문으로 확장된 것은 한편으로는 금융 겸영 및 겸업의 확대에 따른 결과이고 다른 한편으로는 금융안전망의 확대에 따른 결과다. 미국에서 1999년 금융현대화법의 제정으로 금융지주회사가 금융규제의 중심적인 대상이 됨에 따라 금산분리 역시 '본질적으로 은행업일 것'(Banking in nature) 대신에 '본질적으로 금융업일 것'(Financial in nature)을 기준으로 하게 되었다. 글로벌 금융위기를 거치면서 공적 안전망은 Goldman Sachs 등 투자은행도 그 적용 대상으로 확대하였으며, 우리나라에서도 1997－98년 금융위기를 거치면서 공적 안전망은 전 금융영역으로 확대되었다. 이에 따라 금융시스템 안정을 목적으로 하는 금산분리 역시 금융 전 부문을 대상으로 하게 되었다.

다섯째, 금산분리는 향후에도 그 중요성이 지속될 것으로 여겨진다. 금융이 기업의 성장에 필수적인 요소로 남아 있는 한 금융과 산업의 결합을 통한 금융의 건전성 및 안정성의 훼손, 기업의 독점적 지위추구를 억제하기 위한 수단으로서[32] 금산분리는 지속될 것이다. 글로벌 차원에서도 2006년 유럽의 Directive 도입에서 보듯이 금산분리를 도입한 국가의 수는 줄어들기보다는 오히려 늘어나고 있다.

금산분리는 실증적인 비용－편익 분석에 의해 뒷받침되어야 하는 공공정책이며, 실증분석 결과에도 찬반이 존재할 수 있다. 금산분리는 산업자본에 의한 금융지배[33]가 금융자원의 효율적 배분과 공정경쟁을 해친다는 것을 전제로 한다. 그런데 이러한 전제는 실증적으로 검증되고 논의되는 것이 바람직하다.

---

32) Mark Roe(1994).

33) 금융자본에 의한 산업의 지배 혹은 산업자본에 의한 금융의 지배 모두 궁극적으로는 효율적이고 공정한 자금의 배분 대신에 특정 기업의 자금지원에 금융이 이용된다는 점에서 궁극적으로는 금융지배가 문제의 핵심이다.

국내외에서 최근에 이르기까지 금산분리에 대한 실증적 연구가 제대로 이루어지지 못한 점은 지극히 아쉬운 점이다. 금산분리에 대한 논의가 실증적 분석에 기초하여 보다 깊이 이루어질 필요가 있다.

미국의 금산분리

I 금산분리 정책수단

1. 미 은행지주회사법상 금산분리

현행 미국에서 금산분리를 구체적으로 정한 연방법은 은행지주회사법[1]이
다. 은행지주회사는 은행을 지배하거나 혹은 은행지주회사를 지배하는 회사를
말하며,[2] 은행이 아닌 회사를 직간접적으로 소유하거나 지배할 수 없다.[3] 은행
지주회사는 은행지주회사가 된 지 2년을 초과하여 은행 혹은 은행지주회사가
아닌 회사의 의결권 있는 주식을 직간접적으로 소유하거나 지배할 수 없고, 은
행업 혹은 은행 및 다른 자회사의 경영과 지배에 필요한 활동 이외의 활동에
종사해서는 안 되며, 다만 부수적인(incidental) 업무는 허용될 수 있다.[4]

미국 은행지주회사법[5]상 금산분리는 소유와 지배간의 추정적 관계를 전제
로 한 소유규제와 지배구조규제를 결합 방식을 담고 있다. 이에 따르면 미 은행
지주회사법은 특정의 허용 가능한 지분 범위를 구간별로 정하되, 특정 지분범
위 내에서도 지배가 이루어지고 있는 것으로 간주 혹은 추정되는지 여부를 궁
극적인 기준으로 하여 허용여부를 결정한다. 최소 지분한도 범위에서는 지배하
지 않는 것으로 추정(rebuttable presumption)하여 지분보유를 허용하나 허용 후
에라도 지배하는 행위가 입증될 경우에는 지분보유가 금지된다. 또한 최고 한
도를 초과하는 경우에는 그 지분보유 자체를 지배로 간주하여 지분보유를 금지

---

1) 12 U.S. Code 1841–1843.

2) 12 U.S. Code 1841 (a)(1)

3) 12 U.S. Code 1843 (a)(1)

4) 12 U.S. Code 1843 (a)(2): "no bank holding company shall retain direct or indirect
   ownership or control of any voting shares of any company which is not a bank or
   bank holding company or engage in any activities other than (A) those of banking or
   of managing or controlling banks and other subsidiaries authorized under this chapter
   or of furnishing services to or performing services for its subsidiaries, and (B) those
   permitted under paragraph (8) of subsection (c) of this section subject to all the
   conditions specified in such paragraph or in any order or regulation issued by the
   Board under such paragraph."

5) 12 U.S.C. 1841(a)(2)–(3).

표 8-1 미국 은행지주회사법상 소유와 지배의 추정적 관계와 정책판단기준

지분범위	지배와의 관계	정책판단
25% 초과	지배 간주: 지배가 있는 소유 간주	불허
5% 이상 ~25%	지배 추정: 지배가 있는 소유 추정	강한 조건부 허용
5% 미만	비지배 추정: 지배 없는 소유 추정	약한 조건부 허용

한다. 최소한도와 최고한도 사이의 범위에서는 지배하지 않는 것으로 추정될 수 있는 조건에서만 지분보유를 허용한다. 따라서 미 은행지주회사법은 궁극적으로 지배 가능성을 가장 중요한 기준으로 하여 그러한 가능성이 없는 경우에만 산업자본의 은행지분 보유를 허용한다고 요약할 수 있다. 간단히 말하면, 은행지주회사의 지배 여부는 지분보유 규모 및 사실상의 지배여부를 기준으로 판단하는 것이다.[6]

예를 들어, <표 8-1>에서 보는 바와 같이 직간접적이든 몇 인의 타인을 통해서든 25% 이상의 의결권을 소유하거나 이사회를 지배하거나 혹은 투표권을 행사하는 것은 지배로 간주된다.[7] 5% 미만의 의결권에 대해서는 지배력을 갖지 않는 것으로 추정(presumption)하며 이는 반증가능하다.[8] 보유지분 5~25% 범위에 대해서는 엄격한 지배구조규제가 적용되는데, 예를 들면 지분보유 규모와 관계없이 지분을 대표하는 이사를 한 명 이상 둘 수 없고, 은행의 배

[6] 12 U.S. Code 1841 (a)(1)

[7] 12 U.S. Code 1841 (a)(2)(A)~(C): (2)Any company has control over a bank or over any company if— (A) the company directly or indirectly or acting through one or more other persons owns, controls, or has power to vote 25 per centum or more of any class of voting securities of the bank or company; (B) the company controls in any manner the election of a majority of the directors or trustees of the bank or company; or (C) the Board determines, after notice and opportunity for hearing, that the company directly or indirectly exercises a controlling influence over the management or policies of the bank or company.

[8] 반증가능한 추정은 5% 미만이라도 사실상의 지배가 가능할 수 있음을 전제한다. 12 U.S. Code 1841 (a)(3): For the purposes of any proceeding under paragraph (2)(C) of this subsection, there is a presumption that any company which directly or indirectly owns, controls, or has power to vote less than 5 per centum of any class of voting securities of a given bank or company does not have control over that bank or company.

당, 대출, 투자, 가격결정, 인사결정 혹은 여타 운영에 개입할 수 없다.[9] 다시 말하면, 5%에서 25%에 이르는 범위에 대한 지배구조규제의 기준점은 비지배로 추정되는 '5% 미만'인 것이다.

법적 권리간 충돌 가능성의 해소를 목적으로 하는 금산분리에 대한 법리적 해석관점에 의하면, 미 은행지주회사법상 금산분리는 일정 수준의 지분보유에 기한 물권적 지배권의 해소를 목적으로 한다는 점에서 법적 권리 간 충돌 가능성을 해소 내지는 최소화한다고 볼 수 있다.[10] 주주권이 채권과 충돌을 하는 것은 주주권이 지배를 목적으로 하는 경우에 발생하는 것이므로 주주권의 지배 추구를 제한하는 것은 법적 권리 간 충돌 가능성을 제한하는 효과를 낳을 수 있다.

금융현대화법(Gramm-Leach-Bliley Act) 법은 Glass-Steagall Act의 은산분리를 금산분리로 확대한 것으로 평가된다.[11] 금융현대화법은 Glass-Steagall Act의 은행의 증권업무 제한을 폐지하고, 금융지주회사로 하여금 증권 및 보험 업무 등 본질적으로 금융활동이거나 부수적인 활동(financial in nature or incidental to such financial activity), 혹은 예금기관 혹은 금융시스템에 심각한 위험을 초래하지 않는 보완적인 활동을 영위할 수 있도록 하였다.[12]

---

9) 자세한 사항은 뒤에서 다시 상술.

10) 인터넷전문은행법상 금산분리에 대한 법리적 해석 관점의 평가에서도 바로 이점이 핵심이 될 수 있다. 채권과 충돌할 수 있는 물권적 지배권의 잠재적 가능성이 있는지, 있다면 이 가능성이 해소되어 있는가 하는 것이다. 예를 들면, 권리 간 충돌 가능성이 있다면 의결권 한도를 제한하거나 혹은 이사회 참여를 제한하는 기준 등이 법적으로 도입되어 있는지 여부가 관건이라고 할 수 있다.

11) U.S. Department of Treasury(1999), STATEMENT BY PRESIDENT BILL CLINTON AT THE SIGNING OF THE FINANCIAL MODERNIZATION BILL.
https://www.treasury.gov/press-center/press-releases/Pages/ls241.aspx

12) 12 U.S. Code 1843(k): "Engaging in activities that are financial in nature. (1) In generalNotwithstanding subsection (a), a financial holding company may engage in any activity, and may acquire and retain the shares of any company engaged in any activity, that the Board, in accordance with paragraph (2), determines (by regulation or order)— (A)to be financial in nature or incidental to such financial activity; or (B) is complementary to a financial activity and does not pose a substantial risk to the

금융지주회사의 금융활동은 현저한 수준(predominantly financial)을 유지해
야 한다.13) 현저한 금융활동 수준은 연결기준에 따라 본질적으로 금융활동이거
나 부수적인(financial in nature or incidental) 활동으로부터의 연간 총수익이 금융
지주회사와 모든 자회사의 총수익의 최소 85% 수준에 이른 것을 말한다. 이 기
준에 의하면, 금융지주회사는 비금융 활동 가운데 심각한 위험을 초래하지 않
는 보완적인 활동을 15% 수준까지 영위할 수 있다.

은행지주회사법은 조건부 승인(conditional approval)의 하나로 ILC(industrial
loan company 혹은 industrial bank) 예외제도를 도입하고 있는데,14) 요구불예금
수취 불가, 총자산규모 1억 달러 미만, 혹은 지배주주 변동 불가 등의 요건을
충족해야 한다.15)

2. 은행지주회사법상 주요 정책수단

미국 은행지주회사법상 금산분리원칙의 정책 수단은 다음과 같다. 첫째,
산업자본의 은행지분 보유한도 규제와 지배구조규제, 둘째, 은행업무 범위 제한,
셋째, 통합감독, 넷째, 조건부승인제도, 다섯째, 사후규제 등이다.

가. 은행지분 보유한도 규제와 지배구조규제

지분한도 규제는 미국 은행 역사상 최초의 은행인 1787년 설립된 Bank of
North America에서부터 시작되었으며, 산업자본이 은행의 모회사, 자회사 혹
은 어떤 형태의 관련 기업 등 은행과 연관되는 것을 금지하였다.16) 산업자본이

---

safety or soundness of depository institutions or the financial system generally."
13) 12 U.S. Code 1843(n)(2).
14) 12 U.S. Code 1841(c)(2)(H)
15) 자세한 사항은 김자봉, ILC는 은산분리의 예외인가, 은행법연구 제11권 제2호, 2018. pp.
   215－217.
16) Arthur E. Wilmarth, Jr., "Wal－Mart and the Separation of Banking and Commerce,"

은행의 자회사, 모회사가 된다는 것은 산업자본과 은행이 지분관계를 갖는다는 것을 의미한다.

현행 은행지주회사법의 규정을 보면, 산업자본의 지분이 일정 수준(25%)을 넘으면 산업자본이 지배력을 갖는 것으로 간주하여 금지하고, 또 다른 일정 수준(5%) 미만이면 지배력을 갖지 않는 것으로 '반증 가능한 추정'(rebuttable presumption) 원칙을 적용하여 산업자본의 은행지분 보유를 허용한다.[17]

여기서 반증 가능한 추정이란 반증이 없으면 가정한 바대로 인정한다는 법원의 증거채택 기준으로, 반증이 있으면 언제든 부정될 수 있다. 따라서 5% 미만이라고 하여도 그것이 반드시 산업자본이 지배력을 행사하지 않는다고 간주되지는 않는다. 5% 미만이더라도 필요시 심사와 금지의 대상이 될 수 있다.

5% 이상에서 25%에 이르는 지분에 해당하는 경우 감독당국은 산업자본이 지배력을 행사하는지 여부를 조사한 후 승인여부를 결정하며 그 요건충족이 유지되어야 한다. 감독당국의 조사기준은 다음과 같다.[18]

---

39 Conn. L. Rev. 1539, 1617 – 19. Cutler and Jackson(2017)에서 재인용. p. 8. 인용자료에 의하면, "banks have generally been prohibited from affiliating with commercial firms, either as parents, subsidiaries, or affiliates"라고 하는데 산업자본으로 하여금 일체의 은행 지분보유 자체를 금지한 것인지 아니면 현행 미국 은행법과 같이 어느 정도 한도를 두어 제한한 것인지 여부는 명확하지 않다.

17) 12 U.S.C. 1841(a)(2) – (3)

    (a) (2) Any company has control over a bank or over any company if—

        (A) the company directly or indirectly or acting through one or more other persons owns, controls, or has power to vote 25 per centum or more of any class of voting securities of the bank or company;

        (B) the company controls in any manner the election of a majority of the directors or trustees of the bank or company; or

        (C) the Board determines, after notice and opportunity for hearing, that the company directly or indirectly exercises a controlling influence over the management or policies of the bank or company

    (3) For the purposes of any proceeding under paragraph (2)(C) of this subsection, there is a presumption that any company which directly or indirectly owns, controls, or has power to vote less than 5 per centum of any class of voting securities of a given bank or company does not have control over that bank or company.

18) Charter One Financial, Inc., 84 Fed. Res. Bull. 1079 (1998). Charter One Financial,

(1) 회사의 임직원, 이사 등이 개별적으로 은행지분을 추가로 보유하는지 여부

(2) 회사가 한 명 이상을 은행이사로 두고 있는지 여부

(3) 회사의 임직원, 이사, 피고용자 등이 은행의 임직원, 이사, 피고용자로 겸임하고 있는지 여부

(4) 회사가 은행의 주주에 대하여 위임장경쟁(proxy contest)에 관여하는지 여부[19]

(5) 회사가 은행 경영진의 지명에 반대하여 한 명 이상의 이사를 제안하는지 여부

(6) 회사가 은행의 배당, 대출, 투자, 가격결정, 인사결정, 혹은 여타 운영에 개입하는지 여부

(7) 회사가 은행과 더불어 비즈니스 관계를 맺고 있는지 여부

(8) 회사가 은행의 작위 혹은 부작위를 이유로 은행지분을 처분하는지 혹은 처분하겠다고 위협하는지 여부

미국 은행지주회사법상 금산분리원칙의 핵심은 궁극적으로 산업자본의 은행지배를 금지하는 것이다. 위에서 살펴본 바와 같이 금산분리규제를 위하여 소유규제와 지배구조규제를 독립적으로 활용하지만, 실질적으로는 산업자본이 얼마의 지분을 갖는가 하는 것 자체보다는 실질적으로 은행을 지배하는지 여부가 핵심적인 판단기준이다. 산업자본이 은행지분을 전혀 보유해서는 안 된다는 것이 아니라 산업자본이 은행지분을 보유하더라도 은행을 지배해서는 안 된다는 것이다.

Inc.의 자회사은행 및 자회사의 비은행 자회사 인수허용과 지주회사 인허가 신청에 대한 감독당국의 인허가 심사결과 사례 보고서. 1998.

19) 산업자본 모회사가 자신 명의의 지분 이외에 소액주주를 우호적인 지분으로 만들기 위해 행하는 위임장 확보경쟁은 (1)의 경우와 취지상 차이가 없다고 할 수 있다.

나. 은행과 은행지주회사 업무범위의 제한

미국 은행법상 업무범위를 처음 성문법으로 제한한 것은 글래스-스티걸법과 금융현대화법이다. 글래스-스티걸법은 은행의 금융업무 허용범위를 은행법이 정의한 것으로만 국한하고 증권 및 보험을 통해 산업자본이 간접적으로라도 은행에 대하여 지배력을 행사하지 못하도록 하였다. 금융현대화법은 은행지주회사에 대하여 은행-증권-보험 서비스의 동시 영위를 인정하되 산업자본과의 관련성을 갖는 비금융적 활동을 제한한다.[20]

은행의 활동영역을 제한하는 것은 이미 앞에서 살펴보았듯이 금융 역사상 은행이 최초 등장할 때에도 마찬가지였다. 은행이 금융의 역사에 처음 등장한 것은 12세기 베니스인데 은행이 산업자본과 결합할 경우 은행의 건전성을 해치고 불공정한 경제력 집중이 발생할 수 있다는 이유로 산업자본과의 관련성을 가질 수 있는 비금융업무를 제한하였다.[21] 그 다음의 사례는 17세기 영국의 영

---

20) GLB Act는 금융지주회사의 설립을 허용하고 "incidental or complementary non financial activities"를 포함한 모든 형태의 금융업무를 허용하는 반면 비금융업무는 금지하였다. 12 u.s.c. 1843(n), (o). 이러한 이유로 인하여 Gramm-Leach-Bliley Act의 비금융업무의 제한은 Glass-Steagall Act의 은산분리를 금산분리로 확대하였다는 평가도 있다. U.S. Department of Treasury(1999), STATEMENT BY PRESIDENT BILL CLINTON AT THE SIGNING OF THE FINANCIAL MODERNIZATION BILL. "SEN. SARBANES: I very much want to thank the president. Early on he laid out very important guidelines with respect to this legislation, the standards that would have to be met: protecting the safety and soundness of the system, providing a choice for the financial institutions as to how they organize themself, strengthening the separation between banking and commerce, protecting the consumer, and preserving the relevance of the Community Reinvestment Act....SEC. SUMMERS: President Clinton laid down four principles as necessary for financial modernization: the preservation of the vitality of the Community Reinvestment Act, effective consumer protections, business choice, and continued separation of banking and commerce. With his strong and determined leadership, the bill we will sign today meets all of these principles and takes a major step towards preparing our financial system for the future." https://www.treasury.gov/press-center/press-releases/Pages/ls241.aspx

21) John Krainer(2000), The separation of banking and commerce, FRBSF Economic Review, p.16

란은행으로, 베니스에서와 마찬가지 이유로 영란은행의 비금융업무를 제한하였
으며22) 영국에서 금산분리원칙이 도입되는 법형식은 불문법이었다. 미국 역시
처음 은행이 설립되는 18세기에는 영국에서와 마찬가지로 불문법원리에 따라
시행되었다. 하지만 대공황을 거치면서 1932년 글래스－스티걸법의 이름으로
National Bank Act of 1863에 정식으로 성문화되었다.23)

　　산업자본의 지분한도 규정을 적용받지 않는 ILC의 경우에도 업무범위는
제약을 받는다. Federal Reserve Act, Section 23A,24) 23B는 모회사(the parent

---

22) Bernard Shull(1999), The Separation of Banking and Commerce in the United States: an Examination of Principal Issues, OCC Economics Working Paper 1999－1. pp. 9－12.

23) 앞에서 살펴본 지분한도에 대한 규정이 처음으로 성문화된 것은 1956년 은행지주회사법이다.

24) Section 23A. Relations with affiliates
　(a) Restrictions On Transactions With Affiliates.
　　1. A member bank and its subsidiaries may engage in a covered transaction with an affiliate only if－－
　　　A. in the case of any affiliate, the aggregate amount of covered transactions of the member bank and its subsidiaries will not exceed 10 per centum of the capital stock and surplus of the member bank; and
　　　B. in the case of all affiliates, the aggregate amount of covered transactions of the member bank and its subsidiaries will not exceed 20 per centum of the capital stock and surplus of the member bank.
　　2. For the purpose of this section, any transaction by a member bank with any person shall be deemed to be a transaction with an affiliate to the extent that the proceeds of the transaction are used for the benefit of, or transferred to, that affiliate.
　　3. a member bank and its subsidiaries may not purchase a low－quality asset from an affiliate unless the bank or such subsidiary, pursuant to an independent credit evaluation, committed itself to purchase such asset prior to the time such asset was acquired by the affiliate.
　　4. Any covered transactions and any transactions exempt under subsection (d) between a member bank and an affiliate shall be on terms and conditions that are consistent with safe and sound banking practices.
　　https://www.federalreserve.gov/aboutthefed/section23a.htm
　Section 23B. Restrictions on Transactions with Affiliates
　(a) In General.
　　1. Terms. A member bank and its subsidiaries may engage in any of the transactions described in paragraph (2) only－－

company)를 포함한 계열회사(affiliates)와의 은행거래를 제한하고, 연준 Regulation O는 은행 내부자(bank insider)에 대한 대출을 제한하는데, 이러한 규제는 은행, 저축은행, 지주회사 및 여타 부보기관과 마찬가지로 ILC에게도 적용된다.25)

> A. on terms and under circumstances, including credit standards, that are substantially the same, or at least as favorable to such bank or its subsidiary, as those prevailing at the time for comparable transactions with or involving other nonaffiliated companies, or
> B. in the absence of comparable transactions, on terms and under circumstances, including credit standards, that in good faith would be offered to, or would apply to, nonaffiliated companies.
> 2. Transactions Covered. Paragraph (1) applies to the following:
> A. Any covered transaction with an affiliate.
> B. The sale of securities or other assets to an affiliate, including assets subject to an agreement to repurchase.
> C. The payment of money or the furnishing of services to an affiliate under contract, lease, or otherwise.
> D. Any transaction in which an affiliate acts as an agent or broker or receives a fee for its services to the bank or to any other person.
> E. Any transaction or series of transactions with a third party ──
> i. if an affiliate has a financial interest in the third party, or
> ii. if an affiliate is a participant in such transaction or series of transactions.
> 3. Transactions That Benefit An Affiliate. For the purpose of this subsection, any transaction by a member bank or its subsidiary with any person shall be deemed to be a transaction with an affiliate of such bank if any of the proceeds of the transaction are used for the benefit of, or transferred to, such affiliate.
> https://www.federalreserve.gov/aboutthefed/section23b.htm

25) ILC에 대한 좀 더 자세한 사항은 후술한다. 위의 내용과 관련한 인용 원문은 다음과 같다: "Stand-alone banks, savings associations, bank and thrift holding company subsidiaries, industrial loan companies, and other FDIC-insured entities are subject to Sections 23A and 23B of the Federal Reserve Act, which limits bank transactions with affiliates, including the parent company.2 Federal Reserve Regulation O places limitations on loans to bank insiders and applies to all insured banks.3 The Prompt Corrective Action regulations required under the Federal Deposit Insurance Act (FDI Act) mandate progressively severe sanctions against any insured bank whose owners fail to maintain adequate capitalization in that bank.4 These and other safeguards described in this article constrain the degree to which a parent company or its subsidiaries can undertake transactions with, or divert capital from, an insured institution." https://www.fdic.gov/regulations/examinations/supervisory/insights/sisum04/sisummer04-article1.pdf

다. 통합감독(consolidated supervision)

미국 은행법, 은행지주회사법 등은 통합감독의 근거를 마련하고 있다. 통합감독은 은행의 안전성, 건전성, 소비자보호 등을 판단함에 있어서 은행으로만 국한하지 않고 은행과 직간접으로 연관을 맺는 모든 종류의 계열회사(institutions-affiliates)을 포함하는 것을 말한다.

각 해당법상 12 U.S.C. Sec. 481(연준의 은행, 주 은행 등),[26] 1464(d)(1)(B)(i)(저축은행),[27] 1820(b)(4)(A)(FDIC),[28] 1831v(b)(보험, 증권 등 지주회사의 비은행 자회사),[29] 1844(c)(2)(소비자보호 목적의 CFPB)[30] 등이 관련 내용을 정하고 있

---

[26] 12 U.S.C. Sec. 481(FRB의 은행, 주 은행, trust companies 등 조사) : "The examiner making the examination of any affiliate of a national bank shall have power to make a thorough examination of all the affairs of the affiliate, and in doing so he shall have power to administer oaths and to examine any of the officers, directors, employees, and agents thereof under oath and to make a report of his findings to the Comptroller of the Currency."

[27] Sec. 1464(d)(1)(B)(i)(저축은행): "(B) Ancillary provisions
(i) In making examinations of savings associations, examiners appointed by the appropriate Federal banking agency shall have power to make such examinations of the affairs of all affiliates of such savings associations as shall be necessary to disclose fully the relations between such savings associations and their affiliates and the effect of such relations upon such savings associations. For purposes of this subsection, the term "affiliate" has the same meaning as in section 2(b) of the Banking Act of 1933 [12 U.S.C. 221a(b)], except that the term "member bank" in section 2(b) shall be deemed to refer to a savings association."

[28] Sec. 1820(b)(4)(A)(FDIC): "(4) Examination of affiliates
(A) In general In making any examination under paragraph (2) or (3), any examiner appointed under paragraph (1) shall have power, on behalf of the Corporation, to make such examinations of the affairs of any affiliate of any depository institution as may be necessary to disclose fully—
(i) the relationship between such depository institution and any such affiliate; and
(ii) the effect of such relationship on the depository institution."

[29] 1831v(b)(보험, 증권 등 지주회사의 비은행 자회사):"(b) Certain exemption authorized. No provision of this section shall be construed as preventing the Corporation, if the Corporation finds it necessary to determine the condition of a depository institution for insurance purposes, from examining an affiliate of any depository institution, pursuant to section 1820(b)(4) of this title, as may be necessary to disclose fully the relationship between the depository institution and the affiliate, and the effect of such

다. 이러한 통합감독은 인가 후 은행이 애초에 정한 규제기준에 부합하고 있는
지, 그러한 취지를 위배하지는 않는지 여부를 모든 종류의 계열회사와의 연관
성을 대상으로 하여 감독하는 수단이다.

    예를 들어 연준의 은행 등에 대한 통합감독규정 12 U.S.C. Sec. 481에 의
하면, 조사관은 모든 계열사의 업무 및 행위(the affairs of all affiliates)와 임직원
및 이사 등에 대해 철저한 조사(thorough examination)를 행할 권한을 가지고,
사법적 판단의 증거로 제시될 수 있는 절차(power to administer oaths)로써 조사
를 행하며 그 결과를 통화감독청에 보고한다. 이러한 권한과 절차는 저축은행,
보험, 증권, 소비자보호 등에 대하여 모두 마찬가지다.

라. 조건부 승인제도

    조건부 승인(conditional approval) 제도는[31] 예외적인 사업의 영위, 위험의

---

    relationship on the depository institution."

30) Sec. 1844(c)(2)(소비자보호 목적의 CFPB) : "(A) In generalSubject to subtitle B of the
    Consumer Financial Protection Act of 2010 [12 U.S.C. 5511 et seq.], the Board may
    make examinations of a bank holding company and each subsidiary of a bank
    holding company in order to—
    (i) inform the Board of—
    (I) the nature of the operations and financial condition of the bank holding
         company and the subsidiary;
    (II) the financial, operational, and other risks within the bank holding company
         system that may pose a threat to—
     (aa) the safety and soundness of the bank holding company or of any
          depository institution subsidiary of the bank holding company; or
     (bb) the stability of the financial system of the United States; and
    (III) the systems of the bank holding company for monitoring and controlling the risks
         described in subclause (II); and
    (ii) monitor the compliance of the bank holding company and the subsidiary with—
    (I) this chapter;
    (II) Federal laws that the Board has specific jurisdiction to enforce against the
         company or subsidiary; and
    (III) other than in the case of an insured depository institution or functionally
         regulated subsidiary, any other applicable provisions of Federal law."
31) 12 U.S.C. Sec. 1818(a)(8)[termination of insurance], (b)[cease and desist
    proceedings], (e)[removal and prohibition authority], (i)(2)[jurisdiction and

인수 등에 대하여 자본금의 추가적립, 전문가채용, 사업방식의 제한 등을 조건
으로 허용하는 제도다.

조건부 승인은 해당 사업목적이 선의(good faith)이고 규모가 작아 시스템
위험 우려가 없고 이노베이션의 가능성을 수용하기 위한 것이며, 만일 이러한
목적과 조건을 위배하거나 시스템위험에 우려되는 수준에 이르면 조건부 승인
을 취소 혹은 제한한다.

조건부 승인의 한 가지 예는 ILC이다.[32] ILC는 20세기 초 금융접근성이
취약한 근로계층의 금융적 상호부조(financial self-help)를 위한 것이었다. 처음
에는 예금을 받지 않았고 증권(investment certificates)발행으로 자금을 조달하였
다. 최초 ILC는 1910년 Fidelity Savings and Trust Company in Virginia이다.

ILC에 대한 예외제도는 은행지주회사법이 명시하고 있다.[33] '은행의 균등

---

enforcement; penalty]. "condition imposed in writing"이 바로 조건부 승인을 일컫는다.
예를 들어 Sec. 1818(b): "(b) Cease-and-desist proceedings (1) If, in the opinion of
the appropriate Federal banking agency, any insured depository institution, depository
institution which has insured deposits, or any institution-affiliated party is engaging
or has engaged, or the agency has reasonable cause to believe that the depository
institution or any institution-affiliated party is about to engage, in an unsafe or
unsound practice in conducting the business of such depository institution, or is
violating or has violated, or the agency has reasonable cause to believe that the
depository institution or any institution-affiliated party is about to violate, a law,
rule, or regulation, or any condition imposed in writing by a Federal banking agency
in connection with any action on any application, notice, or other request by the
depository institution or institution-affiliated party, or any written agreement entered
into with the agency, the appropriate Federal banking agency for the depository
institution may issue and serve upon the depository institution or such party a notice
of charges in respect thereof." 관련 판례로는 *Securities Industry Association v. Board
of Governors of the Federal Reserve System*, 839 F.2d 47, (2d Cir.), cert. denied, 486
U.S. 1059 (1988). *First Bancorporation v. Board of Governors of the Federal Reserve
System*, 728 F.2d 434 (10th Cir. 1984). 통화감독청의 conditional approval 결정사례는
아래 웹에서 검색할 수 있다:
https://www.occ.treas.gov/topics/licensing/interpretations-and-actions/2011/ca983.p
df

32) ILC에 대한 상세한 설명은 다음 장에서 다룬다. 여기에서는 조건부 승인제도 관련한 부분
    만 논의한다.

33) 12 U.S.C. Sec. 1841(c)(2)(H). ILC와 마찬가지로 은행지주회사법상 예외를 적용받는 금융

경쟁에 관한 법'(Competitive Equality Banking Act of 1987, CEBA)의 제정은 은행법의 정의상 허점을 이용해 등장하였던 소위 비은행 은행(nonbanks bank)을 모두 제거하였는데, ILC에 대한 예외는 여전히 유지되었다.[34]

은행지주회사법상 ILC에 대한 예외는 ILC를 소유 지배하는 산업자본 모회사에 대하여 은행지주회사법상의 은행지주회사 규제를 적용하지 않는다는 것이다. 다만, 은행지주회사법상 예외대상 ILC는 은행지주회사로서의 규제를 적용받지 않는 반면 주 법(state law)에 따른 인가를 받은 예금보험공사 부보예금기관이어야 하며 한정허가회사로서[35] 다음 세 가지 조건 중 하나를 충족해야 한다.

기관으로는 Limited—purpose credit card bank, municipal deposit bank (12 U.S.C. Sec. 1841(a)(5)(E)), S&L or thrifts (12 U.S.C. Sec. 1841(c)(2)(B), 1841(j)), trust banks (12 U.S.C. Sec. 1841(c)(2)(D)) 등이 있다.

12 U.S.C. Sec. 1841(c)(2)(H). (H) An industrial loan company, industrial bank, or other similar institution which is—(i) an institution organized under the laws of a State which, on March 5, 1987, had in effect or had under consideration in such State's legislature a statute which required or would require such institution to obtain insurance under the Federal Deposit Insurance Act [12 U.S.C. 1811 et seq.]—

(I) which does not accept demand deposits that the depositor may withdraw by check or similar means for payment to third parties; (II) which has total assets of less than $100,000,000; or (III) the control of which is not acquired by any company after August 10, 1987; or

(ii) an institution which does not, directly, indirectly, or through an affiliate, engage in any activity in which it was not lawfully engaged as of March 5, 1987, except that this subparagraph shall cease to apply to any institution which permits any overdraft (including any intraday overdraft), or which incurs any such overdraft in such institution's account at a Federal Reserve bank, on behalf of an affiliate if such overdraft is not the result of an inadvertent computer or accounting error that is beyond the control of both the institution and the affiliate, or that is otherwise permissible for a bank controlled by a company described in section 1843(f)(1) of this title.

34) Joshua Cutler and Howell Jackson (2017), Wal—Mart and Banking, Harvard Law School.

35) 이러한 제한된 조건 하에서 승인되는 부보예금기관이라는 점에서 nonbank bank와 함께 한정허가회사(limited charter entity)로도 불린다. 물론 nonbank bank는 1987년 이래 소멸되었다. FDIC Office of Inspector General(2004), *The Division of Supervision and Consumer Protection's Approach for Supervising Limited—Charter Depository Institutions* (Report No. 2004—048, Sept. 30, 2004). GAO report92005), p. 85. https://www.fdicig.gov/publications/reports04/04—048_supplement.shtml

(1) 요구불예금을 수취하지 않는다.[36] (2) 총자산의 규모는 1억 달러 미만이어야 한다. (3) 1987년 이후 지배주주의 변동이 없어야 한다.

　가장 많은 ILC가 인가승인을 받은 Utah 주의 정부가 ILC 인가 시 요구하는 조건부 승인의 요건은 다음과 같다.[37] (1) ILC 신청자(organizer)의 건전한 성격, 평판, 금융능력(financial standing); (2) 자본금(source of capital); (3) 사외이사 중심의 이사회; (4) 이사회와 경영진에 의한 자율적 의사결정과 책임(autonomous decision-making authority and responsibilities); (5) 모회사로부터의 독립; (6) ILC 사업계획; (7) 예금보험공사 예금보험; (8) 계열회사와의 거래를 제한(restrictions on transactions with affiliates)하는 Federal Reserve Act Sec. 23A, 23B 준수 등이다.

　예금보험공사 역시 ILC에 대한 부보예금기관 인가 신청에 대하여 다음과 같은 승인 기준을 요구한다.[38] (1) 모회사 및 관련 회사로부터 독립적인 이사회의 구성; (2) 지식과 경험, 그리고 독립적 경영능력을 갖춘 경영진(executive officers); (3) 은행의 성격 및 활동의 복잡성에 적합하고 계열회사(affiliate companies)의 사업계획과는 무관하며 이사회에 의해 채택된 문서화된 운영계획;

---

36) 요구불예금을 수취할 수 없다는 점이 큰 제약이 되지는 않는다는 지적도 있다. Cutler and Jackson (2017). ILC는 NOW account, MMDA, time deposits (CD)을 제공할 수 있고, 모든 유형의 대출을 행할 수 있다. 따라서 예대업무상 은행과 사실상 별 차이가 없다는 것이다. ("An ILC is a state-chartered banking institution that functions in almost every way like a commercial bank; the only meaningful difference is that if an ILC has more than $100 million in assets, it may not accept demand deposits. Such plus-$100 million ILCs may, however, offer NOW accounts, MMDAs, and time deposits (CDs), and so the limitation is not a meaningful constraint on their activities. ILCs may make all types of loans.")
https://corpgov.law.harvard.edu/2013/09/08/dodd-frank-moratorium-ends-on-bank-charters-for-commercial- firms/

37) https://dfi.utah.gov/financial-institutions/industrial-banks/
https://dfi.utah.gov/financial-institutions/industrial-banks/what-is-a-utah-industrial-bank/(인터넷검색일: 2018.10.29.일)

38) V. Gerard Comizio (2013), p.18
https://www.fdic.gov/regulations/examinations/supervisory/insights/sisum04/industrial_loans.html (인터넷검색일: 2018.10.29.일).

(4) 임직원의 은행과 모회사에 대한 이중고용에 대해 이사회의 확인과 통제 등이다.

Ⅱ 미국 금산분리규제 정책수단의 시사점

1. 소유규제와 지배구조규제의 독립성

미국 금산분리규제에서 소유규제와 지배구조규제는 조건적이면서 또한 독립적이다. 지분보유 규모에 따라 소유의 사전적 금지(25% 이상), 은행지배 가능성을 염두에 두는 지배구조규제의 사전적 제한(5% 이상인 경우) 혹은 사후적 검증(5% 미만인 경우)의 절차를 따르는 등 지분보유 규모를 조건으로 하는 지배구조규제의 적용이 이루어진다.

사전적 제한이 적용되는 방식은 단일하다. 5% 이상에서 25%에 이르는 지분보유 규모에 대하여 사전적 제한의 적용이 비례적으로 변화하지 않고 동일하다. 즉, 산업자본의 이익을 대표하는 이사의 수가 지분규모에 관계없이 1명으로 제한된다. 또한 배당, 대출, 투자, 가격결정, 인사결정 등의 의사결정에 영향을 미치는 행위를 금지한다.

소유규제와 지배구조규제의 독립성은 '소유와 지배의 분리원칙(separation principle of ownership and control)'에 배경을 두고 있다. Marks(1999)[39]에 의하면, 소유와 지배의 분리원칙은 오랜 역사를 갖고 있다. Adam Smith의 『국부론』(The Wealth of Nations)은 기업 경영인(firm managers)과 경영에 관심을 갖지 않는 투자자(other people's money)를 구분했다. 경영에 관심을 갖지 않는 자금의 주인 즉, 투자자는 지배하지 않는 소유자다. 반면, 자금의 주인이 아니면서 경

---

39) Stephen G. Marks(1999), The separation of ownership and control, Encyclopedia of Law and Economics 5630.
https://reference.findlaw.com/lawandeconomics/5630-the-separation-of-ownership-and-control.pdf

영에 관심을 갖는 자는 곧 소유하지 않는 지배자다. 이러한 소유와 지배의 분리는 노동분업과 마찬가지로 경영전문화를 낳고 기업의 생산성을 높이는 데 기여한다.

　　미국에서 소유와 지배의 분리원칙이 지배구조이론의 관점에서 체계화된 것은 Berle and Means(1932)[40]다. Berle and Means(1932)가 분석한 소유와 지배의 분리의 배경은 경영에 관심이 없는 다수의 많은 분산된 투자자들의 존재로 인한 주주권의 분산이다. 이에 따라 소유와 지배의 분리는 이익배당에 대해 잔여청구권자(residual claimants)인 주주가 경영상의 의사결정에 직접적인 지배권을 행사하지 않는 것을 말한다. 소유와 지배의 분리는 역선택 및 도덕적 해이와 같은 대리인비용(agency cost)을 야기할 수 있지만, 대리인 문제는 전문적 경영진에 대한 신인의무(fiduciary duty), 지배구조 감시, 금전적 유인체계 등을 통해 완화될 수 있다.

　　Roe(1994)[41]에 의하면, 미국의 금산분리정책은 소유와 지배의 분리원칙 위에 서 있다. 소유는 하되 지배는 하지 않도록 하는 분리원칙을 산업자본에 대해서 법적 의무의 형태로 적용한 것이 바로 금산분리원칙이다. 산업자본은 분산된 소액주주가 아니므로 산업자본은 경영에 대하여 자발적인 무관심을 갖지 않는다. 따라서 금산분리원칙은 산업자본의 자발적 무관심을 배경으로 하는 것이 아니라, 은행의 건전성과 공정경쟁이라는 정책목적을 위해 도입된 비자발적 분리정책이다.

---

40) Adolf A. Berle and Gardiner C. Means (1932), *The modern corporation and private property.*

41) Mark J. Roe(1994), Strong Managers Weak Owners-The Political Roots of American Corporate Finance, Princeton University.

2. 사전규제와 사후규제의 코디네이션

앞서 논의한 다양한 정책수단은 사전과 사후 차원의 규제관계를 유지하며 조직화되어 있다. 예를 들어, 지분한도는 대표적인 사전규제 수단이다. 지배구조규제는 사전적으로 일정한 조건부로서 충족되어야 하지만 은행의 의사결정의 절차적 과정에서도 실제로 충족되어야 하는 것이므로 사전, 실시간, 그리고 사후적으로도 이행되어야 하는 정책수단이다. 통합감독의 여부는 미리 선언되지만, 통합감독의 대상은 은행과 산업자본 모회사의 행위 및 그 결과에 대한 재무제표 등을 대상으로 하는 실시간 및 사후적 절차로서 중요성을 갖는다.

사전규제의 필요성, 그리고 동시에 사전규제와 사후규제의 적절한 코디네이션의 중요성은 집행 불가능의 문제와 깊이 관련된다. 집행 불가능의 문제를 해결하기 위해서는 이를 미리 대비하기 위한 정책수단이 필요하며 이 정책수단은 사전적이어야 한다. 특히 집행 불가능 문제의 심각성이 클수록 효과적인 사전규제의 필요성이 정당화된다.

한편, 집행 불가능의 문제에 대한 대비는 아직 발생하지 않은 사건에 대한 예상을 전제로 한다는 점에서 사전적 대비가 완벽할 수는 없다. 예상 자체가 불완전하기 때문이다. 따라서 이러한 불완전성을 보완하기 위해 사후규제가 필요하다.

사후규제의 역할은 불완전한 사전규제를 보완하는 한편 완화된 사전규제에 대한 규제 밸런스의 역할을 하기도 한다. 만일 사전규제가 완화된다면 집행 불가능 문제의 가능성이 높아지므로 사후규제의 적절한 강화로 규제의 밸런스가 이루어져야 한다. 사전규제는 이론적 및 실무적 완벽성, 혹은 감독당국의 사전적 판단에 대한 충분한 자신감 등을 전제로 해야 한다. 하지만 이러한 완벽한 자신감은 선진국의 어떤 감독기구에서도 찾아볼 수 없다.

사후규제의 가장 대표적인 예는 제재다. 제재는 금융행위 결과를 대상으로 하는 두 가지 차원의 절차로 이루어진다. 하나는 금융 감독당국이 스스로에게 부여된 권한을 활용하여 주도적으로 행하는 공적 제재(public enforcement)이고, 다른 하나는 시장 내에서 예금자 등 시장참가자들이 주도하여 집단소송법 등에 따라 배상소송 등을 통해 제재가 이루어지는 사적 제재(private enforcement)다.

사전규제는 시장진입 등 행위 이전을 대상으로 하는 반면, 사후규제는 행위 이후 결과를 대상으로 한다. 사전규제와 사후규제는 상호 보완적일 수도 있고 대체적일 수도 있는데, 만일 정보비대칭성 문제가 전혀 없다면 서로 대체적일 수 있으며, 정보비대칭성 문제가 존재한다면 서로 보완적이다.42) 금융계약의 대부분은 정보비대칭성 문제를 안고 있다. 따라서 사전규제와 사후규제는 보완적이라고 할 수 있다.

사전규제는 대체로 규정을 주요 수단으로 하는 반면, 사후규제는 대체로 원칙을 주요 수단으로 한다. 또한 사전규제는 주로 명령과 통제(command-and-control) 방식을 따르는 반면, 사후규제는 법적 결과의 원인(legal causation)을 대상으로 하는 조사와 제재를 수단으로 한다. 따라서 사후규제는 조사와 제재를 위한 충분한 권한이 부여되지 않으면 사후규제의 효과는 제한적일 수밖에 없다.43)

영국과 미국의 감독당국은 강력한 사후규제를 활용하며, 이러한 사후규제를 전제로 하여 '자유롭고 공정한 시장'을 추구한다. 미국에서 은행법상 감

---

42) Charles D. Kolstad, Thomas S. Ulen and Gary V. Johnson, Ex Post Liability for Harm vs. Ex Ante Safety Regulation: Substitutes or Complements? The American Economic Review, Vol. 80, No. 4 (Sep., 1990), pp. 888-901: "y. In the case of ex ante regulation, the typical criticism is that the central regulator has imperfect information on accident costs and damagesb), which may lead to   inefficient undercontrol of some wrongdoers and overcontrol of others..... [E]x ante and ex post regulation can complement each other in that their joint use can correct the inefficiencies of using either alone to cor rect an externality." pp. 889.

43) 국내에서는 흔히 '사전규제 사후감독'이라고 사전과 사후를 정의하는데, 엄격히 말하면 감독은 실시간이다. 감독은 법이 정한 바대로 행위가 적절하게 이루어지는지를 실시간으로 모니터링하고 조사하는 행위다. 물론 '사전규제 사후감독'이라는 표현이 사후규제를 부정하는 것이라고 보기는 힘들다. 이 표현은 아마도 입법론적 관점 혹은 이원화된 감독체계인 금감위와 금감원의 역할론을 적절히 강조하기 위한 표현으로 여겨진다.

독기구는 연준, 통화감독청, 예금보험공사, NCUA 등이 주감독기관(Principal Regulator Agency)제도에 따라 감독을 분담하며, 행정법판사는 17 C.F.R. § 200.14에서 규정한 절차와 권한에 근거하여 조사권·제재권 등의 사후제재 권한을 행사한다.[44]

3. 집행 불가능의 문제점과 정책수단

집행 불가능의 문제점[45]은 타인에게 손해를 야기한 자가 손실액을 충분히 지급할 수 없는 처지에 놓이는 것을 말한다. 이 문제는 과도한 위험추구를 행하

---

[44] 17 C.F.R. § 200.14에 의해 행정법판사는 법원의 증거채택 기준에 부합하는 절차를 거쳐 증거채택여부를 결정하고, 정식 조사권을 행사할 수 있는 소환장을 발부하고, 증인의 조사를 진행하며, 정식 소송절차를 개시할지 여부를 판단하고, 법정심리절차를 진행한다. 또한 사실과 법적 이슈에 대한 결정을 내리며 적절한 제재결정을 명령한다. 그리고 이러한 절차는 연방법원의 bench trial과 다름이 없는 법적 효력을 갖는다. 행정법판사의 제재결정은 cease−and−desist, civil money penalty, removing the persons out of market 등을 포함한다. 행정법판사의 결정에 불복할 경우에는 연방법원 항소심에 제소하는 절차를 따른다.
17 C.F.R. § 200.14 Office of Administrative Law Judges.
(a) Under the Administrative Procedure Act (5 U.S.C. 551− 559) and the federal securities laws, the Office of Administrative Law Judges conducts hearings in proceedings instituted by the Commission. The Administrative Law Judges are responsible for the fair and orderly conduct of the proceedings and have the authority to:
(1) Administer oaths and affirmations;
(2) Issue subpoenas;
(3) Rule on offers of proof;
(4) Examine witnesses;
(5) Regulate the course of a hearing;
(6) Hold pre−hearing conferences;
(7) Rule upon motions; and
(8) Unless waived by the parties, prepare an initial decision containing the conclusions as to the factual and legal issues presented, and issue an appropriate order.

[45] S. Shavell, The judgment−proof problem, International Review of Law and Economics (1986), 6 (45−58).
http://www.law.harvard.edu/faculty/shavell/pdf/6_Inter_Rev_Law_Econ_45.pdf

거나 충분한 위험관리를 하지 않은 탓에 발생하며, 개인 간 혹은 금융기관이 관련한 계약 등에 흔히 나타난다. 금융기관의 파산 후 처리에 관한 제반의 법률적 논의와 정리절차도 이 문제와도 깊이 관련된다.

우리가 경험했던 1997~1998년의 금융위기, 2007~2008년의 글로벌 금융위기 과정에서 금융기관의 파산이 감당하기 힘든 사회적 비용을 초래했던 것도 넓게는 집행 불가능의 문제점으로 이해할 수 있다.

집행 불가능의 문제는 다른 말로 사후약방문[46]의 문제점이다. 이러한 사후적인 정책효과의 한계 혹은 무용성을 극복하기 위해 사전적인 규제원칙으로서 금산분리규제가 존재하는 것이며, 또한 ILC예외제도를 적절히 유지하기 위한 다양한 형태의 규제수단이 활용된다.

예를 들어 업무범위의 제한, 독립적인 이사회 구성을 통한 산업자본의 영향력 제한, 지배권 변동의 제한[47]을 포함하는 지배구조규제, 조건부 승인제도, 자산규모 한도 등은 산업자본과 은행의 결합에 따르는 집행 불가능의 문제점을 억제하기 위한 정책수단으로 이해할 수 있다.

사후규제는 집행 불가능의 문제에 대한 사전규제의 한계를 보완한다. 감독당국의 공적 제재(public enforcement)와 시장참가자의 법정 소송을 통한 사적 제재(private enforcement) 등의 사후규제 도입과 강화는 산업자본 모회사 혹은 산업자본 모회사의 자회사로서의 은행 등 행위자로 하여금 과도한 위험추구를 억제하게 만들고 또는 충분한 위험관리의 주의를 기울이도록 하는 유인을 낳을 수 있다. 특히 손실발생의 사후 결과가 흔히 사전 예상과 큰 차이를 갖는 경우, 사전 예상에 근거하여 집행 불가능의 문제를 억제하기 위해 특정하게 마련되었던 대비책이 의미를 상실할 수 있다. 사후규제는 바로 이러한 상황에서 사후처

---

46) 死後藥方文 즉, 사람이 죽은 뒤에 약을 짓는다는 것으로 이미 시기를 놓쳐 어찌할 수 없다는 것을 말한다.

47) 지배권변동의 제한은 ILC의 규모를 확대하여 미래에 높은 가치로 시장에서 회사를 매각하고자 하는 유인동기를 소멸하는 정책효과를 낳는다.

벌 가능성을 사전적 의사결정에 내생화시켜 바람직한 행동을 이끌어 내는 유인 효과를 거둘 수 있다.

Ⅲ ILC 예외제도에 대한 감독당국의 논쟁과 금산분리규제

1. 두 번에 걸친 GAO(Government Accountability Office) 보고서

ILC는 미국 감독당국 간에도 논쟁적인 사안이다. 산업자본 회사는 ILC를 소유할 수 있고 동시에 은행법상 은행지주회사로서의 규제를 받지 않는다. 물론 그렇더라도 산업자본에 의한 ILC의 지배가 허용되는 것은 아니다. 그런데 과연 이러한 소유규제의 예외가 합당하는지에 대해 연준, 재무부, 예금보험공사, 통화감독청간에 찬반으로 의견이 대립한다.

감독기관 간 의견대립은 2005년과 2012년 두 번에 걸친 GAO 보고서를 통해 표출되었다. 먼저, 2005년 GAO 보고서[48]는 ILC의 급격한 성장의 배경과 결과를 평가하고, 월-마트(Wal-Mart) 인가신청을 판단하기 위해 추진되었다. ILC의 자산은 은행법상 예외제도로서 지위를 얻은 1987년 이후 2004년에 이르는 기간 동안 38억 달러에서 1,400억 달러로 3,500퍼센트 확대되었다. 특히 이러한 성장은 ILC가 은행과 차이 없는 서비스를 제공하면서도 은행지주회사법상 규제 특히 통합감독규제를 적용받지 않는 규제 차이를 배경으로 하였는데, 과

---

48) GAO(2005.8월), "Recent Asset Growth and Commercial Interest Highlight Differences in Regulatory Authority," p. 82-97.
  https://www.gao.gov/assets/250/247759.pdf.
  2005년 6월에 나온 의회연구소(Congressional Research Service)의 보고서 "Industrial Loan Companies/Banks and the Separation of Banking and Commerce: Legislative and Regulatory Perspectives"는 ILC를 통한 산업자본의 은행지배는 은행지주회사법상 비금융사의 지분보유 최고한도인 25% 미만 룰을 어기는 것으로 평가한다. 또한 월-마트의 ILC 인가신청에 즈음하여 이러한 금산결합 금융기관을 "alternative nationwide bank"로 허용할 것인지 여부에 대하여 물음을 던지면서, ILC의 확장에 대해 찬성하는 예금보험공사의 견해와 반대하는 Fed의 견해를 담고 있다.

연 이러한 규제 차이를 계속 유지할지 여부가 핵심 사안이었다. 이에 따라 GAO는 ILC를 통한 은산결합의 이익과 불이익(advantages and disadvantages of mixing banking and commerce)을 조사하고 은행지주회사법상 예외적용을 유지할지 여부에 대해 판단하고자 하였다.

보고서에 의하면, 예금보험공사는 ILC가 다른 부보금융기관에 비해서 더 큰 위험을 가진 것은 아니므로 현행의 감독방식을 변화시킬 필요가 없다고 판단하였다. 더 나아가 통합감독(consolidated supervision)이 보다 광범위한 조사와 집행권한이 가능해지는 것이지만 구태여 반드시 필요한 것은 아니라고 판단하였다. 이와 달리 연준은 ILC에 대하여 은행법상 지주회사를 규제하는 통합감독 적용의 검토 필요성을 제기하였다. 비은행은행(nonbank bank)을 둘러싼 규제허점이 1987년 이후 해소된 가운데 ILC가 산업자본이 부보예금기관을 지배하는 유일한 통로로서 역할을 하고 있는바, 이에 대한 적절한 시스템의 변화가 필요하다는 것이다.

사실, 2005년 GAO 보고서를 촉발시킨 구체적인 계기는 월－마트의 ILC 인가신청이었다. 2005년 세계 최대 규모의 리테일 회사인 월－마트가 ILC 인가신청을 하였고 이에 따라 의회를 중심으로 은산결합의 문제점이 제기되고, 지역 금융기관과 리테일 회사들이 크게 반발하였다. 이에 따라 의회는 GAO 보고서 작성을 요청하였고 월－마트의 예금보험공사 부보금융기관 인가에 대한 결정을 6개월간 지연시키는 모라토리엄(moratorium)이 선언되었다. 6개월 후에는 다시 의회의 요청에 의해 모라토리엄이 1년 더 연장되었다. 모라토리엄 와중에 월－마트는 2007년 3월 16일에 인가신청을 취소하고, 모라토리엄은 2008년 1월에 종료되었다. 월－마트가 인가취소를 하는 때에 Home Depot 역시 인가신청을 자발적으로 취소하였다.

두 번째 2015 GAO 보고서는 Dodd Frank Act of 2010, Section 603의 규정에 의한 것이다. 글로벌 금융위기 이후 Dodd Frank Act에 의해 모든 예금보험공사 부보 대상 금융기관의 신규 인가신청에 대해 모라토리엄이 결정되었고,49) 동시에 ILC를 포함한 은행지주회사법상 은행지주회사의 예외 적용을 받은 부보금융기관에 대하여 예외적용을 폐지해야 하는지 여부에 대한 연구보고서를 1.5년에 걸쳐 작성하여 제출하도록 GAO에 요청하였다.50)

49) Dodd-Frank Act에 의한 모라토리엄은 2013년 7월 21일 일몰되는 것으로 규정되었고, 또 그와 같이 시행되었다. 사실 ILC는 2006년 첫 번째 모라토리엄 이후 점차 축소되는 추이를 보였다. 2006년과 2013년 대비하면, 그 수는 58개에서 34개로, 총 자산규모는 212.7billion 달러에서 102.4billion 달러로 축소되었다.

50) Dodd Frank Act Section 603.
SEC. 603. MORATORIUM AND STUDY ON TREATMENT OF CREDIT CARD BANKS, INDUSTRIAL LOAN COMPANIES, AND CERTAIN OTHER COMPANIES UNDER THE BANK HOLDING COMPANY ACT OF 1956.
(a) MORATORIUM.—
(1) DEFINITIONS.—In this subsection—
  (B) the term "industrial bank" means an institution described in section 2(c)(2)(H) of the Bank Holding Company Act of 1956 (12 U.S.C. 1841(c)(2)(H)); and
(2) MORATORIUM ON PROVISION OF DEPOSIT INSURANCE.—
(3) CHANGE IN CONTROL.—
(4) SUNSET.—This subsection shall cease to have effect 3 years after the date of enactment of this Act.
(b) GOVERNMENT ACCOUNTABILITY OFFICE STUDY OF EXCEPTIONS UNDER THE BANK HOLDING COMPANY ACT OF 1956.—
(1) STUDY REQUIRED.—The Comptroller General of the United States shall carry out a study to determine whether it is necessary, in order to strengthen the safety and soundness of institutions or the stability of the financial system, to eliminate the exceptions under section 2 of the Bank Holding Company Act of 1956 (12 U.S.C. 1841) for institutions described in—
(2) CONTENT OF STUDY.—
(A) IN GENERAL.—The study required under paragraph
(1) with respect to the institutions referenced in each of subparagraphs (A) through (E) of paragraph (1), shall, to the extent feasible be based on information provided to the Comptroller General by the appropriate Federal or State regulator, and shall—
(i) identify the types and number of institutions excepted from section 2 of the Bank Holding Company Act of 1956 (12 U.S.C. 1841) under each of the subparagraphs described in subparagraphs (A) through (E) of paragraph (1);
(ii) generally describe the size and geographic locations of the institutions described in clause (i);
(iii) determine the extent to which the institutions described in clause (i) are held by holding companies that are commercial firms;
(iv) determine whether the institutions described in clause (i) have any affiliates that are commercial firms;

2009년 오바마 행정부에 의해 제출된 애초의 Dodd－Frank Act법안은 ILC에 대한 규제 허점을 없애는 개혁안을 담고 있었다. 이 개혁안에 의하면, 산업자본은 더 이상 ILC를 보유할 수 없게 되며 오로지 통화감독청의 엄격한 규제를 받는 S&L 지주회사만이 소유할 수 있게 설계되었다.[51]

(v) identify the Federal banking agency responsible for the supervision of the institutions described in clause (i) on and after the transfer date;

(vi) determine the adequacy of the Federal bank regulatory framework applicable to each category of institution described in clause (i), including any restrictions (including limitations on affiliate transactions or cross－marketing) that apply to transactions between an institution, the holding company of the institution, and any other affiliate of the institution; and

(vii) evaluate the potential consequences of subjecting the institutions described in clause (i) to the requirements of the Bank Holding Company Act of 1956, including with respect to the availability and allocation of credit, the stability of the financial system and the economy, the safe and sound operation of each category of institution, and the impact on the types of activities in which such institutions, and the holding companies of such institutions, may engage.

51) Joshua Cutler and Howell Jackson (2017), Wal－Mart and Banking. Harvard Law School Case Study. August 2017.
H.R. 4173 (111th): Dodd－Frank Wall Street Reform and Consumer Protection Act. Section 1301(a)(4)(D): Sec. 1301. Treatment of industrial loan companies, savings associations, and certain other companies under the bank holding company act. (D)(iv) An industrial loan company, industrial bank, or other similar institution....is controlled by a savings and loan holding company, as defined in section 10(a) of the Home Owners' Loan Act.
https://www.govtrack.us/congress/bills/111/hr4173/text/eh
재무부 문건은, 법안 초안과는 또 다르게, ILC 지주회사를 은행지주회사법의 적용을 받는 은행지주회사로 전환시키는 내용을 담고 있었다. Department of Treasury (2009), "Financial Regulatory Reform－ A New Foundation: Rebuilding Financial Supervision and Regulation." (Congress added the ILC exception to the BHC Act in 1987. At that time, ILCs were small, special－purpose banks that primarily engaged in the business of making small loans to industrial workers and had limited deposit－taking powers. Today, however, ILCs are FDIC－insured depository institutions that have authority to offer a full range of commercial banking services. Although ILCs closely resemble commercial banks, their holding companies can avoid the restrictions of the BHC Act － including consolidated supervision and regulation by the Federal Reserve － by complying with a BHC exception. Formation of an ILC has been a common way for commercial companies and financial firms (including large investment banks) to get access to the federal bank safety net but avoid the robust governmental supervision and activity restrictions of the BHC Act. Under our plan, holding companies of ILCs would become BHCs. p.35)

하지만 최종적으로 제정된 Dodd-Frank Act는 ILC 예외제도를 폐지하는 애초의 개혁안을 담지 않았으며, 대신에 Section 603을 통해 은행지주회사법상 은행지주회사의 예외적용을 받는 부보금융기관에 대하여 예외적용을 폐지해야 하는지 여부에 대하여 연구보고서를 제출하도록 GAO에 요청하였다. Dodd Frank Act Section 603 b(2)에 의한 스터디 요청의 주요 내용은 다음과 같다. 은행지주회사법 예외적용 대상 금융기관의 유형과 수, 규모와 지리적 위치, 산업자본 지주회사, 산업자본과의 여타 관련, 연방은행감독기구의 감독, 연방은행 규제체계의 적절성, 은행지주회사법 적용에 따르는 잠재적 결과의 평가 등이다.

Dodd-Frank Act의 요청에 따라 작성된 GAO의 보고서는 2012년 1월에 발표되었는데,[52] 이 보고서는 ILC에 대한 예외적용의 폐지를 제안하지 않았다.[53] GAO보고서에 의하면, 연준, 재무부, 통화감독청, 예금보험공사 등 감독기관들은 예외적용 폐지 여부에 대하여 상이한 의견을 드러냈다.

우선 현재 ILC에 대한 감독을 맡는 예금보험공사와, 비은행은행에 대한 감독기관인 통화감독청(OCC)은 예외적용의 폐지를 반대했다. ILC를 포함한 예외적용 대상 부보금융기관에 대한 현재의 감시체제가 충분히 엄격(sufficiently robust)하다고 판단한 것이다.

이와 달리 연준은 예외적용이 폐지되고 은행지주회사법상 동일한 규제가 적용되어야 한다고 주장한다. 예외가 지속될 경우, 이들 금융기관을 보유한 모회사는 미래에 큰 규모의 기업이 되고 궁극적으로 미국 금융시스템에 심각한 위험을 초래할 수 있다고 주장하였다.

재무부 역시 예외적용이 해소되어야 한다고 주장하였다. 재무부는 2008년

---

https://www.treasury.gov/initiatives/Documents/FinalReport_web.pdf

52) GAO(2012), Characteristics and Regulation of Exempt Institutions and the Implications of Removing the Exemptions. https://www.gao.gov/assets/590/587830.pdf

53) "The GAO released its report in January 2012 and did not recommend that Congress repeal the federal law provisions that allow ownership of ILCs and limited-purpose credit card banks by commercial firms" https://corpgov.law.harvard.edu/2013/09/08/ dodd-frank-moratorium-ends-on-bank-charters-for-commercial-firms/

"금융규제체계의 현대화" 보고서[54])에서 예외적용 금융기관을 소유한 산업자본 회사에 대한 감독은 기존 방식대로 은행지주회사 규제를 적용하지 않는 은행중심규제(bank‒centric)가 적절하다고 하였으나, 2012년 GAO Report에서는 입장을 바꾸어 예외적용은 해소되어야 한다고 주장했다.

GAO 2012 보고서의 자체적인 판단에 의하면, 은행법의 예외 적용을 받는 금융기관은 ILC를 포함해 신용카드은행(limited‒purpose credit card bank), 신탁기관(trust institutions) 등이다. 이들에 대한 은행법상 예외를 배제할 경우 모회사들은 은행지주회사법상 은행지주회사로서 규제되어야 하는바, 이들 금융기관들은 비금융 영역에서의 비즈니스(non‒banking nature of their businesses)로 인해 은행지주회사법상 "오로지 금융 활동"에만 전념하도록 하는 요건을 충족할 수 없다. 다만, 이들 예외기관들이 전체 은행시스템에서 차지하는 비중은 작고, 개별 회사들의 규모, 활동, 위험요소들이 다양해서, 예외적용을 없애더라도 미국 전체 신용시장에 미치는 영향은 크지 않을 것이라고 평가하였다.

이상에서 본 바와 같이 감독기관 간 상이한 입장의 차이가 존재함에도 불구하고, ILC에 대한 은행지주회사법상 예외적용의 지속은 ILC가 미국 내 은행산업에서 차지하는 비중이 아직은 매우 미미하다는 사실 등에 따른 것으로 이해할 수 있다.

2. ILC 금산분리 규제의 주요 쟁점 요약

금산분리원칙의 관점에서 볼 때 은행지주회사법상 ILC에 대한 규제의 중요한 문제점은 두 가지이다. 첫째, 산업자본이 은행을 소유한다는 점이고, 둘째, 은행을 소유하는 산업자본에 대하여 연방은행법상 은행지주회사로서의 규제가 적용되지 않는다는 점이다.[55])

---

54) Treasury, Blueprint for Modernized Financial Regulatory Structure, 2008
https://www.treasury.gov/press‒center/press‒releases/Documents/Blueprint.pdf

두 가지 문제 가운데 두 번째 문제만을 따로 떼어서 ILC 지주회사를 대상으로 은행지주회사법상 통합감독을 시행하면 되는가? 그렇지 않다는 이의제기가 있다.[56] 설령 통합감독을 하더라도 규제불평등(regulatory disparity) 문제는 여전히 남는다. 즉, 은행지주회사와는 달리 ILC 지주회사는 비금융업무를 영위하는 것이다. 또한 ILC 지주회사에 대하여 통합감독을 적용하더라도 그것이 가능하고 바람직한지에 대한 문제제기도 있다.[57] 예금보험공사가 통합감독을 하더라도 은행지주회사와는 달리 산업자본 모회사를 대상으로 자본금 의무을 부과할 수 없을 뿐더러 금융감독의 영역을 비금융업무 영역으로까지 확대하는 것이 자율적 시장경제에 지나치게 감독기관이 개입하는 결과를 낳아 바람직하지 않을 수도 있다는 것이다.

ILC에 대한 "예외적용의 편익과 위험"에 대한 평가는 금산분리 논쟁의 가장 중요한 쟁점이다. 편익과 위험 가운데 어느 것이 더 큰가 하는 것이다. 이와 관련한 감독기관 간 의견 차이는 이미 앞에서 살펴보았다. 이에 더하여 Neel(2007)[58]과 Seidman(2003)[59]의 주장을 간략히 살펴보면 다음과 같다.

먼저, 위험이 더 크다는 Neel(2007)의 논거는 다음과 같다. 모회사에 대하여 시장이자율보다 더 낮은 금리조건에 의한 대출, 모회사와 은행의 상품결합

55) 연방은행법은 은행을 지배하는 모든 은행지주회사에 대하여 통합감독을 시행하고, 또한 은행지주회사의 비금융업무를 불허한다.

56) V. Gerard Comizio (2013), After the Dodd-Frank Indusrial Loan Company Moratorium: What's Next. North Carolina Banking Institute. Vol. 17. p. 10.
https://scholarship.law.unc.edu/cgi/viewcontent.cgi?referer=https://www.google.co.kr/&httpsredir=1&art icle=1337&context=ncbi

57) Cutler and Jackson (2017), P. 17.

58) Michelle Clark Neel (2007), Industrial loan companies come out of the shadows, Federal Reserve Bank of St. Louis
https://www.stlouisfed.org/~/media/files/pdfs/publications/pub_assets/pdf/re/2007/c/industrial-loan.pdf

59) FDIC (2003), The Future of Banking: The Structure and Role of Commercial Affiliations.
https://www.fdic.gov/news/conferences/future_transcript.html#Seidman

(tying) 등 이해상충야기, 내부정보를 활용하여 모회사의 이익을 도모하는 신용의사결정의 왜곡, 월－마트와 같은 대형 유통체인이 예외적용 금융기관을 보유시 월－마트 자신의 유통업뿐 아니라 은행업에 있어서도 독점력 형성, 연방은행법상 동일한 규제를 받지 않는 산업자본으로 하여금 연방 금융안전망인 예금보험, 연준의 할인창구(discount window) 및 지급결제시스템에의 접근을 허용하는 연방 금융안전망의 확대적용(expansion of the federal safety net) 문제점, 은행건전성 위협 등이다. 또한 연방은행법상 규제를 적용받지 않는 은행으로부터의지원에 기대어 산업자본 모회사는 자기이익을 추구할 수 있으므로 이에 따른불공정경쟁(uneven competitive playing field) 문제점도 야기할 수 있다.

Seidman은 ILC에 대하여 현재 예외적용에 따른 위험이 별로 크지 않다고주장한다. 1985－1991년 예금보험공사 의장이던 William Seidman에 의하면, 자신의 재임 기간 중 소규모로 제한된 ILC가 심각한 문제를 일으킨 예는 찾기어렵다고 하였다. 다만, 월－마트와 같은 대형 산업자본 회사가 ILC를 보유하게되는 경우 금융과 산업의 결합(mixing of commerce and finance)에 따른 문제점발생 가능성을 부정하지는 않는다.

3. ILC는 금산분리규제의 예외인가?

현행 산업자본의 소유를 허용하는 ILC 예외제도는 궁극적으로 금산분리규제의 예외인가? 그렇지 않다. ILC 예외제도는 소유규제에 대한 예외이고 금산분리규제의 예외는 아니다.

비록 산업자본의 소유가 허용되고 은행법상 은행지주회사규제가 적용되지않지만, ILC에 대한 조건부 승인제도, 업무범위의 제한, 지배구조 규제, 예금보험공사 부보금융기관 인가신청에 대한 유예결정(moratorium) 등은 금산분리 규제의 일환이라고 할 수 있다.

먼저, 조건부 승인에 대하여, 앞에서 살펴 본 것처럼, ILC는 은행법상 한정허가회사다. 자산규모가 1억 달러로 제한되거나 요구불예금을 수취할 수 없거나 혹은 지배주주가 변동될 수 없다. 이러한 제약은 ILC의 규모를 가급적 작은 수준으로 유지하겠다는 정책의 반영이라고 이해할 수 있다. 가급적 작은 수준으로 유지되면, 편익은 누릴 수 있으면서도 은행시스템에 미치는 부정적 영향은 최소화시키는 이점을 가질 수 있다.

둘째, 업무범위 제한의 경우, 앞에서 언급한 요구불예금의 제한이 대표적이다. 또한 자산규모의 제한도 업무범위에 직간접적으로 영향을 줄 수 있다.

셋째, 은행법상 은행에 대하여 적용되는 금산분리 정책수단이 ILC에 대해서도 적용된다. 예를 들어, Federal Reserve Act, Section 23A, 23B에 의해 모회사(the parent company)를 포함한 계열회사(affiliates)와의 거래가 제한되고, 연준 Regulation O에 의해 대주주 및 임직원을 비롯한 은행 내부자(bank insider)에 대한 대출이 제한된다.

넷째, Utah주와 예금보험공사의 ILC 인가 시 요구하는 조건부 승인 요건은 지배구조규제를 명시하고 있다. 산업자본 모회사로부터 독립적인 사외이사 중심의 이사회 구성, 이사회와 경영진에 의한 자율적 의사결정과 책임, 지식과 경험 그리고 독립적 경영능력을 갖춘 경영진 구성, 임직원의 모회사 이중고용에 대해 이사회의 확인과 통제 등이 그러한 내용이다. 이러한 지배구조규제는 ILC에 대하여 산업자본의 소유를 허용하면서도 산업자본의 이익을 위해 은행의 금융의사결정을 왜곡하는 지배를 막기 위한 것이다.

다섯째, ILC의 예금보험공사 부보금융기관 인가신청에 대한 모라토리엄 선언은 월-마트와 같은 대형 유통체인이 ILC를 보유할 경우 금융과 산업의 결합으로 인한 심각성을 우려하여 내린 결정이었는데, 이 결정은 ILC 예외적용이 금융과 상업의 결합을 일반적이고 광범위하게 허용하기 위한 것이 아니라는 점을 의미한다. 의회의 요청에 의해 모라토리엄이 연장되는 상황에서 월-마트는 인가신청을 스스로 철회했고, 또한 같은 시점에 Home Depot 역시 마찬가지로 인가신청을 철회함으로써 대형 리테일회사에 의한 ILC 인가신청은 실현되지 못했다.

법의 논리를 기계적으로 적용하면, ILC는 은행지주회사법상 은행이 아니므로 ILC에 대한 산업자본의 소유에 대한 규제는 은행지주회사법상 은행을 대상으로 하는 경우와는 달라야 한다. 하지만 월−마트와 같은 대형 리테일회사가 인가신청을 하는 순간, 의회의 요청과 감독기관의 결정에 의해 인가신청에 대한 결정을 지연시키는 모라토리엄을 선언한 것은 ILC가 단순히 일반적인 의미에서 은행지주회사법상 은행에서 배제된 것이 아니라는 것을 의미한다. 즉, 감독당국이 비록 ILC에 대하여 은행지주회사법상 예외를 적용하고 있지만 이는 특정한 목적을 위한 것이지 일반적인 의미의 예외는 아닌 것이다. 바로 이러한 까닭에 감독당국은 월−마트와 같은 대형 산업자본의 인가신청에 대하여 법 논리를 기계적으로 적용하지 않고 모라토리엄을 선언하였는바, 따라서 모라토리엄은 금산분리원칙을 유지하고자 하는 감독당국이 취할 수 있는 정책수단의 하나라고 할 수 있는 것이다.

Ⅳ ILC 예외제도의 의미

미국 감독당국의 금산분리규제 정책수단과 ILC 예외제도는 중요한 정책적 시사점을 제공한다. 이러한 시사점을 간략히 정리하면 다음과 같다.

첫째, 금산분리규제는 은행뿐 아니라 ILC에 대해서도 금융시스템의 안전성, 건전성, 소비자보호, 그리고 공정하고 효율적인 신용배분의 유지를 목적으로 한다.

둘째, 위의 목적을 위해 금산분리규제는 "산업자본의 금융지배"를 억제하는 것에 정책의 우선순위를 둔다. 금산분리정책의 핵심은 산업자본의 은행지분 등 지분보유 자체에 대한 억제가 아니라 궁극적으로 산업자본의 금융지배를 억제하는 것이다. 산업자본의 은행지분 보유는 은행지배를 위한 수단이다. 규제의 타깃은 수단 혹은 목적을 대상으로 할 수 있겠지만, 미국의 금산분리규제는 궁극적으로 지배구조규제를 중심적인 정책수단으로 하여 목적을 규제한다.

셋째, 금산분리규제의 정책수단을 다양하게 확보한다. 특히 소유규제와 지배구조규제를 독립적으로 활용할 경우, 감독당국의 정책수단 선택의 자유도가 더 확대될 수 있다. 지배구조규제를 중심적인 정책수단으로 활용할 경우 소유규제 정책의 변화에 따른 집행 불가능의 문제에 대해서도 보다 탄력적이고 효과적인 대응이 가능할 수 있다. 다양한 정책수단의 확보는 환경변화에 대응하는 적절한 정책수단 조합을 융통성 있게 설계할 수 있게 한다. 미국 감독당국이 ILC 예외제도를 운영할 수 있는 여유도 무엇보다 정책수단의 다양성을 확보하기 있기 때문으로 이해될 수 있다. 다양한 규제수단의 적용을 받는 까닭에 ILC는 금산분리 규제의 사각지역이 아니다. 요구불예금이나 자산규모 등이 특정하게 제한되는 한정허가회사로서 금산분리 규제수단의 포트폴리오가 달리 적용될 뿐이다. 만일 사각지역이라면 미국 감독당국의 금산분리규제는 어설픈 정책에 불과하다는 결론을 피할 수 없게 된다.

넷째, 정책수단 간 연관성을 고려하여 행위를 기준으로 사전과 사후에 걸쳐 정책수단을 편재하는 체계성을 구축한다. 소유규제 중심의 사전적 규제수단뿐 아니라 제재를 활용하는 사후적 규제수단의 확보도 필요하다. 이외에도 사전과 사후를 넘나드는 지배구조규제, 통합감독, 조건부승인제도 등을 적절히 활용함으로써 금산분리규제의 정책효과를 제고하는 포괄적인 규제체계를 정립할 수 있다.

1997-98년 금융위기를 거치면서 재벌의 금융지배는 금융기관들의 동반부실을 초래한다는 금산분리정책의 실패를 뼈저리게 경험한 바 있다. 미국은 이러한 우리의 실패경험을 교훈으로 삼고 경계하면서 금산분리정책을 발전시켜오고 있는바, 우리 스스로 실패를 되풀이하지 않기 위해서는 미국 감독당국의 노력을 경청하는 것이 필요하다.

최근 국내에서 정부는 인터넷전문은행특례법의 제정을 통하여 인터넷전문은행에 대한 산업자본의 지분보유 한도를 크게 확대하였다. 기존 국내 은행법의 금산분리정책은 소유규제를 중심으로 정의하고 있는바, 이러한 여건에서 은행법상 은행인 인터넷전문은행에 대한 소유규제의 완화는 자칫 정책수단의 부족 혹은 공백을 야기할 수도 있을 것이다.

　　만일 그렇다면 이러한 공백가능성을 효과적으로 극복하는 적절한 대안적 및 보완적 정책수단을 어떻게 도출해 낼 것인가 하는 것이 주요 과제라고 할 수 있다. 이러한 정책수단을 도출함에 있어서는 소유규제와 지배구조규제를 독립적으로 운영하고, 다양한 대안적 정책수단을 활용하는 미국 금산분리규제의 정책수단과 ILC 예외제도 경험이 유용한 시사점을 줄 것으로 판단된다.

제9장

우리나라 금산분리의 변천

Ⅰ 1961년 임시조치법: 대기업의 금융지배 배제

국내에서도 산업과 금융의 결합, 그리고 이에 대응한 금산분리는 나름 오랜 기간 시행되고 논의되어 왔다. 국내 금산분리 정책의 실질적인 전사(prehistory)는 1961년 '금융기관에 대한 임시조치법'이다. 임시조치법은 재벌의 은행 소유를 처음으로 금지하고, 재벌 대주주에 의한 금융기관 독점을 배제하기 위해 재벌이 보유한 시중은행 지분을 몰수하였다. 지금으로서는 상상하기 힘든 조치이나 당시 박정희정부는 재벌의 금융지배를 해소하기 위해 재벌 소유 은행을 국유화하였다. 극단적이기는 하나 금산분리 정책의 문제의식을 가진 결정으로 이해할 수 있다.

박정희정부는 대기업의 독점적인 은행지배에 따른 문제점을 해소하기 위해 대기업에 의한 "금융기관의 독점을 배제하고 대주주의 횡포 방지"를 제1조(목적)로 하는 임시조치법을 1961년 공포하고 제9조에서 "본법은 공포한 날로부터 시행한다"고 규정하여 1961년 6월 20일부터 시행하였으며, 이 법에 근거하여 재벌이 소유한 시중은행 주식을 모두 정부에 귀속시키는 사실상의 은행 국유화를 단행하였다.

하지만 국유화에도 불구하고 대기업에 대한 은행의 과다여신 제공은 지속되었고, 이와 같이 지속되는 대기업에 대한 과다여신 상황을 개선하기 위해 1975년 5월 24일에는 소위 5.24조치로 불리는 계열기업군에 대한 여신관리한도를 정하는 주거래은행제도가 도입되었다.[1] 임시조치법에 의한 은행 국유화에

---

1) 주거래은행제도는 일본의 주거래은행과 마찬가지로 동일그룹 동일은행 거래원칙을 정하고 은행과 그룹간 계열화를 목표로, 기업으로 하여금 1개의 주거래은행과 2개의 부거래은행을 통해서만 금융거래를 하도록 하고 운전자금한도를 주거래은행이 결정하도록 함으로써 과다신용제공을 제한하고자 하였다. 중앙일보, 주거래은행제도 기업의 자율성을 해친다. – 업계서 효과에 회의, 1976년 8월 11일. https://news.joins.com/article/1443553 (2020.9.3. 검색). 이후 1982년 30대 계열기업군에 대한 여신관리를 위한 은행법 개정, 1984년 계열기업군에 대한 여신관리 시행세칙, 금융기관 여신관리운용규정이 정비되면서 주거래은행제도가 완비되어 은행은 여신한도관리뿐 아니라 투자정책에도 관여할 수 있는 권한을 갖게 되었다. 공재식, 한국의 주거래은행제도가 기업투자 및 자본구조에 미친 영

도 불구하고 여전히 지속되는 대기업에 의한 은행여신의 독점을 막기 위해 주
거래은행제도라고 불리는 '계열기업군에 대한 여신관리협정'을 도입한 것이다.[2]
은행 국유화에도 불구하고 지속되는 대기업에 의한 은행여신의 독점은 사실상
은행의 대출에 대한 의사결정을 대기업이 지배한다는 것과 다름이 없음을 의미
하는 것으로, 이는 경제력 집중, 신용배분의 왜곡, 불공정행위, 이해상충 야기,
기업의 사적 이익을 위한 은행 건전성과 안정성의 희생 등을 야기하였다.

그러나 주거래은행제도 역시 과다여신 개선에 성공적이지 못하였다. 오히
려 은행과 대기업 간 지배관계의 유지 내지는 강화를 초래하였을 가능성도 있
었다. 국내의 주거래은행제도는 정부주도로 이루어져 시장 주도로 이루어졌던
일본의 주거래은행제도와는 다소 차이가 있지만[3] 은행과 대기업의 긴밀한 관계
를 전제로 한다는 점에서는 동일하다. 일본에서 주거래은행제도는 주식의 상호
보유, 임원파견 등의 특징을 보였는데,[4] 이러한 특징은 소유와 지배의 결합을
가능하게 하는 것으로 금산결합의 또 다른 형태라고 할 수 있다. 국내 주거래은
행제도 역시 마찬가지로 그러한 특징을 낳았을 가능성이 있다.

주거래은행은 소유가 집중되고 소유경영체제를 유지하는 대기업 거래기업
에 대한 감시기능을 하지 못하고 단지 기업의 자금원으로 전락하고 은행의 건
전경영이 저해될 가능성이 있었다.[5] 특히 주거래은행제도의 취지상 주거래기업
의 실패는 곧 주거래은행의 실패를 야기하는 것이 되어 궁극적으로 기업과 은
행이 공동운명체가 되는 감금효과(lock-in effect)를 초래하게 되었을 가능성도

향, 한국증권학회지 23(1), 1998. 325-384. 하지만 기업경영 위기시 기업과 은행이 손실
위험에 노출되는 등 한계에 직면하였다. 한국은행 신용감독국 신용기획과, 주거래은행제
도 개선, 1996.7.5.

2) 아쉽게도 계열기업군에 대한 여신관리 수단으로서 주거래은행제도는 성공적이지 못하였
으며, 반대로 주거래은행제도는 은행과 계열기업을 더욱 일체화되는 lock-in effect를 야
기한 측면이 있다.

3) 이우관, 일본의 주거래은행제도와 기업의 효율성, 한국경제연구원, 1995. 165-177면.

4) 이우관(1995) 위의 논문. 181면.

5) 이우관(1995) 위의 논문. 186-7면.

크다. 이러한 주거래은행제도는 금융위기를 거치며 1998년 2월 은행법 개정을 통해 폐지되었다.

Ⅱ 1982년 은행법: 대기업 은행지분 보유한도 도입

　　국내 은행법상 산업자본의 은행지분에 대한 보유 한도는 1982년 은행법 개정으로 1983년에 처음 도입되었다. 1961년 '금융기관에 대한 임시조치법'으로 국유화된 은행이 1981년 민영화되는 과정에서 은행법은 대기업의 은행지분 보유한도 8% 제한을 도입하였다. 그런데 8% 한도의 도입에도 불구하고 산업자본의 금융산업지배에 대한 우려로 인하여 보유한도를 더 강화하자는 논의가 제기되었다. 1980년대 금융자율화가 진행되던 당시 한국경제연구원[6]의 이우관(1988)[7]은 "금융산업이 경쟁력을 갖춘 산업으로 성장하자면 한마디로 주인을 찾아주는 것이 가장 급선무의 하나"이지만 산업자본이 금융산업의 주인이 되는 것은 "대기업의 금융산업지배에 대한 우려"가 있으므로 "현행 대주주의 주식보유 및 의결권에 대한 규제(8%)와 동일인에 대한 대출제한(25%)을 강화하는 것이 필요"하다고 지적하였다. 특히 "동일인의 범위를 계열기업까지 확대 강화[함으로써] … 대기업의 금융산업지배에 대한 가능성을 최소화할 수 있을 것"이라고 하였다.

　　1981년부터 1983년에 이르는 기간 동안 5대 시중은행(조흥, 상업, 제일, 한일, 서울은행) 민영화가 추진되었고 이를 계기로 다수의 대기업이 다시 은행지분

---

6) 당시 한국경제연구원의 원장은 1987년 원장으로 취임한 전경련의 부회장이기도 했던 선경그룹의 최종현 회장이었다.

7) 이우관, 금융자율화의 효율적 추진방향, 한국경제연구원 (1988.7). 8면. 이러한 일련의 지적에 따라 은행법상 산업자본의 은행지분 한도는 8%에서 1994년 은행법 개정으로 4%로 강화된다. 1996년 금융위기 직전 4%를 초과하는 대기업그룹의 은행지분 보유는 잔존하는데 이는 일종의 경과기간 중 현상으로 볼 수 있다.

을 보유할 수 있게 되었다.8) 1982년에는 신한은행, 1983년에는 한미은행이 설립되었다. 1988년 12월 5일에는 금리자유화 조치가 시행되었으나 1989년 11월에 철회되고 1991년 8월에 이르러 4단계 금리자유화조치가 다시 추진되었다. 1991년에는 1971년 설립되었던 한국투자금융이 하나은행으로 전환된다.

Ⅲ 1997-98년 금융위기

1. 1994년 은행법 개정과 대기업의 은행지배

　1980년대 금융자유화를 거치면서 제기된 산업자본의 금융지배 우려를 반영하여 1994년에는 은행법 개정으로 산업자본의 4% 은행지분 한도와 금융전업기업가 제도가 도입되었다. 그러나 1998년 2월 금융전업 기업가 제도는 폐지되었고, 4% 한도는 3년에 걸친 경과조치가 있었는데 시행 되기 전인 1997년에 금융위기가 발생하여 보류되었다. 그 결과 1994년 은행법 개정으로 인한 산업자본의 4% 은행지분 한도는 산업자본의 금융지배에 따른 폐해가 전면적으로 드러난 이후인 1998년에야 시행되었다.

　1997년부터 1998년에는 금융위기로 인하여 상당수의 대기업과 은행의 부도가 발생하였다. 당시 25개의 시중은행·지방은행 가운데 15개 은행이 파산하였다. 25개 은행 가운데 13개 은행의 대주주가 대기업이고 이 중 10개 은행이 부도 처리되었다.9)

　금융개혁위원회의 1997년 12월 발간된 <금융개혁 종합보고서>는 "금융자본과 산업자본의 결합"에 따른 문제점을 잘 보여주고 있다. 예를 들어, 금융

---

8) 주거래은행제도하에서 민영화가 이루어졌으므로 주거래관계에 있던 계열회사가 민영화지분을 인수하는 것이 가능해지는 상황이 되었고, 1996년 기준으로 다수 대기업의 은행 대주주 지위는 그 결과라고 볼 수 있다.

9) 대기업이 대주주가 아닌 은행 중 파산한 5개 은행은 충북, 강원, 경기, 충청, 동남 등 주로 지방은행이었다.

을 겸영하는 거대기업집단의 출현으로 인한 경제력 집중, 신용배분의 왜곡 등 불공정행위 또는 이해상충 야기, 기업의 사적 이익을 위한 은행 건전성과 안정성 훼손, 기업부실의 금융기관 전염, 은행과 기업의 결합으로 정보비대칭성 심화로 차단벽 무력화 및 감독기능 곤란, 예금보험제도 및 중앙은행 최종대부기능 등 공적 안전망이 기업 실패에 이용되는 비효율 초래 등을 언급하고 있다.10) 이러한 문제점들을 해소하기 위해 <금융개혁 종합보고서>는 "정부는 산업재벌의 은행경영 참여를 방지"해야 한다고 지적하였다.

<금융개혁 종합보고서>는 '산업자본의 실질적인 금융지배 지속'이라는 제목하에 "산업자본의 은행지배를 엄격히 규제하고 있음에도 불구하고 실제로는 기업들이 직접 혹은 기업소유 보험회사 등을 통하여 은행주식을 상당 규모 소유하고 있어 실질적으로 산업자본의 은행지배를 완전히 금지하기가 쉽지 않은 실정이다. 실제로 임직원의 주식보유 등을 통한 위장분산 가능성 등을 고려하면 대기업군의 은행주식 보유비중은 제한비율보다 훨씬 높은 것으로 추정되고 있다. 만일 정부의 직접적인 규제가 없다면 대기업 과점주주들이 은행의 경영권을 장악함으로써 산업과 은행간 분리원칙은 무의미해질 가능성이 있다"11)고 지적하였다.

1996년을 기준으로 49개 국내 대기업 중 15개 대기업이 은행 대주주 지위를 가졌고, 하나의 대기업이 다수 은행의 지분을 보유한 경우도 다수 있었다. 15개 대기업이 다수 은행에 대하여 보유한 은행지분율은 합계 평균 18.9%였고, 많게는 60%를 넘는 경우도 있었다. 하나의 대기업이 다수 은행의 지분을 보유함에 따라 다수의 대기업이 동일 은행의 대주주 지위를 가지고 있었으며, 이에 따라 대주주간 '담합' 가능성에 대한 우려도 제기되었다. 이와 관련하여 은행법은 "사실상의 지배"에 대한 정의를 확대한 바가 있었다. 1998년 2월 개정12)된

---

10) 금융개혁위원회, 금융개혁 종합보고서, 1999. 142 – 143면.

11) 금융개혁위원회, 138면.

12) 은행법 1998년 2월 개정: 제15조 (동일인의 주식보유한도 등) ① 주주 1인과 그와 대통령

은행법은 사실상의 지배에 대한 정의에 "동일인이 자기 또는 타인의 명의로 소유하거나 담합에 의하여 의결권을 행사하는 것을 포함"하였다.13)

　'사실상의 지배'에 대한 이러한 확대는 2002년 4월 27일 동조항의 전문개정으로 삭제되었는데, 이러한 확대는 금융위기를 거치며 은행 지배구조를 보다 엄격히 해야 한다는 필요성을 반영한 것이라 할 수 있다. <금융개혁 종합보고서>14)에 의하면 은행법상 산업자본의 은행지분 한도는 직간접적인 모든 소유를 제한한 것이 아니어서 친인척, 임직원 혹은 비은행 금융회사를 통한 우회소유가 가능15)하였다. 또한 서론에서 언급하였듯이, <금융개혁 종합보고서>는 '대기업 과점주주들에 의한 은행 경영권 장악' 문제점을 지적하였는데, 이 문제점은 1998년 2월 은행법 개정에 의한 '사실상의 지배' 개념 확대의 배경이었음을 알 수 있다.

2. 금융위기와 금산분리 실패에 대한 해외의 평가

　1997년 금융위기 과정에 대한 해외에서의 평가를 살펴보면, 금산분리 실패가 명확히 지적되었다. 2003년 FDIC 심포지엄에서 1985~1991기간 동안 연방예금보험공사의 의장을 역임하였던 William Seidman은 우리나라의 금융위기를 평가하면서 은행의 파산원인은 금융회사와 산업자본 간 교차소유(cross ownership between financial institutions and commerce)에 의한 금산결합이었다고

령이 정하는 특수관계에 있는 자(이하 "동일인"이라 한다)는 금융기관의 의결권있는 발행주식총수의 100분의 4를 초과하는 주식을 소유하거나 사실상 지배(동일인이 자기 또는 타인의 명의로 소유하거나 담합에 의하여 의결권을 행사하는 것을 포함하며, 이하 이 조, 제16조 및 제26조에서 "보유"라 한다)하지 못한다.<개정 1998·2·24>. 1997년 1월 개정: 제17조의3 (동일인의 주식소유제한등) ① 주주 1인 및 그와 대통령령으로 정하는 특수관계에 있는 자(이하 "동일인"이라 한다)는 금융기관의 의결권 있는 발행주식총수의 100분의 4를 초과하는 주식을 소유하거나 사실상 지배하지 못한다. <1997·1·13>.

13) 1998년 2월 개정이전 사실상의 지배는 동일인만을 대상으로 한 것이었다.

14) 금융개혁위원회, 금융개혁 종합보고서, 1997.12.

15) 이를 기반으로 대기업 대주주를 중심으로 하는 은행 지배구조가 구축될 수 있었을 것이다.

지적했다. 즉, 산업과 금융의 결합("the mixing of so-called commerce and finance created a disaster.")이 정실자본주의(crony capitalism)를 야기하였고, 그 결과 신용배분이 왜곡되고 은행이 파산하여 결국 금융위기를 초래하였다는 것이다.16)

2007년 당시 미국 예금보험공사 의장 Sheila C. Bair17) 역시 우리나라 1997-98년 금융위기는 금융과 산업의 결합에 따른 이해상충, 경제력 및 금융집중, 궁극적으로는 금융기관의 건전성 훼손에 의해 비롯되었다고 지적하였다.

OECD(1999)는 아시아에서의 금융위기의 원인이 대기업은 '소유와 경영의 분리'에 기반한 전문경영이 아니라 지배주주를 중심으로 하는 선단식 경영의 지배구조를 유지하고 은행은 감시와 견제기능을 가진 이사회가 없는 지배구조 등 불투명하고 책임능력을 결여한 기업지배구조로부터 기인하였다고 평가하였다.18)

---

16) Seidman, L. William. 2003. Comments at the FDIC Symposium, The Future of Banking: The Structure and Role of Commercial Affiliations. Washington, D.C., July 16. ("I spent about the last ten years in the Far East looking at Japan, Korea, and other places where the mixing of so-called commerce and finance created a disaster. There's no doubt that what we saw in the Far East was primarily the result of what they call "crony capitalism" or in other words cross ownership between financial institutions and commerce if you will.")
http://www.fdic.gov/news/conferences/future_transcript.html#Seidman [July 22].

17) Sheila C. Bair (2007), "The fourth wave - the mixing of banking and commerce," Proceedings 1063, Federal Reserve Bank of Chicago. ("After the seeing the difficulties experienced in Japan and Korea — with conlicts of interest and concen-tration of economic and financial power — he [former FDIC chairman William Seidman] recognized the value of overseeing the parent company.") Sheila C. Bair (2004), The future of banking in America, FDIC Banking Review, Vol. 16 (4).
https://www.thompsoncoburn.com/docs/default-source/default-document-library/the-future-of-banking-in-america73df2a26dda26f05acb8ff0000ba5cc9.pdf?sfvrsn=197d45ea_0

18) OECD, Principles of Corporate Governance, 1999.

Ⅳ 현행 은행법상 금산분리

　현행 은행법은 제16조의2 제1항에서 '산업자본의 금융자본 소유·지배 금지'를 위하여 비금융 주력자는 은행의 의결권 있는 주식을 4%를 초과하여 보유할 수 없도록 정하고 있다.[19] 다만 동조 제2항은 의결권을 행사하지 않는 조건으로는 10%까지 보유하도록 허용한다. 또한 제37조 제1항에 의해 '금융자본의 산업자본 소유·지배 금지'를 위하여 은행은 비금융회사의 의결권 있는 주식의 15%를 초과하여 소유할 수 없다.[20]

　은행법상 금산분리는 주주권과 의결권 제한 등 두 가지 방식을 모두 적용하고 있다. 우선은 4%를 초과하여 보유할 수 없도록 함으로써 지분보유를 제한하고 있고, 다음으로는 4%를 초과하여 10%에 이르기까지는 의결권을 제한하고 있다. 다만, 4% 한도 기준은 지배가 없음을 추정하는 기준인지 아니면 간주하는 기준인지 여부에 대하여 명시적이지 않다. 추정은 입증을 통하여 번복될 수 있는 반면, 간주는 사실로 의제하는 것이므로 번복될 수 없다. 만일 추정이라면 4% 미만일지라도 지배행위 가능성에 대한 규제감독이 이루어지는 반면, 간주라면 그러한 가능성은 고려되지 않는다. 물론 추정 혹은 간주 여부에 따라 은행법상 지배구조에 대하여 달리 정하는 규정이 없다는 점에서 4% 이내의 지분은 지배 없음으로 간주하고, 4%를 초과하는 것은 지배로 간주하는 것으로 해석될 여지가 있다.

　또한 은행법상 최고한도의 수준은 10%로 미국의 25%에 비하여 낮다. 이

---

19) 지방은행의 경우에는 15%를 최고한도로 한다. 은행법 제16조의2 제1항. 또한 제16조의2 제3항에 따라 2년 이내에 금융주력자로 전환하기 위한 계획을 제출하여 금융위원회로부터 승인을 받은 비금융주력자 등의 산업자본은 예외적으로 승인을 받아 은행의 의결권 있는 지분 100%까지 보유할 수 있다.

20) 제37조 제2항에 의하면, 제1항의 금지에도 불구하고 금융위원회가 정하는 업종에 속하는 회사 등에 출자하는 경우 또는 기업구조조정 촉진을 위하여 필요한 것으로 금융위원회의 승인을 받은 경우에는 의결권 있는 지분증권의 15%를 초과하여 소유할 수 있다. 자세한 사항은 제37조 제2항 참조.

러한 엄격한 소유규제는 1997－98년 금융위기를 거치며 산업자본에 의한 금융 지배의 폐해가 매우 컸던 경험을 반영한다고 볼 수 있다.21) 1997~1998년 금융 위기를 거치면서 산업자본의 은행 지분보유는 곧 지배를 의미한다는 경험칙이 형성된 때문이라고 이해할 수 있다.

만일 국내에서도 지배구조에 대한 적정한 규제방안이 가능하고 또한 이러한 방안이 신뢰를 얻는다면, 의결권 없는 지분에 대한 보유 허용 한도를 현행 10%보다 높은 방향으로 조정하는 것을 생각해 볼 수 있을 것이다.22) 주주총회에서의 의결권뿐 아니라 만일 지분의 이사회 참여를 일정하게 제한하는 것이 가능하다면, 지분보유 허용 한도는 더 상향 조정하는 것이 가능할 수도 있다. Berger et al23)에 의하면, 주주권이 은행에 영향을 미치는 주요 경로는 주주권 자체가 아니라 은행의 신용배분에 대한 의사결정을 지배하는 것이다. 만일 이러한 의사결정의 지배를 적절히 제한할 수 있다면, 즉, 주주권과 지배권을 분리할 수 있다면 지분보유 한도 자체는 상대적으로 탄력적으로 정할 수 있을 것이다.

은행지배를 제한하는 정책하에서 산업자본은 의결권이 제한된 은행의 지분을 보유하고자 할 것인가? 앞에서 논의하였듯이 주주권은 회사를 지배할 권리뿐 아니라 현금흐름에 대한 잔여청구권자로서 권리를 갖는다. 의결권의 제한은 주주권이 가진 권한 가운데 은행을 지배할 권리를 대상으로 하는 것일 뿐 현금흐름에 대한 권리를 제한하는 것은 아니다. 따라서 지배권보다는 현금흐름에 대한 권리에 관심이 있는 산업자본은 의결권이 제한되더라도 여전히 은행의

---

21) 국내 은행법상 산업자본의 은행지분 보유 한도는 1982년에 처음 도입되었으며 당시 한도는 8%였다. 1994년에는 4%로 강화되었는데 당시 경과조치는 3년이어서 그 기간 중 1997년 금융위기가 발생하였다. 따라서 금융위기 이전 산업자본의 은행지분에 대한 실질적인 보유한도는 8%라고 할 수 있다.

22) 물론 제16조의2가 정하는 의결권 있는 지분의 보유한도 이외의 사항에 대해서도 동일조건에서 검토의 대상이 될 수도 있다.

23) Berger, Allen N., Imbierowicz, Björn, Rauch, Christian(2016), The roles of corporate governance in bank failures during the recent financial crisis, Journal of Money, Credit and Banking, Vol. 48 (4)

지분을 보유할 동기를 가질 것이며, 현금흐름에 대한 권리보다는 지배할 권리를 추구하는 산업자본에게는 의결권 제한이 지분보유 동기를 상실하게 하는 이유가 될 수 있을 것이다.

Ⅴ 인터넷전문은행법[24]의 금산분리

2019년 인터넷전문은행특례법은 기존 은행법상 지분한도를 크게 초과하여 지분을 가진 산업자본의 인터넷전문은행 소유를 가능하도록 하였다. 인터넷전문은행법 제5조 제1항은 비금융주력자에 대하여 은행법 제16조의2 제1항 및 제2항의 규정에도 불구하고 의결권 있는 발행주식 총수의 34%까지 보유를 허용한다.[25] 이는 1982년 은행법상 소유한도가 8%로 도입된 이후 1998년 4%로 낮아진 한도와 비교하면 크게 차이가 있다. 물론 이 새로운 한도는 기존 은행법상 은행에게는 해당이 되지 않고 인터넷전문은행에 대해서만 적용된다. 금산분리의 맥락에서 보면 금산분리의 부정에 이를 정도로 큰 변화에 해당하며, 이 제도의 도입에는 많은 사회적 논의가 있었다. 인터넷전문은행법상 소유규제와 금산분리에 대한 자세한 논의는 제13장에서 다시 다룬다.[26]

---

24) 정확한 명칭은 인터넷전문은행 설립 및 운영에 관한 특례법이다.
25) 10%까지는 금융감독당국의 사전 승인이 필요 없고(제5조 제2항) 다만 10%를 초과하여 34%에 이르기까지 보유하는 경우에는 일정한 요건을 충족하여 감독당국의 승인을 얻어야 한다. 고동원, 금융규제법개론, 박영사 (2019). 77면.
26) 본문 241페이지 이하 참조

금산분리의 실증연구

제10장

금산분리의 실증분석1
(기존연구)

Ⅰ 금산결합의 방식: 산업 주도형과 금융 주도형

금산결합의 방식은 산업 주도형과 금융 주도형으로 나눌 수 있다. 산업 주
도형은 기업이 금융을 소유·지배하는 반면, 금융 주도형은 금융이 기업을 소유
·지배한다. 어떤 유형이 될지 여부는 나라마다의 실제 경제모델과 환경에 따라
영향을 받는다. 산업주도의 국가에서는 산업 주도형이 나타날 가능성이 높고,
금융주도의 국가에서는 금융 주도형이 나타날 가능성이 높다. 더러는 금융과
산업이 상호적으로 소유·지배관계를 갖거나 파트너십을 이용한 쌍방적 결합이
될 수도 있다.

과거 독일에서의 금융과 산업의 결합은 은행중심의 금융 주도형이었고, 일
본에서는 금융과 산업간 지분보유가 아닌 느슨한 파트너십에 근거한 혼합형이
었다.[1] 1997–98년 금융위기를 거치며 드러난 우리나라의 금산결합 방식은 산
업 주도형이었다. 재벌로 불렸던 산업자본이 은행, 종금사, 보험사, 증권사 등의
지분을 광범위하게 보유하고 직간접적으로 지배하였다.

Ⅱ 금산결합의 소유효과와 지배효과

1. 금산결합에 따른 두 가지 채널

금산결합은 소유와 지배라는 두 가지 행위를 통해 이루어진다. 소유는 지
분을 보유함으로써 대주주 지위를 갖는 것이고, 지배는 소유권을 전제로 은행
경영에 참여함으로써 신용배분에 대한 의사결정을 지배하는 것이다. 직접이든
간접이든 소유 없이 지배가 있을 수 없으므로 소유는 지배의 전제조건이다. 지

---

1) The U.S. House of Representatives 101st Congress, "An international comparison of
banking regulatory structures," A staff study for the Committee on Banking, Finance,
and Urban Affairs, June 1990. 14–19면.

그림 10-1 금산결합에 따른 두 가지 채널

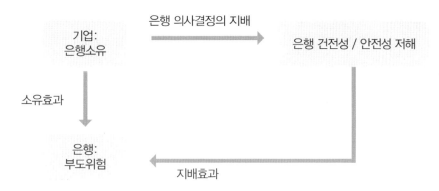

배는 은행의 신용배분에 대한 의사결정을 지배하는 것으로서 소유의 목적에 해당할 수 있다. 소유는 수단이고 지배가 목적이라고 할 수 있는 것이다.

소유와 지배, 이 두 현상은 금산결합에 따른 비용－편익에 구체적으로 어떤 영향을 줄 것인가. 소유는 그 자체만으로도 은행의 성공 혹은 실패의 원인이 될 수 있는가, 아니면 신용배분을 왜곡하는 지배를 통하여서만 은행실패를 야기하는가? 소유는 필연적으로 지배를 야기하는가? 모든 지배는 반드시 신용배분을 왜곡하는가?

만일 소유가 그 자체만으로도 은행의 성공과 실패의 필연적 원인이 될 수 있다면, 금산분리는 소유규제를 가장 중시해야 할 것이다. 하지만 만일 소유 그 자체보다는 은행의 의사결정을 지배함으로써 신용배분을 왜곡하는 지배가 은행실패의 주된 원인이라면 금산분리는 지배구조규제를 더 중시해야 할 것이다. 만일 산업자본의 소유가 필연적으로 지배를 야기한다면 소유규제를 엄격히 시행해야 할 것이다.

소유와 지배가 은행의 부도위험에 영향을 주는 채널은 ＜그림 10－1＞과 같이 표현할 수 있다. 금산결합에 따른 효과는 소유효과와 지배효과로 구분할 수 있다. 소유효과는 소유라는 사실 자체로부터 나오는 부도위험에 대한 영향이고, 지배효과는 지배행위로부터 나오는 부도위험에 대한 영향이다. 만일 소유와 지배가 완전히 분리되어 있다면 소유효과는 소유는 하되 지배하지 않는 소유로부터 나오는 부도위험에 대한 영향이 되고, 지배효과는 소유하지 않는 지배자의 지배로부터 나오는 부도위험에 대한 영향이 된다. 이에 따라 소유하는 자와 지배하는 자는 다른 자이고 이에 따라 소유효과와 지배효과는 각각 다른 행위로부터 부도위험이 받는 영향을 나타낸다.

금산결합은 기업이 금융회사의 지분보유를 전제로 금융회사의 의사결정 즉, 금융자원의 배분에 개입하는 것을 목적으로 한다. 다시 말하면 금산결합은 소유와 지배의 분리를 전제로 하지 않으며 반대로 소유와 지배의 결합을 추구한다. 따라서 소유효과는 지배를 목적으로 하는 자의 소유가 부도위험에 미치는 영향이고, 지배효과는 지배를 목적으로 소유하는 자의 지배행위가 부도위험에 미치는 영향이다. 이것은 소유를 통해 지배하고자 하는 동일인에 대하여 소유 자체와 지배행위 자체가 금융회사의 부도위험에 미치는 영향을 의미한다.

2. 식별의 문제

금산결합의 경우에는 소유효과와 지배효과의 주체가 동일인이라는 점에서 소유행위와 지배행위에 대한 적절한 구분이 필요하다. 만일 구분이 제대로 이루어지지 않으면 소위 식별의 문제(identification problem)가 발생할 수 있다. 금산결합에서는 소유와 지배가 하나의 과정으로 이어진다는 점에서 두 행위의 구분이 쉽지 않을 수 있다.

하지만 이론적으로 보면 대기업의 은행 지분 보유가 반드시 은행 지배를 목적으로 한다고 보기 힘들 수도 있고, 은행지배를 목적으로 한다고 하더라도 은행지배에 반드시 성공한다는 보장이 있는 것은 아닐 수 있다. 지분은 증권시장에서 누구나 가질 수 있지만 은행의 지배는 감독당국의 대주주 심사를 거쳐야 하고 또한 기존 대주주와의 경쟁을 해야 한다는 점에서 산업자본 대주주가 언제나 은행의 지배자가 될 수 있다고 보장하기는 어려울 수 있다. 따라서 이와 같이 대주주 지분보유 자체가 곧 즉시 은행지배를 의미하는 것이 아니라면 소유행위와 지배행위는 독립된 행위로서 식별이 가능할 수 있다.

식별이 가능하다는 전제하에서 대기업이 은행의 지분을 보유함으로써 소유·지배관계를 가질 경우, 대기업이 은행 지분을 보유하고 있다는 사실 자체 혹은 보유규모 자체는 소유효과 추정의 근거가 된다. 반면 은행의 의사결정을 지배하는 행위 즉, 은행 이사회에 참여하여 대기업 이익을 대변하는 이사의 수, 이사회에서 논의된 대출 결정에 있어서 대기업을 대변하는 이사들의 의견 개진 등 의사결정의 원인행위나 은행의 기업대출 규모 및 기업주식의 보유규모 등 의사결정 지배의 결과행위 등은 지배효과 추정의 근거가 될 수 있다. 의사결정 지배의 원인행위는 이사회구성 및 이사회의사록 등을 통해 확인이 가능한 정보이고, 의사결정 지배의 결과행위는 은행의 재무제표를 통해 확인이 가능한 것으로 서로 동전의 양면을 이룬다.

기업이 은행을 소유·지배하는 경우라도 소유효과는 기업과 은행 간 즉, 소유하는 자와 소유되는 자 간 양방향으로 영향을 줄 수 있다. 기업이 은행의 대주주라는 사실 자체로 인하여 기업의 부도위험이 은행의 부도위험에 영향을 줄 수 있고, 은행의 부도위험이 기업의 부도위험에 영향을 줄 수 있다. 이를 테면 잠재적 위험의 전염가능성을 예로 들 수 있다. 모회사인 기업이 부도위험에 직면할 경우 이 위험이 자회사인 은행에 전염될 가능성이 있을 수 있고, 자회사인 은행이 부도위험에 직면할 경우 모회사인 기업에 위험전염을 야기할 수 있는 것이다.

소유효과와 달리 지배효과는 소유·지배관계의 방향에 따라 발생할 가능성이 더 크다. 소유·지배관계의 방향이 양방향인 경우에는 지배효과는 기업이 은행을 지배함으로써 은행의 부도위험에 미치는 영향뿐 아니라 은행이 기업을 지배함으로써 기업의 부도위험에 미치는 영향을 나타낼 수 있다. 앞에선 논의한 것처럼 일본의 금산결합은 양방향이었다는 점에서 지배효과는 양방향에서 발생하는 것으로 이해할 수 있다. 독일의 경우는 금융 주도형이었으므로 지배효과는 은행의 기업지배가 기업 혹은 은행의 부도위험에 미친 영향을 의미한다. 하지만 우리나라의 금산결합은 산업 주도형이었으므로 지배효과는 대기업의 은행 지배가 은행과 기업의 부도위험에 미치는 영향을 의미하는 것으로 이해할 수 있다.

Ⅲ 기존연구 서베이: Welch 테스트와 로짓추정

국내외에서 금융과 산업의 결합에 따른 비용−편익을 직접적으로 실증 분석한 논문은 거의 없다. 비록 금산결합의 직접 분석대상으로 한 것은 아니지만 은행과 기업 각각에 대하여 소유·지배구조가 은행과 기업의 부도위험에 미치는 영향을 분석한 연구는 일부 참조할 만하다.

Berger et al(2016),[2] Martin(1977),[3] Jagtiani et al(2003)[4], Kolari et al(2002)[5] 등은 은행의 부도위험 결정요인을 실증적으로 분석하였다. Laitinen and Laitinen(2000)[6], Campbell et al(2008)[7] 등은 기업의 부도위험 결정요인을 실증분석하였다.

---

2) Berger et al, "The Roles of Corporate Governance in Bank Failures during the Recent Financial Crisis," *Journal of Money*, Credit and Banking, Vol.48, No. 4, 2016.

3) Daniel Martin (1977), "Early Warning of Bank Failures," *Journal of Banking and Finance* 1, 249−276.

4) Jagtiani, "Early Warning models for Bank Failures: Simpler could be better," *Economic Perspectives*, Federal Reserve Bank of Chicago, 2003.3Q. 49−60.

5) Kolari (2002), "Predicting large US Commercial Bank Failures," *Journal of Economics and Business* 54, 361−387.

6) Erkki K. Laitine, and Teija Laitinen, "Bankruptcy prediction: Application of the Taylor's expansion in logistic regression," *International Review of Financial Analysis* 9, 2000. 327−349면.

7) John Y. Campbell, Jens Hilscher, and Jan Szilagyi, "In Search of Distressed Risk," *Journal of Finance*, Vol. LXIII, No. 6, 2008. 2899−2939면.

1. 은행 부도위험의 추정

Berger et al(2016)은 은행 소유·지배구조가 은행의 부도위험에 미치는 영향을 구체적으로 분석하고 있다.[8] 이들은 사외이사, CEO, CEO 이외의 최고책임자(CFO, CLO, CRO), 하위 경영자(부사장, 회계책임자, 팀장 및 국장 등) 등의 은행의 내부자(corporate insiders)가 은행 지분 및 옵션보유 등을 통해 어떻게 은행의 부도위험에 영향을 미치는지를 보여주었다. Welch 테스트와 로짓분석을 통하여 은행 소유구조(ownership structure)가 은행 부도위험에 유의한 영향을 준다는 사실을 추정하였다.

<표 10-1>은 은행을 파산은행과 파산하지 않은 은행으로 구분하여 소

표 10-1 Berger et al(2016)의 Welch test

		No failure	Failure	Difference
Corporate governance variables				
	Ownership variables			
Share ownership/total shares	Outside directors	0.076 (0.117)	0.166 (0.181)	0.090***
	CEO	0.014 (0.037)	0.029 (0.037)	0.015***
	Other higher-level mgmt.	0.005 (0.010)	0.026 (0.055)	0.021***
	Lower-level mgmt.	0.029 (0.083)	0.161 (0.304)	0.132***
Option holdings / total assets ($ Thd.)	Outside directors	0.002 (0.018)	0.001 (0.006)	−0.001***
	CEO	0.144 (0.693)	0.186 (0.653)	0.041**
	Other higher-level mgmt.	0.054 (0.335)	0.053 (0.209)	−0.002
	Lower-level mgmt.	0.027 (0.152)	0.034 (0.139)	0.007
	Other ownership variables			
	TARP	0.379 (0.485)	0.050 (0.219)	−0.328***
	Public bank	0.438 (0.496)	0.699 (0.459)	0.261***
	Multibank holding company	0.117 (0.322)	0.180 (0.384)	0.063***

[8] Berger et al (2016)에 의하면, 지배구조가 은행의 부도위험에 미치는 영향에 대한 실증연구는 이전에는 없었다고 한다.

유·지배구조와 관련한 변수의 차이가 통계적으로 유의한 수준에 이르고 있는지 여부를 판단한 Welch 테스트 결과를 담고 있다. 이에 의하면, 은행 지분보유 규모(Share ownership/total shares)는 파산한 은행(Failure)의 경우에 사외이사, CEO, 고위임원 등 보유지분이 파산하지 않은 은행(No failure)의 경우보다 체계적으로 유의한 수준에서 더 많았다.

총자산 대비 옵션보유규모의 경우에는 다소 다른 결과를 보여주는데, 사외이사의 보유규모는 파산하지 않은 은행의 경우가 더 컸고, CEO의 보유규모는 파산한 은행의 경우에 더 컸다. 파산한 은행은 파산하지 않은 은행에 비해 TARP 지원을 더 받았고, 상장한 경우가 더 많았고, 다수 은행을 자회사로 둔 지주회사의 소속이었다.

<표 10-2>는 은행 지분 소유구조(ownership structure)가 은행의 부도위험에 유의한 영향을 주었다는 로짓 추정결과를 담고 있다. 첫째, CEO는 대규모 은행지분을 보유함에도 불구하고 은행 부도위험에 별로 영향을 주지 않았다. 둘째, CEO가 아닌 최고책임자와 하위경영자의 지분보유는 은행의 부도위험을 현저히 증가시켰다.

CEO의 주식보유가 은행의 부도위험에 영향을 주지 않은 이유는 CEO의 의사결정이 시장과 규제당국에게 쉽게 노출되어 부도위험에 영향을 주는 행위가 엄한 책임추궁의 대상이 되기 때문이다. 반면, CEO가 아닌 최고책임자와 하위경영자는 은행의 부도위험에 심각한 영향을 주었는데, 이들은 은행의 의사결정을 실질적으로 지배하면서도 시장과 규제당국에게 쉽게 노출되지 않기 때문이다. 이들은 매일의 은행경영에 직접 간여하지만 이들의 의사결정은 시장에 의해 쉽게 모니터링되지 않으므로 신인의무에 기반한 의사결정보다는 주주로서의 이익을 위한 위험추구에 적극 개입한다. 그 결과, 대규모 지분을 보유한 하위경영진은 비이자수익 관련한 위험(tail risk)을 현저히 높이고, 마찬가지로 대규모 지분을 보유한 CEO이외의 최고책임자는 ROA의 감소, NPL 증가, 자기자본 비율의 하락 등을 초래하였다. 그리고 이러한 지배구조 문제점에 노출되는 은

행의 유형은 주로 '이사회의장이 CEO가 아닌 대형의 상장된 은행'인 것으로 파악되었다.

CEO가 아닌 최고책임자와 하위경영자의 위험추구 행위는 Merton(1977)이 지적한 것처럼, 예금보험하에서 풋옵션을 보유한 은행 주주가 과도한 위험추구 행동을 하는 것과 같다. 또한 평판이 경영진의 의사결정에 영향을 준다는 Holmstrom and Ricart I Costa(1986), Hirshleifer and Thakor(1992)의 주인대리인 이론에도 합치된다. 하위경영진이 은행 내에서 가장 심각한 위험추구자라는 사실은 2012년 JPMorgan Chase에서 발생한 6.2조 달러의 손실에서도 입증되었다.[9] 사외이사, CEO, CEO 이외의 최고책임자, 하위경영진 등의 보상체계와 관련, 부도은행은 지분보유 비율이 높은 반면, 생존은행은 업무성과에 연동한 주식 및 옵션 인센티브가 상대적으로 더 많았다.

기존 연구 중 Berger et al(2016)이 시사하는 바는 은행장 및 은행장 선출과 관련한 제도는 지배구조에서 의외로 중요하지 않을 수 있다는 점이다. 은행장보다는 실질적인 의사결정을 지배하는 하위 경영자 등이 지배효과에 있어서 더 큰 중요성을 가질 수 있다는 점을 말해준다.

---

9) Berger et al, p.732. The London Whale. 현 미국에서 가장 큰 파생상품 투자매매업자인 JP Morgan Chase의 Chief Investment Office(은행 전체의 위험수준을 억제하는 역할을 맡는다)에 소속된 Bruno Iksil은 350조 달러에 이르는 예금을 이용하여 위험헤지가 거의 되지 않는 파생상품에 투자를 하여 6.2조 달러에 이르는 손실을 보았고, 이를 축소 보고하는 등의 문제를 야기하였다. 이로 인해 too big to manage, too big to regulate 등의 문제점이 지적되었다.
https://www.bloomberg.com/quicktake/the—london—whale
https://www.hsgac.senate.gov/subcommittees/investigations/media/senate—investi gations—subcommittee—holds—hearing—and—releases—report—on—jpmorgan—cha se—whale—trades
https://www.govinfo.gov/content/pkg/CHRG—113shrg80222/pdf/CHRG—113shrg8 0222.pdf

표 10-2 Berger et al의 추정결과: Table 5

		I			II Heckman selection model		
		Failure in			Failure in		
		1 year	2 years	2006:Q4	1 year	2 years	2006:Q4
Corporate governance variables							
	Ownership variables						
Share ownership/total shares	Outside directors	−2.766**	0.355	4.121	−1.330**	0.046	1.194
	CEO	1.648	−2.880	−19.714	0.246	−1.388	−8.585
	Other higher-level mgmt.	0.791*	7.068***	30.782*	0.144**	3.558***	12.757***
Option holdings/total assets ($ Thd.)	Lower-level mgmt.	2.790***	2.105**	9.903**	0.84**	0.872**	2.956**
	Outside directors	5.446	9.409	6.256	0.791	4.971	1.640
	CEO	−0.159	−0.106	0.098	−0.065	−0.048	0.005
	Other higher-level mgmt.	−0.573	−0.599	−3.341	−0.175	−0.457	−1.092
	Lower-level mgmt.	0.993	0.094	−2.204	0.533**	−0.069	−0.528
	Other ownership variables						
	TARP	−1.562**			−0.733***		
	Public bank	0.573	1.101**	3.137***	1.302***	0.054	−0.587
	Multibank holding company	0.627	0.495	2.711	0.093	0.209	0.410
	Variable compensation variables						
Stock and option awards/total compensation	Outside directors	3.026*	1.632	−3.944	1.423**	0.877	−1.867
	CEO	−1.074	0.619	−2.930	−0.069	0.336	−0.784
	Other higher-level mgmt.	−0.398	−1.201	2.729	−0.221	−0.434	0.580
	Lower-level mgmt.	−0.296	0.825	−1.518	−0.425	0.254	0.571
Bonus/total compensation	CEO	0.589	−0.384	3.725	−0.039	−0.121	2.234
	Other higher-level mgmt.	−1.990	−2.931	9.422*	−1.273	−1.602	4.568**
	Lower-level mgmt.	0.806	2.959	16.741***	1.261	1.481	6.457***
	Management variables						
	Outside directors/board	−0.310	−1.125	3.257	0.078	−0.631	0.961
	Higher-level mgmt./board	−0.371	0.039	12.207***	−0.074	0.085	4.278***

Martin(1977)에 의하면, 부실채권, 과도한 기업대출은 은행 부도위험을 높이고, 자본금 능력은 부도위험을 낮추는데 기여했다. 영업이익(operating income)에 비해 부실채권의 상각(gross charge-offs), 총대출 중 기업대출 비중은 은행 부도 확률을 높인 반면, 위험자산 대비 총자본금(gross capital to risk asset)은 부도 확률을 낮추었다. Jagtiani et al(2003)[10]는 은행의 자기자본비율, 핵심예금 대비 대출 규모 등이 은행 건전성에 핵심이라는 사실을 추정하였다. Jagtiani et al(2003)에 의하면, 자기자본비율은 은행 건전성에 핵심적이며 조기경보시스템을 활용하여 적절히 모니터링하는 것이 중요하다. 이를 위해 de novo 은행인지 여부 등의 특성 데이터(special characteristics), 세후 영업이익, 총예금 중 핵심예금, 핵심예금 대비 대출규모 등의 금융변수(financial variables), 소비자 및 모기지 대출 증가율, 소비자대출 변동성 등의 성장과 변동성 데이터(growth and volatility variables), 대출 기업 중 부도 기업의 수 등의 경제적 요인(economic factors) 변수가 은행의 부도 확률에 영향을 주었다.

Kolari et al(2002)은 은행의 수익성, 자본금능력 등이 은행 부도위험에 유의한 영향을 미친다는 사실을 추정하였다. Kolari et al(2002)은 1989-1992년 기간 중 미국에서 자산규모가 2.5억 달러 이상인 은행을 대상으로 조기경보시스템을 활용하여 부도위험을 추정하였다. 추정결과에 의하면, 은행의 규모, 이윤가능성(총자산 대비 순이자이익, 세후 순영업이익 및 그 증감), 자본금능력(총자산 대비 자본금), 신용위험, 유동성 등이 1년 및 2년 후의 부도위험에 유의한 영향을 미쳤다.

2. 기업 부도위험의 추정

Laitinen and Laitinen(2000)은 기업의 부도위험 결정요인을 실증분석하였

---

10) Jagtiani, "Early Warning models for Bank Failures: Simpler could be better," *Economic Perspectives*, Federal Reserve Bank of Chicago, 2003.3Q. 49-60.

는데, 총자산 대비 현금흐름 및 자본금 능력 등이 기업의 부도위험에 영향을 준 것으로 추정하였다. Campbell et al(2008)[11]은 상장 폐지된 기업의 경우 순이익의 증가와 과도한 부채가 각각 부도위험을 낮추거나 높이는 것으로 추정하였다. Campbell et al(2008)에 의하면, 파산법 chapter 7 혹은 chapter 11에 근거하여 파산신청이 이루어진 기업, 최저 시가총액, 보고 및 공시의무 미이행, 거래소 수수료 미납 등의 원인으로 인해 상장폐지된 기업을 대상으로 한 추정에서 총자산 대비 순이익, S&P 500의 수익률을 초과하는 수익률, 자본금에 대한 시장의 가치평가는 부도위험을 낮추었다. 반면 총자산의 장부가 대비 총부채, 주가수익률 변동 등은 오히려 위험을 높이는 것으로 나타났다.

Laitinen and Laitinen(2000)과 Campbell et al(2008)의 결과는 서로 다른 듯하지만, 기업의 현금흐름이 수익성에 의해 영향을 받고, 부채는 자본금능력과 관련이 있다는 점에서 사실상 같은 맥락의 결과로 볼 수 있으며, 수익성과 자본금의 중요성을 알 수 있다. 금산결합과 관련하여 이들의 분석이 시사하는 바는 기업이 은행지배로부터 얻는 편익은 유리한 조건의 자금조달을 통해 부채부담을 줄이고 필요시 은행이 기업의 주식을 보유함으로써 필요시 자본금 확충에 도움이 되는 것이라고 볼 수 있다. 기업의 수익성과 자본금능력이 모두 좋다면 기업이 구태여 금산결합을 추구하지 않겠지만 경기적 요인 혹은 기업 자체의 요인으로 수익성이 떨어지는 상황에서 금산결합을 통해 은행으로부터 유리한 조건의 자금을 조달하고 자본금 확충의 기회를 얻는 것은 기업의 생존에 결정적 기여를 할 수 있다고 볼 수 있을 것이다.

이상에서 리뷰한 각 논문의 추정방법론, 데이터 분석기간, 주요 분석결과 등에 대한 좀 더 상세한 사항은 <표 10-3>에서 보는 바와 같다. 이들 분석의 대부분은 추정방법론으로 로짓분석을 활용하였고, 분석대상은 70년대 이후 최근 글로벌 금융위기를 포함하는 경우까지 고르게 분포되어 있다. 모든 논문

11) John Y. Campbell, Jens Hilscher, and Jan Szilagyi, "In Search of Distressed Risk," *Journal of Finance*, Vol. LXIII, No. 6, 2008. 2899-2939면.

은 은행 혹은 기업의 파산여부에 대한 더미변수를 종속변수로 하고, 재무, 회계, 위험 변수 등을 설명변수로 활용하고 있다. Martin(1977)은 은행 부도위험의 조기경보에 영향을 주는 요인에 대한 분석을 위해 1970 – 1976년 기간을 대상으로 로짓방법론으로 은행 파산사례를 분석하였고, Berger et al(2013)은 2007년 1분기에서 2010년 3분기에 이르는 비교적 최근 데이터를 활용하여 로짓 방법론으로 은행 지배구조가 은행의 부도위험에 미치는 영향을 추정하였다. Jagtiani et al(2003)은 마찬가지로 로짓 방법론으로 1988 – 1990년 기간을 대상으로 은행의 부도위험 결정요인을 실증 분석하였다. Kolari et al(2002)는 로짓 방법론을 이용하여 1989 – 1992년 데이터에 대해 은행파산의 확률적 예측력을 개선하는 분석을 하였다. Laitinen and Laitinen(2000)은 1985 – 1993년 데이터를 이용하여 로짓 방법론으로 기업 부도위험을 분석하였고, Campbell et al(2008)은 1963 – 2003년 데이터에 대하여 로짓분석론과 hazard model을 이용하여 기업의 실패요인을 실증분석하였다.

표 10-3 기존연구 서베이

저자(연도)	논문명	종속변수	추정방정식 설명변수	추정방법론	데이터 분석기간	추정결과
Martin (1977)	Early warning of bank failure	은행 파산 1, 은행 생존 0	1. Asset risk: Loans/Total assets, Gross Charge-Offs/Net Operating Income 2. Lliquidity: Net Liquid Assets/Total Assets 3. Capital adequacy: Capital/Asset 4. Earnings: Operating Expenses/Operating Revenues, Net Income/Total Assets, Net Interest Margin/Earning Assets 외	로짓	1970-1976	1. Gross Charge-Offs/Net Operating Income, Loan/Total Assets, Commercial Loans/Total Loans이 높을수록 은행 파산확률 증가 2. Gross Capital/Risk Assets이 높을수록 은행 파산확률 감소
Berger et al. (2013)	The roles of corporate governance in bank failures during the recent financial crisis	은행 파산 1, 은행 생존 0	1. Acoounting 변수: Assets, Capital ratio 외 2. Coprporate governance변수: Ownership 외 3. Market competition 변수: Local market power 지수 외 4. State-Level Economic 변수: House price inflation 외 5. Primary Federal Regulator: OCC, FED dummy	로짓	07.Q1-10.Q3	1. 금융위기동안 경영권 구조는 채무불이행에 영향을 끼치는 것으로 나타나나, 최고책임자와 외부 이사의 주식보유량은 부도확률에 직접적인 영향 주지 않음 2. 자본크기, 부실 채무 등 회계변수가 은행 채무불이행 예측하는데 중요한 역할
Jagtiani et al (2003)	Early warning models for bank supervision: simpler could be better	은행 파산 1, 은행 생존 0	1. Financial 변수: capital ratio, total assets 외 2. Growth and volatility 변수: agricultural loans, consumer loans 증가율 외 3. Economic 변수: 은행파산수, 1인당 소득 외	로짓	1988-1990	조기경보시스템(EWS)이 은행 파산확률 예측하는데 상당히 유용

저자(연도)	논문명	추정방정식		추정 방법론	데이터 분석기간	추정결과
		종속변수	설명변수			
Laitinen and Laitinen (2000)	Bankruptcy prediction: Application of the Taylor's expansion in logistic regression	기업 파산 1, 기업 생존 0	Cash flow/total assets, Equity/total assets, Cash/total assets	로짓, taylor's model	1985-1993	Taylor 모형활용으로 Cash flow/total assets, Equity/total assets, Cash/total assets 등 재무비율의 기업 재무불이행 예측력 개선
Kolari et al (2002)	Predicting large US commercial bank failures	은행 파산 1, 은행 생존 0	1. Size 변수: total assets의 2. Profitability 변수: Net interest income/total assets 외 3. Capitalization 변수: Total equity/total assets 4. Creditrisk변수: Allowance for loan losses/total assets 외 5. Liquidity변수: Total securities/total assets 외 6. Liabilities변수: Nondeposit liabilities/total liabilities 외 7. Diversification변수: Sum of key asset accounts/total assets	로짓, trait recognition	1989-1992	EWS(로짓, trait recognition)이 은행 파산 확률 예측력 개선
Campbell et al. (2008)	In search of distress risk	기업 파산 1, 기업 생존 0	Net income/Total assets, Total liabilities/Total Assets, Firm market equity/Total S&P500 market value, Stock of cash and short-term investments/Market value of total assets 외	로짓, hazard model	1963-2003	1. hazard model을 이용하여 기존의 부도거리모형(distance-to-default)보다 부도예측력이 우수한 새로운 모형을 제시하고, 이 모형으로 주식시장에서 부도위험 이례현상 *(distressanomaly) 발견됨을 주장 *부도위험과 주식수익률간 음(-)의 관계 2. 규모가 작고, 유동성이 적으며 또한 기관투자자의 비중이 작은 기업들에게서 부도위험 이례현상 발견

Ⅳ 실증분석에의 시사점

금산결합이 은행의 부도위험에 미치는 영향이 두 가지 채널 즉 소유효과와 지배효과를 거친다는 것은 금산결합의 영향을 실증분석함에 있어서도 소유효과와 지배효과를 대상으로 해야 함을 의미한다.

특히 소유와 지배의 분리가 아니라 결합을 추구하는 금산결합에 대해서는 소유효과와 지배효과가 식별의 문제에 직면할 수 있으므로 적절한 식별조건을 확보할 필요가 있다. 소유효과는 소유 사실 자체로부터 기인하는 잠재적 위험 발생 가능성을 대상으로 하고, 지배효과는 소유에 기반하여 은행의 의사결정을 지배함으로써 야기되는 위험발생 가능성을 대상으로 한다. 소유효과는 소유하는 자와 소유되는 자 사이에 양방향으로 나타날 수 있는 반면, 지배효과는 지배하는 자로부터 일방향으로 나타난다. 지배효과를 낳는 행위는 은행의 의사결정을 지배하는 원인행위(예. 이사회의 지배, 임원파견 등)와 의사결정을 지배한 결과 나타난 결과행위(예. 주식의 상호보유, 해당 기업대출규모 등)로 이루어지며 실증분석은 이러한 요소를 반영한 변수를 활용할 필요가 있다.

해외 실증분석 가운데 Berger et al(2003)은 시사하는 바가 크다. 특히 은행의 의사결정을 지배하는 임원이 은행이 주식을 보유할 경우 부실가능성이 큰 대출을 제공하는 등 과도한 위험추구행위를 한다는 점은 소유와 지배의 결합이 낳는 문제점이 매우 일반적일 수 있다는 점을 시사한다. 은행의 의사결정을 내리는 위치에 있는 자가 은행의 지분을 보유하면 비록 대주주의 지위는 아닐지라도 은행에 대한 소유와 지배가 분리되지 않게 된다. 이때 지분을 보유한 임원은 은행의 건전성과 예금자에 대한 신인의무보다는 자신의 의사결정권한을 이용하여 자신의 이익(은행의 이익 증가시 얻게 되는 주식배당이익)을 위해 은행의 자산에 대한 의사결정에 있어서 과도한 위험추구를 행하는 유인행동을 할 수 있다는 것이다. 이것은 앞의 제6장 Ⅱ절에서 논의한 금융과 산업의 결합형식 가운데 기업이 은행의 지분을 보유한 채무자인 (5)의 경우가 보다 일반화한 경우라고 할 수도 있다. 비록 외부 기업이 아니라 은행의 내부 임직원 개인이지만 마치 외부 기업과 같이 은행의 자금배분 의사결정을 지배하여 자신의 사익을 극대화할 수 있는 위험대출을 행하는 자라는 점에서 (5)에서와 마찬가지로 주 주권과 채권의 충돌을 초래하는 것이라고 볼 수 있다.

이러한 분석결과에 의하면 은행의 임원이 자신이 재직하고 있는 은행의 지분을 보유하는 경우에도 은행의 건전성에 부정적인 영향을 주는 위험한 대출을 과도하게 할 수 있는데, 하물며 은행 자체가 위험이 큰 프로젝트에 투자하는 기업의 지분을 보유하여 대주주 지위에 이르거나 혹은 동일 기업이 이 직접 은행의 지분을 보유하여 은행의 의사결정을 지배할 경우에는 은행의 건전성을 심각히 저해하는 의사결정이 이루어질 가능성을 상상하는 것은 어렵지 않다.

크게 보면 다음 세 가지 행위는 큰 틀에서 같은 맥락의 문제점으로 파악할 수 있다. 첫째, 은행 의사결정을 지배하는 은행 내부자가 은행지분을 보유함으로써 하게 되는 위험추구행위(a). 둘째, 은행 의사결정을 지배하는 첫째와 동일한 은행 내부자가 은행으로부터 자금을 차입하는 입장에 있는 기업의 주식을 보유하여 그 기업의 위험한 프로젝트에 과도한 대출을 제공하는 등 은행의 대출결정에 있어서 위험을 추구하는 행위(b). 셋째, 은행 외부자인 기업이 은행지분을 보유한 후 대주주로서 은행을 지배하여 은행으로 하여금 자신의 위험 프로젝트에 대출을 하도록 하는 등 은행으로 하여금 과도한 위험추구를 하도록 행위(c). 이 세 가지 행위는 비록 구체적인 경로는 다르지만 전체적으로는 은행의 의사결정을 지배하여 과도한 위험추구를 한다는 공통점을 가지며 이 점에서 크게 보면 같은 맥락의 지배효과를 야기할 가능성을 갖는다고 볼 수 있다.

하지만 엄밀히 보면 (a)는 금산결합과 관련한 현상이 아니지만 만일 해당 임원이 주거래은행제도 하에서 상호임원 파견에 의해 기업으로부터 파견된 임원이라면 (a) 역시 금산결합에 따른 지배행위의 하나로 볼 수도 있다. 금산결합의 지배효과를 정확히 추정하기 위해서는 (a), (b), (c) 각 유형의 세부사항을 정확히 파악하는 것이 필요하며 만일 (a)가 금산결합과 무관하게 은행 임원의 자발적 행위라면 비록 (a) 행위 자체는 규제의 대상이 되는 것이 바람직할지라도 금산결합의 지배효과에 해당하는 (b)와 (c)로부터는 구분되도록 하는 것이 필요하다.

금산분리의 실증분석2
(Welch 검증)

Ⅰ 앞장으로부터 잇는 글

이번 장의 논의는 앞장을 전제로 한다. 실증분석을 이루는 제10장, 제11장, 제12장은 서로 연관된다. 한 장으로 묶기에 분량이 너무 많아 이를 편의상 쪼갠 것이다. 제10장에서는 실증분석이 소유효과와 지배효과를 구분하여 이루어진다는 점을 설명하였으며 이는 제11장과 제12장의 실증분석의 기본구조를 이룬다. 특히 이번 장에서는 앞장의 마지막 절 '실증분석에의 시사점'에서 은행 외부자인 기업이 은행 지분을 보유한 후 대주주로서 은행을 지배하는 유형(c)을 분석의 대상으로 한다. 1997-98년 금융위기를 통해 구체적으로 드러난 문제점은 바로 이 유형에 해당한다.

Ⅱ 1997-98년 금융위기와 은행 및 대기업의 부도

실증분석의 대상이 되는 은행은 1993~2006년에 존재했던 은행이다. 구체적인 실증분석에 있어서는 이들 가운데 1997-98년 중 부도를 당한 은행과 그렇지 않은 은행을 구분한다. 분석의 대상이 되는 대기업 역시 같은 시점에 존재했던 대기업이며, 마찬가지로 실증분석에 있어서는 부도된 경우와 그렇지 않은 경우를 구분한다. 또한 금산결합의 분석이 주된 목적이므로 은행 중 대기업이 대주주였던 은행과 그렇지 않았던 은행을 구분한다. 마찬가지로 대기업에 대해서도 은행의 대주주 지위를 가졌던 대기업과 그렇지 않았던 대기업을 구분한다.

1997-98년 금융위기 직전 연도에 해당하는 1996년을 기준으로 분석대상이 되는 은행은 25개이다.[1] 마찬가지로 동일시점을 기준으로 분석대상 기업은 공정거래법상 주거래계열 기업에 해당하는 49개 회사다.[2] 1996년을 기준으로

---

1) 조흥, 상업, 제일, 한일, 서울, 외환, 국민, 신한, 한미, 동화, 동남, 대동, 하나, 보람, 평화, 대구, 부산, 충청, 광주, 제주, 경기, 전북, 강원, 경남, 충북 은행 등이다.

표 11-1 대기업의 부도 일지

1997년	1998년	1999년	2000	2001	2002	2003
삼미(3월) 진로(4월) 대농(5월) 기아(7월) 해태(11월) 뉴코아(11월) 청구(12월)	한일(7월) 통일(11월)	아남산업 (2월)	새한(1월) 대우(4월) 우방(8월) 고합(11월) 동아건설 (11월)	조양상선 (8월)	신호제지 (1월) (그룹해체, 워크아웃) 동국무역 (3월)	갑을(3월)

그림 11-1 은행의 부도 일지

주: 굵은 글자체 은행이 부도은행에 해당
출처: 각 은행 사업보고서 각 년도, 언론 보도, 김주일 외(2006.12)[3] 등

하는 이유는 은행별 대기업 집단의 지분보유 현황 데이터가 1996년으로 한정되어 있기 때문이다. 은행별 대기업 집단의 지분보유 현황은 1997-98년 금융위

---

2) 삼성, 현대, 대우, 엘지, 한진. 기아, 쌍용, 선경, 하화, 대림, 금호, 두산, 한라. 삼미, 효성, 한일, 동아건설, 고합, 진로, 동국제강, 롯데, 코오롱, 해태, 신호제지, 이남산업, 동국무역, 뉴코아, 통일, 한솔, 한신공영, 삼양, 강원산업, 대농, 동양화학, 새한, 조양상선, 우방, 동부, 벽산, 대한전선, 한국타이어, 동양, 갑을, 청구, 풍산, 금강, 미원, 성신양회, 태평양 등이다.

기를 거치면서 당시 금융개혁위원회의 <금융개혁보고서>를 통해 1996년 말 기준으로 한 차례 발표되었으며 그 이전이나 이후 공개된 바가 없다.

대기업의 부도는, <표 11-1>에서 보는 바와 같이, 1997년 삼미, 진로, 대농, 기아, 해태 등 7개 대기업의 부도로부터 시작하여 1998년 한일, 통일, 1999년 아남산업, 2000년 대우그룹, 2001년 조양상선, 2002년 신호제지, 2003년 갑을 등 7년 동안 한 해도 거르지 않고 지속되었으며, 최종적으로 공정거래법상 주거래계열 기업에 해당하는 49개 대기업 중 19개 대기업이 부도 처리되었다.

은행의 경우 <그림 11-1>에서 보는 바와 같이 1998년 5개 은행의 퇴출로부터 시작하여 금융위기를 거치며 최종적으로 총 15개 은행이 부도 처리되었다. 1998년 6월 29일 금융감독위원회의 결정에 의해 대동은행, 동화은행, 동남은행, 경기은행, 충청은행이 모두 첫 퇴출은행으로 지정되었다. 이후 부도은행은 순차적으로 상업은행, 한일은행, 보람은행, 충북은행, 강원은행, 제일은행, 평화은행, 서울은행, 한미은행, 조흥은행 등을 포함하기에 이르렀다. 이에 따라 우리나라 은행역사를 일구었고 가장 대형 은행으로 활약하여 흔히 '조상제한서'라고 불리던 조흥-상업-제일-한일-서울은행이 모두 퇴출하기에 이르렀다.

실증분석은 이처럼 부도난 기업과 은행을 부도가 나지 않은 기업 및 은행과 구분하여 계량적으로 분석함으로써 소유와 지배를 매개로 하는 소효효과와 지배효과를 추정하여 분석하는 것이 필요하다.

---

3) 김주일 외(2006.12), 합병은행 노사관계 발전방안, 전국금융산업노동조합·한국노동사회연구소

Ⅲ 실증분석의 주요 변수와 데이터

1. 주요 변수와 데이터 출처

실증분석을 위한 데이터는 1993~2006년을 대상으로 하며, 주요 변수는 은행과 대기업의 부도변수, 재무변수, 기업지배구조변수 등이다. 부도변수는 금융위기 이후 은행과 대기업의 부도가 발생한 1997년부터 2006년을 대상으로 하며, 이 기간 중 부도여부에 따라 부도 처리된 은행 혹은 대기업은 더미변수 1, 그렇지 않은 은행과 대기업은 0의 값을 갖는다. 은행과 대기업 부도의 대부분은 1997~2000년 기간 중에 발생하였다.

자료의 주된 출처는 금융개혁위원회 <금융개혁보고서>(1997), 은행감독원 <은행경영통계>(1990, 1996), 금융감독원의 <은행경영통계>(2000), 공정거래위원회의 <주계열기업 공시자료>(1996) 등이다.

분석대상 변수는, <표 10-2>에서 보는 바와 같이, 은행의 경우, 금융위기 과정에서의 부도 여부를 판단하는 더미변수, 대주주가 대기업인지 여부를 판단하는 더미변수 및 대주주의 은행 지분보유율, 부실여신 규모, 자기자본비율, ROA, ROE, 상임 임원의 수 등을 포함한다. 대기업의 경우에는 금융위기 과정에서의 부도여부를 판단하는 더미변수, 은행의 대주주인지 여부를 판단하는 더미변수, 부채비율, 당기순이익 등을 포함한다.

대기업의 은행 지분 소유로부터 비롯되는 지배효과의 추정을 위해서는 앞에서 언급한 바와 같이 지배를 목적으로 하는 의사결정의 원인행위 및 결과행위에 해당하는 데이터가 필요하다. 은행 내 지배구조에 대한 대주주의 지배 관련 데이터가 필요하다. 의사결정의 원인행위와 관련한 데이터는 은행의 외부주주, 내부주주, 이사회구조(총이사 수 대비 사외이사의 수, chief officers의 수, 하위경영진의 수, 이사회의 규모, 은행장이 이사회의장인지 여부 등), 임직원 보상체계, 상장여부 등이다. Berger et al(2016)은 이 가운데 내부주주, 이사회구조, 임직원 보상체계 등의 데이터를 활용하여 지배구조가 은행의 부도위험에 미치는 영향을 추

표 11-2 실증분석에 사용되는 변수의 정의

변수명	단위	내용
〈은행변수〉		
은행부도 (bank bankruptcy)	더미	금융위기를 거치면서 부도는 1, 그렇지 않으면 0
대기업의 은행대주주 (big firm shareholder dummy)	더미	대기업 대주주이면 1, 그렇지 않으면 0
대기업의 은행지분율 (big firms' shares)	%	각 은행에 대한 대기업 대주주의 지분비율
ROA	%	총자산 대비 당기순이익 비율
ROE	%	자본금 대비 당기순이익 비율
자기자본비율(capital ratio)	%	은행 자기자본비율
부실여신비율(NPL)	%	부실여신(회수의문+추정손실)의 총여신 대비 비율
외환예금(foreign deposit)	억원	각 은행 외화예수금
은행 상임임원(Officer)	수	각 은행의 상임 임원의 수
기업대출(firm loan)	억원	각 은행의 기업에 대한 대출규무
〈대기업변수〉		
대기업부도(bankruptcy)	더미	부도는 1, 그렇지 않으면 0
은행대주주지위 (bank shareholder)	더미	은행의 대주주이면 1, 그렇지 않으면 0
자본금(capital)	억원	자본금규모
자본비율(capital ratio)	%	총자산 대비 자본금 비율
부채규모(debt)	억원	부채규모
부채비율(debt ratio)	%	자본금 대비 부채비율
이자부담 (interest expense to sales)	%	총매출액 대비 금융비용(부채에 대한 이자) 부담비율
순이익(net income)	억원	당기 순이익
수익증가율(revenue growth)	%	매출액 증가율

정하였다. 하지만 우리나라의 경우 1997－98년을 포함하는 기간에 대하여 이러한 의사결정 지배의 원인행위와 관련한 데이터 가운데 이사회구조 등에 대한 데이터를 구하는 것은 불가능하다. 금산결합에 따른 의사결정 지배의 결과행위에 해당하는 데이터는 은행의 재무제표에 표현이 되는 데이터를 포함하므로 당시 은행감독원 및 금융감독원의 은행경영통계를 통해 어느 정도 구할 수 있으며, 이들은 은행의 기업에 대출규모, 은행이 보유하는 기업주식의 보유규모 등을 포함한다.

금산결합에 따른 의사결정 지배의 원인행위와 결과행위에 대한 데이터를 결합하여 분석에 활용될 수 있는 변수는 외부주주 여부와 지분보유규모, 은행 상임 임원의 수, 기업에 대한 대출의 규모, 은행이 보유하는 기업주식보유규모 등이다. Berger et al에서는 내부주주가 논의의 핵심이었던 것과 비교하면, 금산결합에 따른 지배효과의 분석에서는 내부주주가 아니라 외부주주가 논의의 핵심이다. 은행 내부 임원이 아니라 외부에 존재하는 대기업이 은행의 지분을 보유함으로써 은행의 의사결정을 지배하는 행위를 분석하는 것이다.

2. 은행지배의 원인행위 데이터와
   <금융개혁 종합보고서>의 이사회구조에 대한 언급

금산결합에 따른 의사결정의 원인행위에 해당하는 이사회구조와 관련하여 <금융개혁 종합보고서>가 담고 있는 관련 언급을 참고할 필요가 있다. 이 보고서에 의하면, 1997－98년 금융위기 이전 은행 이사회는 모두 내부이사로 구성되었다. 1980년대 이후 금융자율화가 추진되면서 정부의 은행 개입여지를 축소하고 책임경영체제[4] 구축을 위해 1993년 5월 주주중심의 은행장[5] 선임제도

---

4) 박재하(2006), p.11.
5) 은행장 선임에 대한 지침에 따라 은행장추천위원회는 현 은행장 대표 3인, 주주대표 4인 (대주주 대표 2인, 소액주주 대표 2인), 고객대표(개인고객 대표 1인, 기업고객 대표 1

가 도입되었는데, 이를 계기로 이사회 구성에 대한 대주주의 영향력은 절대적이 되었다고 할 수 있다.

　그런데 1993년 당시 여전히 이사회는 사내이사를 중심으로 이루어졌으므로 대주주인 대기업의 이익을 대리하는 이사는 사외이사가 아니라 사내이사였고, 이에 따라 대주주인 대기업의 이익을 대리하는 사내이사는 은행의 기존 임직원 가운데에서 선임되거나 혹은 임원파견의 형식으로 사내이사로 임명되는 경우가 있었을 것으로 추정된다. 이러한 현상은 후술하는 바와 같이 기업과 은행으로 하여금 사실상 이익공동체가 되게 한 주거래은행제도와도 관련된다고 할 수 있다.

　사외이사제도는 금융위기를 거쳐 1999년에 도입되었는데, 이 사외이사 중심의 확대이사회제도에서는 사외이사의 선임에 대해 대주주의 이익을 대표하는 이사의 선임 비율이 적게는 50%, 많게는 70%에 이르렀다.[6] 이러한 높은 선임 비율은 은행의 의사결정이 사실상 대주주에 의해 지배될 수밖에 없도록 하는 것으로, 산업자본의 이사회 지배를 억제하기 위해 사외이사 선임권을 극히 제한하는 미 은행지주회사법과 비교하면 이 사외이사 중심의 확대이사회제도는 산업자본 대주주의 은행 의사결정에 대한 영향력을 기존과 다름이 없거나 혹은

─────

인) 2인 등 9인으로 구성되었다. 은행장 선임은 주주총회에서 결정되는데, 주주총회 주주의 직접 참석률이 최근에도 20% 수준에 불과하다는 점에 비추어 당시 주총에서 은행장 선임은 대주주의 의사에 의해 결정되었다고 볼 수 있다.

6) 따라서 대주주인 대기업이 은행의 은행장을 포함한 상임이사 및 사외이사의 임명에 미친 영향력, 대출 및 위험관리 등 관련하여 은행의 의사결정에 대한 대주주의 지배 메커니즘과 영향력은 매우 높았다고 할 수 있다. 만일 1996년 당시 개별 은행의 지배구조와 의사결정에 대한 데이터를 확보할 수 있다면, 대주주 대기업의 은행에 대한 지배행태와 의사결정이 기업의 자본금 및 부채조달과 은행의 자금배분에 미친 영향을 정확히 분석하는데 도움이 될 것이다. 대주주 대기업이 은행장을 포함한 상임 임원을 임명하는 과정에서 어떤 절차를 통해 영향을 미쳤는지, 산업자본 기업의 임직원이 산업자본을 대리하여 은행지분을 얼마나 보유하였는지, 은행 임직원 가운데 대주주인 대기업의 주식을 보유하였는지 혹은 은행의 주식을 얼마나 보유하였는지, risk-taking channel 형성에 어떤 영향을 주었는지, 보상체계는 부도위험에 어떤 영향을 주었는지 등에 대한 평가가 가능할 것이다(보상체계에 대해서는, 금융위기 이후 금융구조조정을 통해 임원의 인센티브 옵션 등이 새로 도입된 것에 비추어 보면, 금융위기 이전에는 보상체계가 위험 추구를 더욱 강화하는 유인효과는 상대적으로 없거나 작았을 가능성이 있다).

오히려 한층 강화하는 것이라고 할 수 있다. 금산분리의 실패가 1997－98년 금융위기를 초래한 것이라고 한다면, 대주주로부터 독립성을 갖지 못하는 사외이사 중심의 확대이사회제도는 금산분리의 실패 원인이 더욱 견고하게 유지되도록 한 것이라고 볼 수 있다.

이러한 특징에 비추어 보면 이사회구조 등 금산결합에 따른 의사결정의 원인행위에 대한 변수가 실증분석에 사용되지 못하더라도 은행지배의 원인행위 변수가 은행의 의사결정과 부도위험에 미친 영향의 방향에 대한 과대평가 우려는 크게 문제가 되지 않을 것으로 여겨진다.

Ⅳ 주요 변수의 기초통계

<표 11－3>에서 보는 바와 같이, 1996년 49개 대기업 가운데 금융위기를 거치면서 부도가 난 기업은 총 19개이며, 이 가운데 은행 대주주 지위를 가진 대기업은 4개로 대부분이 은행 대주주 지위를 갖지 못하였다. 49개 대기업 가운데 은행의 대주주인 대기업의 수는 총 15였는데, 이 가운데 부도가 난 대기업의 수는 4개에 불과하여 대부분이 부도를 당하지 않았다. 비율로 보면 은행의 대주주인 대기업 가운데 부도난 대기업의 비율은 26.7%이었다.

1996년 25개 은행 가운데 금융위기를 거치면 부도가 난 은행의 수는 총 15개이다. 15개 부도은행 가운데 대기업이 대주주인 은행은 10개였으며, 대기업이 대주주였으나 부도나지 않은 은행은 3개였다. 비율로 보면 부도가 난 은행 가운데 대기업이 대주주인 은행의 비중이 76.9%에 이르렀다.

요약하면, 은행 대주주 지위를 가진 대기업은 대부분 부도를 면한 반면, 대기업이 대주주 지위를 가진 은행의 대부분은 부도를 피하지 못한 결과가 나온 것이다.

1996년을 기준으로 은행의 대기업 대주주 지분율의 전체 은행 평균은

표 11-3 은행과 대기업 실증 변수의 기초 통계

변수명	단위	내용				
〈은행〉						
은행부도	더미	#(1)=15, #(0)=10. 1은 부도 더미, 0은 비부도 더미				
대기업 대주주	더미	#(1)=13, #(0)=12. 1은 대기업 대주주, 0은 아닌 더미				
		#(bank bankruptcy=1|big firm shareholder=1)=13 중 10 #(bank bankruptcy=0|big firm shareholder=1)=13 중 3 #(bank bankruptcy=1|big firm shareholder=0)=12 중 5 #(bank bankruptcy=0|big firm shareholder=0)=12 중 7 ⇒ 은행부도의 대다수가 대기업 대주주가 있는 경우에서 발생				
		평균	중앙값	최대	최소	
대주주 지분율	%	15.49	16.37	50.35	0	대기업 대주주
ROA	비율	0.10	0.07	0.99	-2.12	
ROE	비율	0.01	0.85	9.62	-34.1	
자기자본비율	%	9.78	9.14	15.1	8.46	
부실대출 비율	%	0.82	.071	2.48	0.12	
외화차입 비율	%	262.4	16.4	3,075.8	0	총부채 기준
〈대기업〉						
대기업부도	더미	#(1)=19, #(0)=30. 1은 부도 더미, 0은 비부도 더미				
은행 대주주 여부	더미	#(1)=15, #(0)=34. 1은 대주주, 0은 대주주 아닌 더미				
		#(firm bankruptcy=1|bank shareholder=1)=15 중 4 #(firm bankruptcy=0|bank shareholder=1)=15 중 11 #(firm bankruptcy=1|bank shareholder=0)=34 중 15 #(firm bankruptcy=0|bank shareholder=0)=34 중 19 ⇒ 대기업 중 부도의 대다수는 은행 대주주가 아닌 경우에서 발생				
		평균	중앙값	최대	최소	
자본금	억원	14,888	4,563	138,128	-779	자본잠식 기업 포함
자본금비율	%	17.5	18.5	38.5	-4.3	
부채	억원	64,326.0	24,250	433,193	7,078	
부채비율	%	708.4	433,7	8,598.7	159.5	자본잠식 기업 배제
이자비용부담율	%	8.5	6.6	33.8	3.3	
순이익	억원	-106.8	32.0	3,602.0	-3,923.0	
수익증가율	%	15.8	13.5	54.5	-12.3	

15.49%였고 최대 지분율은 50.35%였다. ROA는 전체 은행 평균 0.10이었고, 최대는 0.99, 최소는 -2.12였다. ROE는 평균이 0.01, 최대 9.62, 최소 -34.1이었다. 자기자본비율은 평균 9.78%, 최대 15.1%, 최소 8.46%였다.

대기업의 경우 이미 자본잠식된 경우가 2개 있었으며, 부채비율은 전체 평균 708%였고, 최대 8,598.7%, 최소 159.5%였다. 순수익의 경우 평균값이 이미 마이너스에 이르렀고 최대와 최소의 차이는 극단적인 모습을 보였다. 일부 소수의 대기업을 제외하고는 대부분 제대로 된 수익구조를 갖추지 못하였음을 알 수 있다.

Ⅴ 은행과 대기업 재무건전성에 대한 Welch 테스트

<표 11-4>~<표 11-8>의 Welch 테스트에서 보는 바와 같이, 은행과 대기업의 재무적 및 기업지배구조 변수의 값은 부도여부, 대기업이 은행의 대주주인지 여부에 따라 상당한 차이를 갖는다.

1. 대기업

<표 11-4>은 대기업에 대하여 부도여부를 기준으로 각 변수값이 어떤 차이를 갖는지를 보여준다. 금융위기를 거치며 부도난 기업의 수는 19개사이고, 생존한 기업의 수는 30개사이다. 주요 변수값의 차이(difference)에 대한 Welch 검정에 의하면, 자본금(capital), 자본금비율(capital ratio), 부채규모(debt)는 부도나지 않은 기업이 유의한 수준에서 더 큰 값을 가진 것으로 드러났다. 부채비율(debt ratio)과 이자비용(interest expense)은 부도 기업이 유의한 수준에서 더 큰 값을 갖는 것으로 나타났다. 비록 통계적 유의성은 없지만 자산규모는 부도나지 않은 기업이 더욱 큰 값을 가졌으며, 부도기업의 당기순이익은 음의 값을 보

였다.

<표 11-5>는 대기업이 은행의 대주주 지위를 가지고 있는지 여부를 기준으로 대기업의 각 변수가 어떤 차이를 갖는지 보여준다. 은행 대주주 지위를 가진 대기업의 수는 15개이고, 그러한 지위를 갖지 못한 대기업의 수는 34개이다. <표 11-5>에 의하면 주요 재무 변수값의 차이는 한층 더 뚜렷하다. 예를 들어, 은행의 대주주 지위를 가진 대기업의 자본금 수준은 그렇지 않은 대기업에 비하여 <표 11-4>에서의 차이를 초과하여, 거의 5배 정도 더 크고, 부채수준은 거의 4배 정도 더 크다. 자금조달의 이자비용은 은행의 대주주 지위를 가진 기업이 더 작고, 총자산 규모는 은행의 대주주 지위를 가진 기업이 은행 대주주 지위를 갖지 못한 대기업에 비해 거의 5배 수준에서 더 크다.

요약하면, 대기업은 은행 대주주 지위를 가진 경우에 그렇지 않은 경우에 비해 자본금, 부채조달, 자산규모 등이 더 큰 특징을 보인다.

표 11-4 기업의 부도여부에 따른 변수값의 차이에 대한 Welch 검정

대기업변수. 대기업의 부도 여부 기준			
기업부도	더미=1	더미=0	차이(Welch t-test value)
기업 수	19	30	
은행 대주주 대기업 (bank share dummy)	#(1)=4	#(1)=11	(1: 은행 대주주 대기업 더미)
	평균 (표준편차)	평균 (표준편차)	평균의 차이. (Welch t-value)
자본금 (capital)	6,069.9 (9,468.1)	20,472 (32,001)	14,402.1** (1.910)
자본비율 (capital ratio)	11.7 (8.3)	21 (7)	9.3*** (4.212)
부채 (debt)	39,639.5 (59,541.9)	79,961 (117,302)	40,321.5 (1.389)
부채비율 (debt ratio)	1,165.4 (1,961.1)	449 (338)	−716.4** (−1.956)
이자비용 (interest expense)	12.0 (7.7)	6 (2)	−6.0*** (−4.057)
당기순이익 (net income)	−424.2 (1,504.8)	94 (1,424)	518.2 (1.214)
수익증가율 (revenue growth)	17.0 (13.8)	15 (12)	−2.0 (−0.536)
유동비율 (current ratio)	86.1 (27.0)	84 (22)	−2.1 (−0.298)
자산증가율 (asset growth)	25.5 (12.9)	21 (15)	−4.5 (−1.079)
자산규모 (asset size)	47,937.7 (77,022.6)	91,709 (139,528)	43,771.3 (1.252)

표 11-5 기업의 은행 대주주 여부에 따른 변수값 차이에 대한 Welch 검정

대기업변수. 은행의 대주주여부 기준			
은행 대주주 더미 (bank share dummy)	더미=1	더미=0	
기업 수	15	34	
기업부도	#(1)=4	#(1)=15	(1: 부도 기업 더미)
	평균 (표준편차)	평균 (표준편차)	평균의 차이. (Welch t-value)
자본금 (capital)	33,911.9 (40,638.3)	6,495 (9,178)	−27,416.9*** (−3.724)
자본비율 (capital ratio)	20.4 (5.2)	16 (10)	−4.4* (−1.611)
부채 (debt)	138,409.7 (151,544.9)	31,642 (35,501)	−106,767.7*** (−3.874)
부채비율 (debt ratio)	428.8 (186.6)	839 (1,483)	410.2 (1.066)
이자비용 (interest expense)	6.5 (4.1)	9 (6)	2.5* (1.469)
당기순이익 (net income)	478.8 (1,731.0)	365 (1,271)	−113.8 (−0.257)
수익증가율 (revenue growth)	15.7 (11.2)	16 (14)	0.3 (0.073)
유동비율 (current ratio)	88.9 (25.6)	83 (23)	−5.9 (−0.799)
자산증가율 (asset growth)	20.0 (9.3)	24 (16)	4.0 (0.903)
자산규모 (asset size)	160,374.3 (183,615.9)	36,954.4 (43,726.8)	−123,419.9*** (−3.689)

2. 은행

　　<표 11-6>는 은행에 대하여 부도여부를 기준으로 각 변수값이 어떤 차이를 갖는지 보여준다. 금융위기를 거치면서 부도난 은행의 수는 15개이고, 그렇지 않은 은행의 수는 10개이다. 표에 의하면, 대기업 대주주의 은행 평균 지분율은 부도은행의 경우 19.9%인 반면, 생존은행의 경우 8.9%였다. ROA와 ROE는 생존은행이 더 큰 값을 갖는다. 자기자본비율과 당기순이익의 경우, 생존은행이 현저히 더 크다. 기업 주식보유 규모는 부도은행이 생존은행에 비하여 더 크고,[7] 임원(상임)의 수는 부도은행이 생존은행보다 근소하게 많다.

　　<표 11-7>은 대기업이 대주주인지 여부를 기준으로 하여 각 변수값이 어떤 차이를 갖는지를 보여준다. 대기업이 은행 대주주 지위를 가진 은행의 수는 13개이고, 그렇지 않은 은행의 수는 12개이다. 표에 의하면, 대주주의 평균 지분율은 28%이다. ROA와 ROE의 차이는 <표 11-6>에 비하여 축소되었다. 당기순이익(net income)은 대기업 대주주를 가진 은행이 오히려 더 크고, 부실여신비율의 차이는 작아졌다. 자기자본비율의 경우 대기업이 대주주인 은행이 8.96%이고, 그렇지 않은 은행은 10.67%이다. 자산규모의 경우 대기업이 대주주인 은행이 그렇지 않은 은행보다 거의 세 배 수준으로 더 크다. 기업주식보유 규모의 경우, 대기업이 대주주인 은행이 그렇지 않은 은행보다 거의 세 배 정도 더 크다. 외화표시자산의 경우, 대기업이 대주주인 은행이 그렇지 않은 보다 두 배 이상 더 크고, 상임 임원 수 역시 대기업이 대주주인 은행이 그렇지 않은 은행보다 더 많다.

---

7) 보유주식 대상 기업이 대주주인 대기업인지 여부는 확인되지 않는다. 물론 대주주인 대기업 및 대주주인 대기업과의 제휴기업의 주식일 가능성은 있다.

표 **11-6** 은행의 부도여부에 따른 변수값의 차이(difference)에 대한 Welch 검정

은행변수. 은행의 부도여부 기준			
은행부도	1	0	
은행 수	15	10	
대기업 대주주 (big share dummy)	#(1)=10	#(1)=3	
	평균 (표준편차)	평균 (표준편차)	평균의 차이. (Welch t-value)
대기업 대주주의 지분율 (big firm's share)	19.9 (16.6)	8.9 (15.6)	−11.0* (−1.683)
ROA	0.18 (0.28)	0.45 (0.37)	0.27** (1.963)
ROE	2.47 (4.07)	6.20 (4.34)	3.73** (2.158)
BIS비율 (BIS capital ratio)	9.26 (0.88)	10.56 (2.50)	1.30* (1.580)
부실여신비율 (NPL ratio)	0.98 (0.55)	0.75 (0.34)	−0.23 (−1.291)
외화예금 (foreign currency deposit)	0.16 (0.06)	0.10 (0.13)	−0.06 (−1.366)
총자산(asset)	192,805.13 (172,976.18)	193,517.2 (191,861.96)	712.1 (0.009)
당기순이익 (net income)	151.93 (615.87)	618.90 (572.59)	467.0** (1.938)
기업대출비율 (firm loan ratio)	0.78 (0.10)	0.77 (0.12)	−0.01 (−0.218)
주식보유규모 (firm stock holding)	3,764.67 (4,059.38)	2,819.2 (3,014.95)	−945.47 (−0.667)
주식시가_장부가 비율 (market cap)	0.56 (0.04)	0.57 (0.06)	0.01 (0.463)
외화표시자산 (foreign currency asset)	4,774.2 (5,596.57)	3,847.0 (7,164.53)	−927.2 (−0.345)
상임임원 수 (officer)	9.80 (3.59)	9.40 (2.80)	−0.40 (−0.312)

표 11-7 은행의 대기업 대주주 존재 여부에 따른 변수값의 차이에 대한 Welch 검정

은행변수. 대기업 대주주 존재여부 기준.			
대기업 대주주 더미	1	0	
은행 수	13	12	
은행부도	#(1)=10	#(1)=5	
	평균 (표준편차)	평균 (표준편차)	평균의 차이. (Welch t-value)
대기업 대주주 평균지분율 (big firm's share average)	28.0 (13.7)	0.0 (0.0)	−28.0*** (−7.369)
ROA	0.24 (0.33)	0.35 (0.35)	0.11 (0.807)
ROE	3.59 (4.99)	4.36 (4.07)	0.77 (0.424)
BIS비율 (BIS capital ratio)	8.96 (0.44)	10.67 (2.28)	1.71*** (2.555)
부실여신비율 (NPL ratio)	0.82 (0.59)	0.96 (0.34)	0.14 (0.733)
외화예금 (foreign currency deposit)	0.17 (0.06)	0.10 (0.12)	−0.07** (−1.821)
총자산(asset)	271,484.46 (174,124.02)	108,162.58 (141,394.58)	−163,321.9*** (−2.583)
당기순이익 (net income)	414.31 (832.20)	256.83 (316.74)	−157.5 (−0.634)
기업대출비율 (firm loan ratio)	0.76 (0.13)	0.79 (0.07)	0.03 (0.726)
주식보유규모 (firm stock holding)	5,056.00 (4,045.76)	1,577.83 (2,044.18)	−3,478.17*** (−2.743)
주식시가_장부가 비율 (market cap)	0.57 (0.05)	0.55 (0.04)	−0.02 (−1.108)
외화표시자산 (foreign currency asset)	6,199.00 (5,390.46)	2,458.00 (6,533.98)	−3,741.00* (−1.554)
상임임원 수 (officer)	11.08 (3.25)	8.08 (2.50)	−3.00*** (−2.598)

표 11-8 은행의 대기업 대주주 존재 여부에 따른 변수값의 차이에 대한 Welch 검정
　　　　－ 대기업 대주주 은행 중 신한, 하나, 국민은행 제외

은행변수. 대기업 대주주 존재여부 기준. (신한, 하나, 국민 제외)			
대기업 대주주 더미	1	0	
은행 수	10	12	
은행부도	#(1)=10	#(1)=5	
	평균 (표준편차)	평균 (표준편차)	평균의 차이. (Welch t-value)
대기업 대주주 평균지분율 (big firm's share average)	28.0 (13.7)	0.0 (0.0)	−28.0*** (−7.369)
ROA	0.14 (0.31)	0.35 (0.35)	0.21* (1.49)
ROE	2.22 (4.88)	4.36 (4.07)	2.14 (1.10)
BIS비율 (BIS capital ratio)	8.93 (0.31)	10.67 (2.28)	1.74*** (2.62)
부실여신비율 (NPL ratio)	0.94 (0.60)	0.96 (0.34)	0.02 (0.08)
외화예금 (foreign currency deposit)	0.19 (0.04)	0.10 (0.12)	−0.09*** (−2.49)
총자산(asset)	259,206.10 (177,518.41)	108,162.58 (141,394.58)	−151,043.52** (−2.18)
당기순이익 (net income)	187.20 (764.77)	256.83 (316.74)	69.63 (0.27)
기업대출비율 (firm loan ratio)	0.78 (0.12)	0.79 (0.07)	0.01 (0.30)
주식보유규모 (firm stock holding)	5,104.80 (4,424.97)	1,577.83 (2,044.18)	−3,526.97** (−2.32)
주식시가_장부가 비율 (market cap)	0.55 (0.03)	0.55 (0.04)	0.00 (0.22)
외화표시자산 (foreign currency asset)	6,816.90 (5,390.46)	2,458.00 (6,533.98)	−4,358.90* (−1.64)
상임임원 수 (officer)	11.30 (3.33)	8.08 (2.50)	−3.22*** (−2.52)

<표 11-8>은 대기업 대주주를 가진 은행 중 부도가 나지 않은 신한은행, 하나은행, 국민은행을 제외한 Welch 검정 결과를 담고 있다. 이 결과에 의하면, 대기업 대주주를 가진 은행의 ROA와 ROE, 자기자본비율은 더욱 작은 값이 되고, 부실여신비율은 더 높아졌다. 또한 기업대출비율, 주식보유규모, 외화표시자산, 상임 임원 수는 더 커졌고, 특히 당기순이익은 더 작은 값이 되었다. 이 결과는 신한은행, 하나은행, 국민은행이 비록 대기업의 대주주 지위에도 불구하고 부도가 나지 않았을 뿐 아니라 가장 좋은 재무적 성과를 보였기 때문이다.

요약하면, 부도 여부를 기준으로 하는 경우, 부도은행에 대한 대기업의 평균지분율은 그렇지 않은 은행에 비하여 11%포인트 이상 더 크고, 자기자본비율은 유의한 수준에서 부도나지 않은 은행에 비해 더 좋지 못하였다. 대기업 대주주 여부를 기준으로 하는 경우, 13개 은행 중 10개가 부도났고 부도 은행의 자기자본비율은 그렇지 않은 은행에 비해 더 악화되었다.

3. 대기업과 은행의 유형 분류

대기업이 은행의 대주주 지위를 가지고 있는지 여부 및 은행과 대기업의 부도 여부를 기준으로 대기업과 은행은 각각 4가지 유형으로 구분될 수 있다. <표 11-9>는 기업과 은행에 대하여 이러한 유형구분에 따른 재무변수와 위험변수 값을 비교한 결과를 담고 있다.

<표 11-9>의 (1)은 기업을 부도 당하지 않은 기업 중 은행의 대주주 지위를 갖지 않은 (0,0) 유형 및 은행의 대주주 지위를 가진 (0,1) 유형, 부도기업 중 은행 대주주 지위를 갖지 않은 (1,0) 유형 및 은행 대주주 지위를 가진 (1,1) 유형 등 4가지로 구분한다. 이들 가운데 (0,1) 유형에 속하는 기업의 재무변수는 4개 유형 가운데 기업의 모든 재무변수는 최상위 값을 보였다. 반면 (1,0) 유형에 속하는 기업은 최악의 재무조건을 보였는데 매출액 증가율은 가장

낮고, 대출자금에 대한 이자부담은 가장 높았고, 자본금비율은 가장 낮고, 자본금 대비 부채비율은 가장 높았다.

<표 11-9>의 (2)는 은행을 부도 당하지 않은 은행 중 대기업이 대주주 지위를 갖지 않은 (0,0) 유형 및 대기업이 은행의 대주주 지위를 가진 (0,1) 유형, 부도 은행 중 대기업이 은행 대주주 지위를 갖지 않은 (1,0) 유형 및 대기업이 은행 대주주 지위를 가진 (1,1) 유형 등 4가지 유형으로 구분한다. (0,1) 유형에 속한 은행은 ROA, ROE가 가장 높고 부실여신 비율은 가장 낮아 최상의 재무상태를 유지하고 있다. (1,1) 유형에 속한 은행은 최악의 재무조건을 가졌다. 은행의 성과를 나타내는 ROA와 ROE가 가장 낮고, BIS 자기자본비율 역시 가장 낮다. 기업주식 보유규모는 가장 크고, 임원(상임)의 수는 가장 많다. 전반적으로 재무변수와 위험변수 값이 가장 좋지 못하다. (0,1) 유형에 속한 은행의 최상의 재무적 성과는 대기업 대주주의 존재에도 불구하고 부도가 나지 않은 은행[8]으로서, 은행 자체의 독립적인 지배구조 차원의 노력에 의한 것이라는 평가가 있다. 박경서(1997)[9]에 따르면, 신한은행 등 후발 시중은행은 대기업 대주주의 존재에도 불구하고 상대적인 경쟁력을 갖추었으며, 자체적인 책임경영체제의 구축에 성공함으로써 산업자본 대주주에 의한 은행지배의 가능성을 이겨 낸 사례에 해당하였다.

요약하면, 대기업은 은행 대주주이면서 동시에 부도나지 않은 경우에 최상의 재무적 성과를 보인 반면, 은행은 대기업이 은행의 대주주이고 은행이 부도난 경우에 최악의 재무적 성과를 보였고 대기업이 은행의 대주주이고 은행은 부도나지 않은 경우에 최상의 재무적 성과를 보였다.

---

8) 대기업이 대주주였던 13개 은행 중 부도를 면한 3개 은행은 신한은행, 하나은행, 국민은행 등이다. 1996년 말 이들 은행에 대한 대기업그룹의 지분율은 신한은행 4.45%, 하나은행 28.85%, 국민은행 3.05% 등이었다. 당시 대기업그룹이 대주주로서 참여하는 전체 은행의 평균 지분율은 13.38%였다.

9) 박경서(1997), 16면.

11-9 부도 여부 및 은행 대주주 여부를 기준으로 한 재무적 성과의 비교

(1) 대기업(변수값의 기준연도는 1996년)

부도더미	은행 대주주더미	매출 증가율(%)	이자비용 (%)	자본금 비율(%)	부채비율 (%)	기업수	성과순위
0	0	0.11	6.64	21.05	486.26	19/30	2
0	1	0.30	5.75	21.46	385.75	11/30	최상
1	0	-4.67	12.89	10.09	1,355.68	15/19	최악
1	1	-0.60	8.50	17.55	547.05	4/19	3

대기업 49개사

		기업부도	
		1	0
은행 대주주 더미	1	4	11
	0	15	19

(2) 은행(변수값의 기준연도는 1996년)

부도더미	대기업 대주주 더미	ROA	ROE	외화 예수금 비율	BIS	부실 여신 비율	기업 주식 보유	임원수 (상임)	기업수	성과 순위
0	0	0.40	5.36	0.10	11.20	0.89	1,930.29	9.00	7/10	2
0	1	0.58	8.15	0.10	9.07	0.42	4,893.33	10.33	3/10	최상
1	0	0.28	2.97	0.09	9.92	1.07	1,084.40	6.80	5/15	3
1	1	0.14	2.22	0.19	8.93	0.94	5,104.80	11.30	10/15	최악

은행 25개사

		은행부도	
		1	0
대기업 대주주 더미	1	10	3
	0	5	7

Ⅵ 테스트 결과의 시사점

은행과 대기업의 재무적 변수 및 지배구조변수가 대기업이 은행의 대주주인지 여부에 의해 크게 달라진다는 것은 금산결합이 은행과 대기업의 부도에 결정적 영향을 미쳤을 가능성을 시사한다. 대기업이 대주주 지위를 가졌던 은행은 대부분은 재무구조가 취약하고 부도가 난 반면, 은행 대주주 지위를 가진 대기업의 대부분은 재무구조가 상대적으로 건강하고 부도를 면한 것은 어쩌면 대기업의 입장에서는 애초 구상했던 최상의 시나리오가 실현된 것이라고 볼 수도 있다.

물론 대기업이 은행의 주주로서 지위를 갖더라도 부도를 피했을뿐 아니라 최상의 재무적 성과를 보인 은행도 엄연히 존재한다는 사실은 금산결합이 은행의 부도위험에 미친 영향을 분석함에 있어서 소유효과와 구분된 지배효과의 추정이 필요함을 시사한다. 대기업이 은행의 지분을 보유하였으나 이를 은행에 대해 의사결정의 지배로까지 나아간 경우에는 대기업의 부도위험을 은행으로 이전함으로써 은행을 희생으로 대기업이 생존하였을 가능성이 있다. 하지만, 대기업이 은행 지분을 보유하였더라도 대기업 대주주에게 은행의 의사결정을 지배당하지 않은 은행은 대주주 대기업을 위해 희생을 당하지 않았을 뿐 아니라 독립적이고 전문적인 은행 의사결정을 통해 최상의 재무적 성과를 보였을 것으로 추측할 수 있다. 이러한 특징을 전제로 하여 다음 장에서는 은행과 기업의 결합에 따른 비용－편익을 구체적으로 실증 분석하고자 한다.

금산분리의 실증분석3
(계량분석)

I 앞장으로부터 잇는 글

이번 장은 역시 앞장의 논의를 전제로 한다. 앞장의 <표 11-2>에서 정의되고 Welch 검정에 사용된 변수들이 이번 장의 실증분석에 그대로 활용된다. Welch 검정은 개별 변수들에 대하여 대기업과 은행의 부도여부, 대기업의 은행 대주주 여부 등을 기분으로 하여 통계량을 비교하였다. 이번 장에서는 Logit regression과 Probit regression을 이용하여 각 변수들 간의 관계에 대하여 분석한다. 좀 더 구체적으로 말하면, 대기업의 은행 대주주 지위 여부가 대기업과 은행의 부도여부 및 재무적 성과에 미친 영향 등을 소유효과와 지배효과의 관점에서 실증적으로 추정하고 정책적 시사점을 논의한다.

II 추정 방법론과 방정식

1. 로짓, 프로빗, 선형확률모형

부도현상은 이항변수(binary variable)에 해당한다. 부도가 나든가 나지 않든가 둘 중 하나다. 부도가 나면 1로 표현하고, 나지 않으면 0으로 표현한다. 이러한 이항변수에 대한 추정방법론으로는 흔히 로짓모형(logit model)과 프로빗모형(probit model)이 활용된다. 부도위험의 확률분포가 로짓분포함수(logistic distribution)을 따른다고 가정할 경우에는 로짓추정을 활용하고 표준정규분포(standard normal distribution)을 따른다고 가정하면 프로빗추정을 활용한다. 예를 들어 기업 및 은행이 한 시점 이후에 직면하게 될 부도위험의 확률(marginal probability of bankruptcy)이 로짓분포를 따르면 부도에 영향을 주는 특정의 설명변수와 이항변수간의 관계는 다음과 같이 표현된다.

$$P_{t-1}(Y_{i,t}=1) = \frac{\exp(\beta_0 + \beta_1 D_{i,t-1} + \beta_2 X_{i,t-1})}{1 + \exp(\beta_0 + \beta_1 D_{i,t-1} + \beta_2 X_{i,t-1})}$$

이에 따라 $\beta_0 + \beta_1 D_{i,t-1} + \beta_2 X_{i,t-1} = \ln\left(\dfrac{P_{t-1}(Y_{i,t}=1)}{1 - P_{t-1}(Y_{i,t}=1)}\right)$로서 추정결과는 $Y_{i,t}=1$일 상대적인 로그확률비율을 나타낸다.

만일 표준정규분포를 따르면

$$P_{t-1}(Y_{i,t}=1) = \Phi(\beta_0 + \beta_1 D_{i,t-1} + \beta_2 X_{i,t-1})$$

이때에는 $\beta_0 + \beta_1 D_{i,t-1} + \beta_2 X_{i,t-1} = \Phi^{-1}(P_{t-1}(Y_{i,t}=1))$로서 표준정규분포상의 특정 값을 나타낸다.

선형확률모델의 경우에는

$$P_{t-1}(Y_{i,t}=1) = \beta_0 + \beta_1 D_{i,t-1} + \beta_2 X_{i,t-1}$$

이 경우에는 추정결과가 바로 확률의 크기를 나타낸다.

여기서 $Y_{i,t}$는 t시점에 부도가 발생하면 1이고, 그렇지 않으면 0의 값을 갖는 이항변수다. $D_{i,t-1}$은 대기업이 은행의 대주주이면 1이고, 그렇지 않으면 0의 값을 갖는다. $X_{i,t-1}$은 부도에 영향을 주는 재무변수다. $\beta_0 + \beta_1 D_{i,t-1} + \beta_2 X_{i,t-1}$이 높은 값을 가지면 기업 및 은행의 부도확률은 높아진다. 로짓추정과 프로빗추정은 부도확률을 추정하는 것이지만 엄밀하게는 추정된 계수의 절대값보다는 추정된 계수의 방향이 더 의미를 갖는다. 추정치의 절대값은 추정방법론에 의해 영향을 받으므로 절대값을 이용한 해석은 바람직하지 못하며 로짓모형에 의한 추정치는 프로빗모형에 의한 추정치보다 체계적으로 더 큰 값을 갖는다.[1]

---

1) Ani Katchova(2013)에 의하면, 로짓추정결과는 OLS 추정결과보다 대략 4배 정도 더 크

추정식에서 β_1에 대한 추정치는 대기업에 대해서는 대기업이 은행의 대주주라는 사실이 대기업의 부도위험에 미치는 영향(ownership effect on firm bankruptcy)을 의미한다. 은행에 대해서는 은행의 대주주가 대기업이라는 사실이 은행의 부도위험에 미치는 영향(ownership effect on bank bankruptcy)을 나타낸다.

대기업에 의한 은행 소유·지배가 자기자본비율, NPL, ROA, ROE 등 기업 및 은행의 재무적 성과에 끼친 영향은 일반회귀추정(ordinary least squares estimation, OLS) 방법론을 이용하여 추정할 수 있으며, 그 추정식은 다음과 같다.

$$X_{i,t}^B = \alpha_0 + \alpha_1 D_{i,t}^C + \alpha_2 Z_{1,i,t} + e_{B,i,t}$$

$$X_{i,t}^C = \gamma_0 + \gamma_1 D_{i,t}^B + \gamma_2 W_{i,t} + e_{C,i,t}$$

여기서 $X_{i,t}^B$, $X_{i,t}^C$는 각각 은행과 기업의 재무 및 위험변수를 나타낸다. $D_{i,t}^C$, $D_{i,t}^B$는 각각 은행의 재무 및 위험 변수에 영향을 주는 은행의 대주주가 대기업인 경우의 더미, 대기업의 재무 및 위험 변수에 영향을 주는 대기업의 은행 대주주로서의 지위를 의미하는 더미를 나타낸다. $Z_{1i,t}$는 대기업에 의한 은행 소유·지배에 따른 은행의 지배구조 변수이고, $W_{i,t}$는 기업의 재무 및 위험 변수에 영향을 주는 여타 통제변수이다. 이러한 모형에서 α_1은 대기업이 은행 대주주의 지위를 갖는다는 사실이 은행의 재무 및 위험 변수에 미친 영향을 나타내고, β_1은 대기업의 은행 대주주로서의 지위가 해당 대기업의 재무 및 위험 변수에 미친 영향을 나타낸다.

대기업에 의한 은행 소유·지배에 따른 소유효과와 지배효과가 은행의 상대적 관계는 선형확률모델(linear probability model)로 추정하며, 관련 식은 다음

고, 프로빗추정결과는 OLS 추정결과보다 2.5배 정도 더 크다고 한다. Ani Katchova(2013), Probit and Logit Models. https://sites.google.com/site/econometricsacademy/econometrics－models/probit－and－logit－models

과 같다.

$$Y_{i,t}^B = \gamma_0 + \gamma_1 D_{i,t-1}^C + \gamma_2 Z_{2,i,t-1} + e_{Y,i,t-1}$$

여기서 $Y_{i,t}^B$는 은행의 부도여부의 이항변수이고 $D_{i,t-1}^C$은 대기업이 은행의 대주주인지를 나타내는 더미변수로서 소유효과를 추정하는 변수이고, $Z_{2i,t}$는 대기업이 은행 대주주로서 은행의 의사결정을 지배한 원인행위 및 결과행위에 해당하면 지배효과를 추정하는 변수다. 이 모형을 이용한 추정에서 γ_1은 대기업의 은행 대주주 지위가 은행의 부도위험에 미친 영향을 나타내는 소유효과이고, γ_2는 대주주 지위를 가진 대기업의 은행 지배행위가 은행의 부도위험에 미치는 영향을 나타내는 지배효과이다. 이 추정식은 소유효과와 지배효과를 나타내는 두 변수를 동시에 활용하여 추정함으로써 어느 효과가 은행의 부도위험에 상대적으로 더 중요한 영향을 주는지를 판단할 수 있다. 앞에서 논의한 것처럼 대기업에 의한 은행 지배행위의 변수는 은행 임원의 수, 은행이 보유하는 기업주식 규모, 은행의 기업대출 규모 등을 포함한다.[2]

2. Cluster Standard Error 방법론

앞서 제시한 추정방정식의 오차항은 관측되지 않는 구조적 요인에 의해 영향을 받을 수 있다. 특히 은행과 기업의 설립 지역과 시점 등의 요인에 의해 작은 몇 개의 그룹(cluster)으로 나뉘어 각 그룹 내 눈에 보이지 않는 상관관계가

---

[2] 당시 통계의 제약으로 인해 은행 의사결정 지배의 원인행위에 해당하는 대주주 대기업이 이사회 구성 및 운영에 직접 어떻게 관여했는지를 보여주는 데이터는 구할 수가 없어 분석에 사용하지 못하였다. 다만 앞장에서 언급하였듯이 <금융개혁보고서>상에 적시된 당시 사내이사 중심의 이사회 및 대기업 대주주의 영향력이 그대로 보존되거나 오히려 확대된 사외이사 중심의 확대이사회제도 등은 의사결정 지배의 원인행위가 매우 심각한 수준에 있었음을 추측할 수 있다.

존재하여 이를 고려하지 않는 추정에 대해 일치성(consistency)을 훼손하는 문제 등을 유발할 수 있다. 이와 같이 클러스터를 형성하는 외생적 변수에 의한 관측되지 않는 오차항에 대한 영향력은 통제되는 것이 바람직하며 이를 위해 cluster standard error 방법론이 유용하다. 이 방법론은 오차항의 이분산성 (heteroscedasticity) 혹은 자기상관(autocorrelation)이 존재하는 경우 일반화된 최소자승법(generalized least squares)을 통해 일치성 있는 추정량을 구하는 것과 같은 방법이며 자세한 사항은 Liang and Zeger(1986)을 참조할 수 있다.[3]

구체적으로 대기업의 경우 클러스터는 기업의 설립연도와 본사가 설립된 지역을 중심으로 형성될 수 있다. 예를 들면 1960년대 이후 정부의 경제계획개발이 추진됨에 따라 이전과는 전혀 다른 기업환경을 낳았을 가능성이 있으며 그로 인해 그 이전과 이후 기업들의 행위는 체계적인 차이를 가질 수 있다. 또한 기업의 본사가 서울 중앙인 경우와 지방인 경우에 따라서도 기업들의 행위는 체계적으로 구분될 가능성이 있다. 만일 이와 같이 클러스터를 나눈다면 4개의 클러스터가 정의될 수 있다.

은행의 경우에는 은행 민영화 및 자율화 정책이 추진된 1980년을 기준으로 하여 그 이전에 설립된 은행과 그 이후에 설립된 은행들은 정부정책에 반응하거나 은행 자체의 의사결정을 내림에 있어서나 또는 대기업들과의 관계에 있어서 일정한 차이를 가질 수 있다. 또한 은행이 전국은행인지 아니면 지방은행인지 여부에 의해서도 사업구조나 대기업과의 관계에 있어서 체계적인 차이를 가질 수 있다. 따라서 이러한 차이를 고려하면 은행 역시 4개의 클러스터가 정의될 수 있다.

이와 같이 클러스터를 고려한 Cluster Standard Error 방법론은 로짓, OLS, 선형확률모형 등 모든 추정에서 활용되었다.

---

3) Liang, Kung—Yee; Zeger, Scott L. (1986). "Longitudinal data analysis using generalized linear models". Biometrika. 73 (1): 13-22

Ⅲ 비용-편익의 추정결과

1. 대기업 부도위험의 추정

먼저 대기업에 대하여 <표 12-1(1)>과 <표 12-1(2)>는 각각 대기업의 은행 대주주 지위가 대기업의 부도위험을 높이는지 여부에 대한 로짓과 프로빗 추정결과를 담고 있다. 두 추정결과는 추정치 절대값은 다르지만 부호의 방향은 동일하며 추정치의 절대 값도 임의적인 것이 아니라 체계적인 차이를 보인다. 로짓추정이 프로빗추정에 비해 약 1.6배 정도 체계적으로 더 크다고 알려진 바에 대체로 부합하는 것으로 보인다. 로짓과 프로빗 추정에 의하면, 대기업의 은행 대주주 지위가 대기업의 부도위험에 주는 효과는 통계적으로 유의하지 않다. 구체적으로 보면 로짓추정의 (1)~(9)에서 보는 바와 같이, 대기업의 은행 대주주 더미변수(banksharedummy)와 구체적인 지분율변수(bankshare) 모두 통계적으로 유의한 영향을 주지 못하며 통제변수의 설정에 따라 추정치의 부호도 변동하고 있어 일관성을 갖지 못한다. 이는 대기업이 은행 대주주 지위를 가졌다는 이유로 은행의 위험이 대기업으로 이전하지는 않은 것으로 이해할 수 있다.

대주주 더미변수 이외의 변수 중에서 대기업의 부도위험에 영향을 미치는 변수는 대기업의 부채(debtratio, logDebratio), 자본비율(capitalratio), 이자비용(interestexpense) 등인 것으로 나타났다. 이들 변수는 표에서 보는 바와 같이 9개의 추정결과에서 모두 유의성을 보이고 있다. 부채비율이 대기업의 부도위험을 증가시킨 결과는 추정결과 (1)~(3)에서 보는 바와 같고, 자본비율의 증가는 부도위험을 감소시킨다는 점은 추정결과 (4)~(5), (8)~(9)에서 보는 바와 같다. 자금조달 이자비용의 증가가 대기업의 부도위험을 높인다는 것은 추정결과 (6)~(9)에서 보는 바와 같다.

2. 은행 부도위험의 추정

다음으로 은행에 대하여 <표 12-2(1)>와 <표 12-2(2)>은 대기업의 은행 대주주 지위가 은행의 부도위험을 증가시키는지 여부에 대한 로짓과 프로빗 추정결과를 담고 있다. 이 경우 역시 두 추정결과는 절대값에 있어서만 체계적으로 차이가 날 뿐 사실상 동일하다. 추정결과에 의하면 (1)~(6)에서 보는 바와 같이 대기업의 은행 대주주의 지위(banksharedummy, bankshare)는 은행의 부도위험을 높이는 결과를 초래했다. 이러한 추정결과는 '올 들어서 재벌기업의 잇따른 부도로 거래은행 및 관련 금융기관들마저 동반 부실화되고 있다'는 당시의 언론 보도와도 일치한다.[4]

은행의 부도위험에 통계적으로 유의한 영향을 주는 변수는 대기업의 은행 대주주 더미변수 이외에도 부실대출비율, 자기자본비율 등 위험 변수(risk variables) 등이 있다. 추정결과 (1)~(4)에 의하면 부실대출비율(NPLratio)은 대기업 대주주 더미변수와 함께 포함된 추정식의 추정에서 통계적으로 유의한 수준에서 부도위험을 높이는 것으로 나타났다.

추정결과 (9)~(11)은 임직원의 수(bigsharedummylogofficer), 기업대출의 규모(bigsharedummylogfirmloan), 은행이 보유하는 기업주식 규모(bigsharedummylogstock) 등 은행지배의 결과행위에 해당하는 변수들이 은행의 부도위험에 유의하게 영향을 미친다는 점을 보여준다. 앞에서 언급하였듯이[5] 금산결합을 매개로 대주주 지위를 가진 대기업이 은행의 의사결정을 지배하기 위해 임원을 은행에 파견함으로써 은행의 임원 수가 적정 임직원 수를 초과하여 크게 늘어 날 수 있고, 은행이 대기업 및 대기업협력 기업의 주식을 더 많이 인수하거나 기업대출을 더 많이 행하는 현상 등이 국내에서도 나타난 결과라고 할 수 있다.

요약하면, 대기업의 은행 대주주 지위는 은행의 부도위험을 높였으며, 은

---

4) 매일경제 사설, 금융기관의 동반부실, 1997.7.29
5) 이우관, "주거래은행제도의 연구," 한국경제연구원, 1995.

행의 부실대출비율, 임직원 수, 기업대출규모, 은행이 보유하는 기업주식 규모 등도 은행의 부도위험을 통계적으로 유의한 수준에서 높이는 것으로 나타났다.

3. 대기업의 은행 대주주 지위가 대기업의 재무건전성에 미친 영향의 추정

<표 12-3>은 대기업의 은행 대주주 지위가 대기업의 자본금, 부채조달 등 재무적 건전성에 준 영향을 담고 있다. 추정결과에 의하면, 대기업의 은행 대주주 지위는 대기업의 자본금 및 자금조달에 통계적으로 유의한 긍정적 영향을 준 것으로 나타났다.

구체적으로 보면, 추정결과 (1)~(4)에 의하면, 대기업의 은행 대주주 지위 더미변수(banksharedummy)와 지분 수준(bankshare)은 대기업의 자본금 조달 증가에 대하여 유의하게 영향을 주었다. 대기업의 부채비율은 대기업 자본금 조달에 영향을 주지 못한 것으로 나타났다. 추정결과 (5)~(12)에 의하면, 대기업의 자금조달 역시 대기업의 은행 대주주 지위로부터 큰 영향을 받았다. 특히 은행 대주주 더미변수(banksharedummy)에 대한 추정치는 은행지분율변수(bankshare)보다 10배 혹은 거의 40배 정도의 차이를 갖는데, 이는 자본금과 마찬가지로 은행의 대주주라는 사실 자체가 실제 지분보유 규모보다 부채확대에 더 큰 영향을 주었음을 의미한다.[6]

요약하면, 대기업의 은행 대주주로서의 지위는 대기업의 자본금과 부채조달에 매우 긍정적 영향을 주었다.

[6] 단위를 살펴보면, 더미변수는 평균 0.5인 반면, 대기업의 은행 평균 지분은 8.554%이다. 추정결과의 차이는 드러나지 않은 지분보유의 결과를 반영한 것일 수도 있다. Ⅱ장의 3절 참조.

4. 대기업의 은행 대주주 지위가 은행의 재무건전성에 미친 영향의 추정

<표 12-4>는 대기업의 은행지배가 은행의 재무건전성에 미친 영향 을 담고 있다. 추정결과 (1)~(7)에 의하면, 은행의 부실대출은 대기업의 은행 지배주주 더미변수(bigsharedummy) 자체로부터 영향을 받으나 그 규모나 유의성은 은행지배 행위변수인 은행 임원의 수(log(officer)), 은행이 보유하는 기업의 주식규모(log(stock)), 은행의 기업대출 규모(log(firmloan)) 등에 의해 축소되고, 이들 지배행위 변수의 영향이 매우 큰 것으로 추정되었다. 이러한 결과는 은행의 부실대출이 소유효과보다는 지배효과에 의해 더 크게 영향을 받았음을 시사한다.[7]

추정결과 (8)~(16)에 의하면, 은행의 자기자본비율 역시 대기업의 은행 대주주 더미변수(bigsharedummy)로부터 영향을 받지만 부실대출에서와 마찬가지로 그 통계적 유의성은 은행지배행위변수인 은행 임직원 수의 증가, 기업대출의 증가, 은행이 보유하는 기업주식 규모 변수에 의해 약화되거나 사라지는 것으로 추정되었다. 이 결과 역시 소유효과보다는 지배효과가 통계적으로 더 유의한 영향력을 행사하였음을 의미한다.

요약하면, 은행의 재무적 건전성을 결정하는 중요한 두 변수인 부실대출 (NPL: non performing loans)과 자기자본비율(BIS)이 대기업이 은행의 대주주라는 사실 자체로부터 비롯하는 소유효과보다는 구체적으로 은행의 의사결정을 지배하는 지배효과로부터 더 크고 유의한 영향을 받았다.

5. 부도위험에 대한 소유효과와 지배효과의 상대적 영향 추정

앞의 추정결과는 은행 재무변수는 소유효과보다는 지배효과에 의해 더 크

---

7) 클러스터를 반영하지 않은 경우 추정(1)은 통계적 유의성을 보였으며 (2)~(4)는 클러스터를 반영한 경우와 마찬가지로 유의성을 갖지 못하였다.

고 유의한 영향을 받고 있음을 보여 주었다. 그렇다면 은행 부도위험에 대하여
서는 소유효과와 지배효과 가운데 어느 것이 더 큰 중요성을 갖는가?

<표 12-5>의 추정결과는 대기업의 은행 대주주 지위와 은행지배구조
변수가 은행의 부도위험에 미친 영향에 대한 추정결과를 담고 있다.

추정식 (1)은 대기업 대주주 더미변수를 통해 소유효과를 추정한 결과이
고, (2)는 지배효과를 추정한 결과다. (3) 이하의 추정결과는 소유효과와 지배
효과의 변수를 동시에 활용한 결과를 담고 있다.

구체적으로 보면, 추정결과 (1)에 의하면 대기업의 은행 대주주 더미변수
(bigsharedummy)는 은행의 부도위험을 통계적으로 유의하게 증가시키고 있다.
추정결과 (2)에 의하면 은행 임원의 수(dummy×officer) 역시 부도위험에 통계
적으로 유의한 영향을 미친다. 이 두 결과에 의하면, 소유효과와 지배효과를 따
로 추정할 경우, 모두 은행의 부도위험에 유의한 영향을 주었다.

하지만 추정결과 (3)~(8)에 의하면 지배효과가 소유효과를 압도함을 알
수 있다. 추정결과 (3)에서 대기업 대주주 더미변수와 임원의 수 두 변수를 동
시에 추정한 결과, 임원의 수 변수가 유의성을 유지하는 것과는 달리 대주주 더
미변수는 통계적 유의성을 잃고 심지어 음의 값을 가지고 보인다.

추정결과 (4)와 (5)에 의하면, 각각 대기업 대주주 더미변수에 더하여 은
행의 기업주식 보유규모(dummy×stock)와 기업대출 규모(dummy×firmloan)를
설명변수로 추가하여 추정한 결과, 소유효과를 나타내는 대기업의 은행 대주주
더미변수가 통계적 유의성을 상실하였다.

추정결과 (6)~(8)에서도 소유효과를 나타내는 대기업 더미변수 지배효과
를 나타내는 변수인 대기업 더미변수, 임원 수, 기업주식 보유규모, 기업대출규
모 등에 대하여 통계적 유의성을 상실하고 있음이 추정되었고 추정치는 심지어
음의 값으로 나타났다.

요약하면, 은행의 부도위험은 소유효과보다는 지배효과에 의해 통계적으로
유의하고 더 크게 영향을 받았다. 대기업의 은행지배(결과행위)를 나타내는 변수

(dummyofficer, dummystock, dummyfirmloan)가 대기업의 은행 소유를 나타내는 변수(bigsharedummy)보다 더 크고 유의하게 은행의 부도위험에 영향을 주었다.

6. 지분구조의 동일성을 전제로 한 추정

<표 12-6(1)>과 <표 12-6(2)>은 로짓과 프로빗 추정을 통해 1993-2006년 중 대기업의 은행 지분구조(보유여부와 그 비중)가 1996년과 동일하다는 가정 하에서 대기업 대주주가 은행 부도위험에 미친 영향을 추정한 결과다. 앞선 다른 추정에서와 마찬가지로 로짓과 프로빗 추정은 사실상 동일한 결과를 담고 있다. 앞서 설명한대로 대기업의 은행 지분보유에 대한 데이터는 1997-98년 금융위기를 계기로 단 한 차례 발표되었다. 따라서 비록 한계는 피할 수 없으나 대기업의 은행 지분이 크게 변동성을 가진 것은 아니라는 전제하에서 장기시계열을 활용하기 위해 은행 지분구조의 동일성을 가정하였다.

추정결과 (1)~(10)에 의하면, 로짓과 프로빗 결과의 유의성에 다소 차이는 있으나 대기업의 은행 대주주 지위와 지분수준은 은행의 부도위험을 체계적으로 높이는 결과를 초래했다.

추정결과 (5)~(10) 등에 의하면, ROA, ROE, BIS 비율 등의 변수는 은행의 부도위험을 낮추는 영향을 가져왔다.

추정결과 (11)~(16)에 의하면, 은행 지배행위와 관련을 갖는 임직원의 수, 대기업대출 수준, 기업주식보유규모 등은 대기업이 은행의 대주주 지위를 가진 경우에 은행의 부도위험을 통계적으로 유의한 수준에서 높이는 영향을 준 것으로 추정되었다.[8]

---

8) 은행의 대주주를 중심으로 하는 지분구조가 급격히 변동하는 특성을 갖지는 않으므로 이러한 동일성 가정이 현실과 크게 다르지는 않을 수 있다. 특히 1980년대 은행 민영화 이후 시점이라는 점에서 시기적 특성에도 어느 정도 일관성은 있다. 하지만 정확한 사실상의 통계는 아니라는 점에서 추정결과를 과도하게 일반화하는 것은 경계할 필요가 있다.

표 12-1(1) 로짓추정: 대기업의 은행 대주주 지위가 해당 대기업의 부도에 미친 영향

변수	(1) 부도 더미	(2) 부도 더미	(3) 부도 더미	(4) 부도 더미	(5) 부도 더미	(6) 부도 더미	(7) 부도 더미	(8) 부도 더미	(9) 부도 더미
banksharedummy	-0.293 (0.717)	-0.203 (0.530)		-0.0535 (0.454)		-0.206 (0.521)		0.141 (0.560)	
bankshare			-0.0210 (0.0535)		-0.0158 (0.0417)		-0.0103 (0.0506)		0.00392 (0.0470)
debtratio	0.00183* (0.00109)								
log(Debratio)		4.321** (1.774)	4.270*** (1.571)						
capitalratio				-0.180** (0.0708)	-0.177*** (0.0645)			-0.129*** (0.0308)	-0.127*** (0.0316)
interestexpense						0.310*** (0.109)	0.312*** (0.109)	0.230*** (0.0876)	0.228** (0.0911)
상수항	-1.526** (0.714)	-12.14** (5.124)	-12.02*** (4.526)	2.563*** (0.959)	2.532*** (0.911)	-2.924*** (1.032)	-2.976*** (1.043)	-0.151 (0.384)	-0.138 (0.415)
pseudo R-squared	0.1094	0.1665	0.1672	0.2482	0.2493	0.2273	0.2267	0.3076	0.3079
Observations	47	47	47	49	49	49	49	49	49

괄호안은 표준편차

유의수준: *** $p<0.01$, ** $p<0.05$, * $p<0.1$

표 12-1(2) 프로빗추정: 대기업의 은행 대주주 지위가 해당 대기업의 부도에 미친 영향

변수	(1) 부도 더미	(2) 부도 더미	(3) 부도 더미	(4) 부도 더미	(5) 부도 더미	(6) 부도 더미	(7) 부도 더미	(8) 부도 더미	(9) 부도 더미
banksharedummy	-0.176 (0.338)	-0.113 (0.314)		-0.0402 (0.261)		-0.0986 (0.254)		0.110 (0.291)	
bankshare			-0.0109 (0.0233)		-0.00842 (0.0187)		-0.00586 (0.0218)		0.00327 (0.0214)
debtratio	0.000992* (0.000569)								
log(Debratio)		2.478*** (0.920)	2.457*** (0.835)						
capitalratio				-0.105*** (0.0355)	-0.103*** (0.0331)			-0.0759*** (0.0144)	-0.0746*** (0.0146)
interestexpense						0.185*** (0.0606)	0.185*** (0.0616)	0.139*** (0.0488)	0.137*** (0.0512)
Constant	-0.887 (0.638)	-6.998*** (2.716)	-6.952*** (2.460)	1.488*** (0.500)	1.474*** (0.480)	-1.745*** (0.590)	-1.766*** (0.607)	-0.128 (0.208)	-0.110 (0.246)
pseudo R-squared	0.1071	0.1654	0.1661	0.2481	0.2491	0.2269	0.2267	0.3104	0.3097
Observations	47	47	47	49	49	49	49	49	49

괄호안은 표준편차
유의수준: *** p<0.01, ** p<0.05, * p<0.1

표 12-2(1) 로짓추정: 대기업이 대주주 지위가 해당 은행의 부도위험에 미친 영향

변수	(1) 부도 더미	(2) 부도 더미	(3) 부도 더미	(4) 부도 더미	(5) 부도 더미	(6) 부도 더미	(7) 부도 더미	(8) 부도 더미	(9) 부도 더미	(10) 부도 더미	(11) 부도 더미
bigsharedummy	2.300** (0.901)		2.302*** (0.775)		1.523*** (0.535)	2.027*** (0.724)	0.587 (0.708)	1.098 (1.522)			
bigshare		0.0978*** (0.0345)		0.103*** (0.0348)							
NPLratio	2.487*** (0.674)	3.807** (1.506)	1.993** (0.849)	2.544*** (0.639)							
ROA			-2.865 (3.288)		-3.486 (3.585)		-5.361 (3.800)				
ROE				-0.328 (0.293)		-0.375 (0.259)		-0.707* (0.398)	-0.379 (0.265)	-0.375 (0.255)	-0.365 (0.240)
BIS							-0.752* (0.396)	-1.099** (0.476)			
bigsharedummy×log(officer)									2.019*** (0.689)		
bigsharedummy×log(firmloan)										0.184*** (0.0667)	
bigsharedummy×log(stock)											0.539*** (0.191)
Constant	-2.739*** (0.964)	-4.082*** (1.399)	-1.398 (1.982)	-1.754 (1.128)	0.777 (1.237)	1.100 (1.091)	9.176* (5.055)	14.00** (6.156)	1.107 (1.102)	1.142 (1.134)	1.128 (1.120)
pseudo R-squared	0.207	0.26	0.274	0.345	0.219	0.279	0.339	0.481	0.284	0.269	0.267
Observations	25	25	25	25	25	25	25	25	25	25	25

괄호안은 표준편차
유의수준: *** $p<0.01$, ** $p<0.05$, * $p<0.1$

표 12-2(2) 프로빗추정: 대기업이 대주주 지위가 해당 은행의 부도위험에 미친 영향

변수	(1) 부도 더미	(2) 부도 더미	(3) 부도 더미	(4) 부도 더미	(5) 부도 더미	(6) 부도 더미	(7) 부도 더미	(8) 부도 더미	(9) 부도 더미	(10) 부도 더미	(11) 부도 더미
bigsharedummy	1.390*** (0.514)		1.440*** (0.439)		0.984*** (0.330)	1.265*** (0.392)	0.349 (0.406)	0.525 (0.625)			
bigshare		2.323*** (0.867)		1.635*** (0.421)							
NPLratio	1.521*** (0.394)	0.0588*** (0.0187)	1.277*** (0.463)	0.0632*** (0.0192)							
ROA			-1.659 (1.472)		-1.924 (1.512)		-2.834* (1.603)				
ROE				-0.190 (0.138)		-0.215* (0.121)		-0.375** (0.147)	-0.216* (0.123)	-0.214* (0.119)	-0.210* (0.113)
BIS							-0.384** (0.162)	-0.571*** (0.201)			
bigsharedummy×log(officer)									1.258*** (0.369)		
bigsharedummy×log(firmloan)										0.115*** (0.0368)	
bigsharedummy×log(stock)											0.338*** (0.107)
Constant	-1.662*** (0.560)	-2.469*** (0.792)	-0.938 (0.957)	-1.170** (0.510)	0.385 (0.515)	0.588 (0.499)	4.809** (2.218)	7.429*** (2.702)	0.591 (0.503)	0.612 (0.525)	0.607 (0.525)
pseudo R-squared	0.210	0.263	0.280	0.352	0.220	0.282	0.330	0.472	0.287	0.271	0.269
Observations	25	25	25	25	25	25	25	25	25	25	25

괄호안은 표준편차

유의수준: *** $p < 0.01$, ** $p < 0.05$, * $p < 0.1$

표 12-3　OLS 추정: 대기업의 은행 대주주 지위가 대기업의 재무변수에 미친 영향

변수	(1) 자본금	(2) 자본금	(3) 자본금	(4) 자본금	(5) 부채조달	(6) 부채조달	(7) 부채조달	(8) 부채조달	(9) 부채조달	(10) 부채조달	(11) 부채조달	(12) 부채조달
banksharedummy	27.417*** (7.276)		21.307*** (6.860)		21.464*** (7.100)	21.580*** (7.226)	106.767*** (27.245)		106.103*** (28.772)	107.266*** (26.372)		
bankshare		2.725*** (296.2)		2.429*** (300.2)				8.549*** (1.399)			2.862*** (1.025)	2.821** (1.077)
netincome			7.240*** (2.184)	4.256** (1.601)	7.862*** (2.452)	7.751*** (2.591)						
debtratio					-0.121 (2.692)	-0.103 (2.726)			-0.171 (10.96)			
revenuegrowth						41.18 (280.6)				1.966** (962.8)		169.2 (594.9)
log(Sales)											148.141*** (15.753)	81.771* (45.539)
log(Asset)												77.930 (50.447)
log(Debratio)												8.567 (24.246)
Constant	6.495 (4.026)	7.751*** (2.415)	9.138** (3.742)	8.981*** (2.319)	8.735* (4.465)	8.019 (6.649)	31.642** (15.074)	41.941*** (11.400)	32.381* (18.503)	349.7 (21.163)	-611.814*** (69.844)	-694.363*** (102.845)
Observations	49	49	49	49	47	47	49	49	47	49	49	47
R-squared	0.232	0.643	0.380	0.691	0.378	0.379	0.246	0.443	0.241	0.309	0.809	0.825

괄호안은 표준편차
유의수준: *** p＜0.01, ** p＜0.05, * p＜0.1

표 12-4 OLS 추정: 대기업의 은행 대주주 지위가 은행의 건전성에 미친 영향

변수	(1) NPL	(2) NPL	(3) NPL	(4) NPL	(5) NPL	(6) NPL	(7) NPL	(8) BIS	(9) BIS	(10) BIS	(11) BIS	(12) BIS	(13) BIS	(14) BIS
bigsharedummy	921.7* (457.1)	324.7 (456.0)	-5.282 (416.4)	297.2 (448.1)	70.52 (426.3)	253.6 (446.5)	95.37 (425.1)	-1.707** (0.643)	-1.248* (0.716)	-0.803 (0.694)	-0.867 (0.641)	-1.041 (0.723)	-1.091 (0.701)	-1.048 (0.717)
log(lofficer)		4.388** (1.580)							-3.369 (2.480)					
log(stock)			1,806*** (437.2)							-1.760** (0.728)				
log(firmloan)				702.4*** (237.4)							-0.944** (0.339)			
log(lofficer)×log(stock)					889.8*** (233.8)							-0.696* (0.397)		
log(lofficer)×log(firmloan)						300.1*** (97.29)							-0.276* (0.153)	
log(lofficer)×log(stock) ×log(firmloan)							65.65*** (17.41)							-0.0523* (0.0294)
Constant	498.3 (329.6)	-3,405** (1,435)	-4,942*** (1,341)	-6,235** (2,293)	-1,911** (685.1)	-2,086** (884.0)	-1,239** (530.2)	10.67*** (0.463)	13.66*** (2.253)	15.97*** (2.234)	19.72*** (3.280)	12.55*** (1.162)	13.05*** (1.388)	12.05*** (0.894)
Observations	25	25	25	25	25	25	25	25	25	25	25	25	25	25
R-squared	0.150	0.371	0.521	0.392	0.488	0.407	0.484	0.235	0.294	0.395	0.434	0.329	0.334	0.331

Robust standard errors in parentheses
*** p<0.01, ** p<0.05, * p<0.1

표 12-5 선형확률모형 추정: 소유효과와 지배효과가 은행 부도위험에 미친 상대적인 영향

변수	(1) 부도 더미	(2) 부도 더미	(3) 부도 더미	(4) 부도 더미	(5) 부도 더미	(6) 부도 더미	(7) 부도 더미	(8) 부도 더미
bigsharedummy	0.353*		-0.143	0.137	0.0740	-0.102	-0.101	-0.105
	(0.143)		(0.127)	(0.0782)	(0.101)	(0.0638)	(0.0453)	(0.0474)
dummy×officer		0.777**	0.846**			1.24***	1.48***	1.53***
		(0.0198)	(0.0208)			(0.1610)	(0.1470)	(0.170)
dummy×stock				0.0622*		-0.0791		0.038
				(0.0251)		(0.159)		(0.1770)
dummy×firmloan					0.0998*		0.148***	0.205***
					(0.040)		(0.020)	(0.045)
상수항	0.417**	0.143*	0.177*	0.389**	0.362**	0.0998*	0.0779**	0.0769*
	(0.0723)	(0.0547)	(0.0626)	(0.0751)	(0.0730)	(0.0338)	(0.0235)	(0.0247)
Observations	25	25	25	25	25	25	25	25
R-squared	0.129	0.762	0.777	0.284	0.359	0.884	0.921	0.925

괄호 안은 표준편차
유의수준: *** $p < 0.01$, ** $p < 0.05$, * $p < 0.1$

표 12-6(1) 로짓추정: 대기업 대주주의 존재가 은행부도위험에 미친 영향(1993~2006)

변수	(1)	(2)	(3)	(4)	(5)	(6)	(7)	(8)	(9)	(10)	(11)	(12)	(13)	(14)	(15)	(16)
							부도 더미									
bigsharedummy	1.772** (0.789)		1.862** (0.788)		2.353*** (0.836)	2.318*** (0.850)				2.085** (0.852)						
bigshare		0.0558* (0.0330)		0.0627* (0.0359)			0.0648** (0.0317)	0.0626** (0.0311)	0.0605** (0.0257)							
NPLratio			0.0590*** (0.0221)	0.0895*** (0.0287)												
ROA					-0.318** (0.143)		-0.266** (0.119)									
ROE						-0.0153* (0.00894)		-0.0144 (0.00954)								
BIS									-0.543*** (0.0966)	-0.134*** (0.0245)		-0.114*** (0.0108)		-0.140*** (0.0259)		-0.105*** (0.0122)
bigsharedummy×log(officer)											2.376*** (0.770)	2.242*** (0.723)				
bigsharedummy×log(firmloan)													0.177* (0.0914)	0.170** (0.0858)		
bigsharedummy×log(stock)															0.515** (0.238)	0.457** (0.224)
상수항	-0.673** (0.291)	-0.729* (0.433)	-0.931*** (0.334)	-1.248*** (0.566)	-1.548*** (0.293)	-1.538*** (0.293)	-1.290** (0.504)	-1.220** (0.458)	4.205*** (1.237)	0.0703 (0.452)	-1.161*** (0.373)	0.0911 (0.495)	-1.235*** (0.394)	0.268 (0.570)	-0.658*** (0.295)	0.524 (0.391)
Pseudo R-squared	0.1283	0.1289	0.1377	0.1546	0.2269	0.2270	0.1996	0.2100	0.3806	0.2094	0.1721	0.1943	0.1525	0.1847	0.1290	0.1604
Observations	158	85	134	85	258	258	85	85	85	258	258	258	258	258	158	158

괄호 안은 표준편차

유의수준: *** p<0.01, ** p<0.05, * p<0.1

표 12-6(2)　프로빗추정: 대기업 대주주의 존재가 은행부도위험에 미친 영향(1993-2006)

부도 더미

VARIABLES	(1)	(2)	(3)	(4)	(5)	(6)	(7)	(8)	(9)	(10)	(11)	(12)	(13)	(14)	(15)	(16)
bigsharedummy	1.323** (0.539)		1.149** (0.469)		1.426*** (0.508)	1.413*** (0.517)				1.266** (0.509)						
bigshare		0.0264 (0.0188)		0.0299 (0.0186)			0.0281 (0.0186)	0.0281 (0.0187)	0.0222 (0.0172)							
NPLratio			0.0371*** (0.0141)	0.0354** (0.0176)												
ROA					-0.194** (0.0825)		-0.112** (0.0567)									
ROE						-0.00946* (0.00498)		-0.00636 (0.00395)								
BIS									-0.0699*** (0.0188)	-0.0715*** (0.0178)		-0.0627*** (0.0242)		-0.0746*** (0.0244)		-0.0623** (0.0252)
bigsharedummy×log(officer)											1.453*** (0.194)	1.367*** (0.198)				
bigsharedummy×log(firmloan)													0.108*** (0.0151)	0.103*** (0.0154)		
bigsharedummy×log(stock)															0.317*** (0.0614)	0.280*** (0.0640)
Constant	-0.830*** (0.167)	-0.260 (0.352)	-0.577*** (0.198)	-0.438 (0.346)	-0.922*** (0.162)	-0.923*** (0.163)	-0.350 (0.349)	-0.359 (0.348)	0.529 (0.524)	-0.0442 (0.314)	-0.714*** (0.116)	-0.0141 (0.294)	-0.758*** (0.126)	0.0594 (0.296)	-0.409** (0.149)	0.303 (0.325)
pseudo R-squared	0.1804	0.0854	0.1381	0.1051	0.2279	0.2284	0.1106	0.1184	0.1258	0.2073	0.1722	0.1933	0.1523	0.1822	0.1289	0.1607
Observations	258	158	134	134	258	258	158	158	158	258	258	258	258	258	158	158

Robust standard errors in parentheses
*** $p<0.01$, ** $p<0.05$, * $p<0.1$

Ⅳ 추정결과의 정책적 시사점

지금까지의 실증분석 논의에 의하면, 은행 대주주의 지위를 가진 대기업은 대부분 부도를 피한 반면, 대기업이 대주주였던 은행은 대부분 부도가 났다. 대기업의 은행 대주주로서의 지위는 대기업의 자본금조달과 위험관리에 유리한 환경을 제공한 반면, 은행에 대해서는 소유효과와 지배효과를 통하여 부실대출의 증가, 자본비율 하락 등 재무구조의 악화와 함께 은행부도위험을 높이는 결과를 초래했다.

하지만 대기업이 대주주라는 사실이 필연적으로 부도를 야기한 것은 아니었다. 대기업이 대주주였으나 부도를 피하고 예외적이기는 하나 가장 좋은 재무적 성과를 보인 경우도 있었다. 물론 이것은 대기업 대주주가 어떤 은행에 대해서는 선하게 행동했다는 의미가 아니다. 대기업이 대주주였음에도 불구하고 대기업에게 은행의 의사결정이 지배되지 않고 독립적이고 전문적인 경영권의 행사를 방어하고 유지한 은행은 부도를 피했을 뿐 아니라 최상의 재무적 성과까지 냈던 것으로 이해하는 것이 맞다. 은행의 재무적 성과와 부도위험이 소유효과보다는 지배효과에 의해 더 크고 통계적으로 유의한 영향을 받았다는 추정결과에 비추어 보면 대기업의 대주주 지위에도 불구하고 은행의 성패는 지배되었느냐 아니면 지켰느냐에 의해 결정되었다고 보는 것이 타당할 것이다.

1997-98년 금융위기는 금산결합이 대기업의 부도위험을 은행에 이전함으로써 초래한 금융시스템 위험이라는 측면을 부인하기 어렵다. 대기업은 금산결합으로 이익을 얻었지만 그로 인한 은행의 파산과 국가부도로 인해 치루어야 했던 사회적 비용은 대기업이 얻은 이익을 훨씬 뛰어넘어 비교 불가능한 수준에 이르렀다. 따라서 비용-편익 분석의 관점에서 금산결합의 경제적 효용은 없다고 보아야 한다.

금산결합의 실증분석이 주는 정책적 시사점은 다음과 같다. 1961년 혹은 1982년 도입된 후 1997-98년 금융위기에 이르기까지 소유규제를 중심으로 하였던 금산분리는 최적의 정책수단의 구성이라는 관점에서 잘못된 것이었다. 소유는 수단이고 지배가 목적이라는 점에 비추어 소유효과보다는 지배효과를 보다 명확히 억제할 수 있는 지배구조규제를 기본으로 했어야 했다. 소유규제는 지배구조규제를 보완하는 차원에서 활용되었어야 했다. 정책결합(policy mix)의 관점에서도 소유규제만을 유일한 수단으로 하는 것은 정책의 자유도를 제약한다. 미국의 금산분리에서도 지배구조가 기본이며 소유규제는 보완적인 관점에서 활용되며 역사적으로도 나중에 등장하였다.

　물론 소유규제의 한계는 소유규제 자체가 문제라기보다는 현실에서 소유규제가 제대로 시행되지 못한 때문이라는 지적이 있을 수 있다. 그래서 과거와는 달리 제대로 된 소유규제가 시행되면 과거와 같은 한계를 반복하지 않을 것이라고 생각할 수도 있다. 하지만 이러한 점을 고려하더라도 소유규제는 그 자체가 완벽하지 않으며 지배구조규제를 배제한 채 소유규제만으로는 성공적인 금산분리를 달성하는 데에는 어려움이 따른다. 무엇보다도 소유규제는 완벽한 소유구조의 파악을 필요로 하는데 현실에서는 이 파악이 결코 쉽지 않다. 1997-98년 금융위기에서도 드러났듯이 위장분산은 소유규제의 실패를 초래한 원인의 하나였다. 또한 소유규제는 소유의 완전한 금지가 아니며 일정 수준의 제한이고, 설령 제한된 수준의 소유일지라도 경우에 따라서는 얼마든지 실질적 지배가 가능할 수도 있다. 더 중요한 것은 소유에 따른 문제점은 소유 사실 자체로부터 나오는 것이 아니라 소유에 기반해 은행의 의사결정을 지배하는 것으로부터 야기된다. 따라서 지배구조규제를 배제한 소유규제 일변도 혹은 소유규제 중심의 금산분리는 한계를 벗어나기 힘들다.

제5부

디지털시대의 금산분리

제13장

인터넷전문은행과 금산분리

Ⅰ 인터넷전문은행법의 주요 내용

1. 인터넷전문은행법의 규정

인터넷전문은행법은 기존 은행법이 정한 소유규제를 대폭 완화함으로써 산업자본에 의한 인터넷전문은행의 소유를 허용하였다. 인터넷전문은행법의 주요 내용을 간략히 정리하면 다음과 같다.

첫째, 인터넷전문은행법 제1조는 금융과 정보통신기술이 융합한 인터넷전문은행에 대하여 금융혁신과 건전한 경쟁, 소비자편익을 목적으로 정하고 있다.

둘째, 인터넷전문은행법 제5조(비금융주력자의 주식보유한도 특례) 제1항은 비금융주력자로 하여금 「은행법」 제16조의2 제1항 및 제2항에도 불구하고 인터넷전문은행의 의결권 있는 발행주식 총수의 100분의 34 이내에서 주식을 보유할 수 있도록 허용하고, 「은행법」 제15조(동일인의 10% 주식보유한도), 제16조(한도초과주식의 의결권 제한), 제16조의4(한도초과 보유주주 등에 대한 적격성심사) 및 제65조의9(이행강제금)를 적용한다. 이에 따라 비금융주력자는 인터넷전문은행법 제2항에 의해 10%까지는 금융감독당국의 승인이나 자격요건이 필요 없으며 10%를 초과하여 34%에 이르기까지 보유하는 경우에는 일정한 요건을 충족하여 감독당국의 승인을 얻어야 한다.[1]

셋째, 「은행법」 제15조 제5항(자격, 요건·절차)에 따른 은행의 주식을 보유할 수 있는 자의 자격 및 주식보유와 관련한 승인의 요건에도 불구하고 「은행법」 제15조 제3항(금융위원회 승인) 본문에 따른 한도를 초과하여 인터넷전문은행의 주식을 보유할 수 있는 비금융주력자의 경우에는 다음과 같은 몇 가지 자격 및 주식보유와 관련한 승인요건을 충족해야 한다. (1) 출자능력, 재무상태 및 사회적 신용 (2) 경제력 집중에 대한 영향 (3) 주주구성계획의 적정성 (4) 정보통신업 영위 회사의 자산 비중 (5) 금융과 정보통신기술의 융합 촉진 및

---

1) 고동원, 금융규제법개론, 박영사 (2019). 77면.

서민금융 지원 등을 위한 기여 계획 등을 고려한다.

넷째, 인터넷전문은행법은 은행법과 마찬가지로 건전경영원칙을 선언하고 이를 강화하였다. 제8조(대주주 신용공여 금지)는 은행법 제35조의2 제1항에도 불구하고 대주주에 대한 신용공여를 금지하고, 제9조(대주주 발행 지분증권 취득금지)는 은행법 제35조의3 제1항에도 불구하고 대주주가 발행한 지분증권의 취득을 금지하고 있다. 제10조(대주주 부당한 영향력 행사 금지)는 은행법 제35조의4와 마찬가지로 대주주의 부당한 영향력 행사를 금지하며,[2] 이를 위배할 경우에 대하여 제12조(대주주에 대한 검사)는 필요한 최소한의 범위에서 대주주의 업무 및 재산 상황을 검사할 수 있도록 하고 있다. 또한 제13조(인터넷전문은행에 대한 제재)는 인터넷전문은행의 건전경영을 해칠 우려가 있다고 인정되는 경우 영업의 전부정지를 명하거나 은행업의 인가를 취소할 수 있도록 하였다.

2. 주요 특징

인터넷전문은행법의 특징을 한 마디로 정리하면 비금융주력자에 대한 은행의 소유규제 완화와 건전경영원칙의 강화다. 은행법상 4% 한도를 인터넷전문은행에 대해 34%로 확대한 반면, 은행법이 일정 한도로 허용하고 있는 대주주에 대한 신용공여·대주주발행 지분취득 등을 전면금지하였다. 소유한도의 확대와 함께 신용공여·대주주발행 지분취득을 금지한 것은 산업자본 대주주에 의한 인터넷전문은행의 사금고화 우려 때문이다. 이에 따라 산업자본 대주주는 인터넷전문은행으로부터 대출을 받거나 발행증권을 인터넷전문은행으로 하여금 인수하도록 함으로써 자금을 조달하는 것이 금지된다. 대주주 신용공여 금지에 대해서는 이 금지를 피하기 위해 다른 은행과 교차하여 신용을 제공하는 것도

---

2) 인터넷전문은행특례법상 건전경영 의무 규정은 은행법상 관련 조항 중 일부가 도입되어 강화된 것이다. 은행법 제35조의2는 은행의 대주주에 대한 신용공여한도를 은행 자기자본의 100분의 25로 한도를 정하고 있다. 제35조의3은 대주주가 발행한 지분증권의 취득한도를 100분의 1로 제한한다. 제35조의4는 대주주의 부당한 영향력 행사의 금지를 정하고 있다.

금지되고, 대주주에게 자산을 무상으로 양도하거나 통상의 거래조건에 비추어 인터넷전문은행에게 현저히 불리한 조건의 거래도 금지된다. 다만, 은행법이 정하고 있는 '대주주의 다른 회사에 대한 출자를 지원하기 위한 신용공여의 금지'는 명시적으로 도입되지 않았다.

3. 지분한도 확대의 의미

산업자본 지분한도의 34%로의 확대는 주주총회의 결의 절차에서 특별한 의미를 갖는다. 상법상 주주총회의 결의는 보통결의, 특별결의, 특수결의 등 크게 세 가지로 나뉜다. 보통결의는 검사인 선임, 이사 및 감사의 선임, 이사 및 감사에 대한 보수의 결정, 재무제표의 승인, 주식배당, 청산인의 해임 및 보수 결정, 청산종결 승인, 흡수합병 보고, 총회 연기 등을 대상으로 한다. 특별결의는 정관변경, 영업의 전부 또는 중요한 일부의 양도, 중요한 계약체결, 주식교환, 합병, 분할, 감자의 결정, 회사의 해산 및 계속, 주식의 포괄적 이전 및 교환, 이사 및 감사의 해임, 자본의 감소 등을 대상으로 한다. 특수결의는 발기인, 이사, 감사, 또는 청산인 등의 회사에 대한 책임 면제, 주식회사의 유한회사로의 변경 등을 대상으로 한다.

이때 결의를 위한 의결정족수 요건은 보통결의의 경우 전체 발행 주식의 1/4 이상과 출석지분의 과반수이고, 특별결의는 전체 발행주식의 1/3 이상과 출석지분의 2/3 이상이다. 특수결의는 총주주의 동의 내지 일치에 의한다.

인터넷전문은행법이 비금융주력자에 대하여 허용하는 34% 지분이 갖는 의미는 첫째, 발행주식의 1/3을 초과하므로 특별결의에서 유효한 의결권을 행사할 수 있다. 둘째, 지분의 100%가 출석한다고 가정할 경우 다수 의견이 34% 지분을 가진 산업자본의 이익에 부합하지 않거나 반할 경우 2/3의 성립을 불가능하게 할 수 있다. 셋째, 주주총회의 현실에 비추어 사실상 어떤 지분요건에도 얽매이지 않는다. 김화진(2016)에 의하면 현실의 주주총회 참석률이 25%를 넘

는 경우가 드물다. 따라서 비금융주력자의 34%는 사실은 출석지분의 거의 전부
일 수도 있다.

인터넷전문은행법 제정 당시 국회 정무위원회에서 전문가들의 토론이 있
었다.[3] 이 토론에 의하면, 34% 지분한도 확대는 소유규제만이 아니라 곧 금산
분리규제의 면제로 이해되었다. 소유규제를 중심으로 하는 기존의 금산분리에
의하면, 이는 당연한 이해라고 할 수 있다. 특히 토론에서는 지분과 지배의 구
분을 전제로 하는 의견이 따로 제시되지 않았는데, 이는 34% 지분한도 확대가
곧 지배권의 허용을 의미하는 것으로 받아들여졌던 것으로 이해할 수 있다.[4]

II 지분한도 확대의 법적 쟁점

1. 소유와 지배의 분리

소유와 지배의 분리원칙에 의하면, 소유규제의 완화로 인터넷전문은행의
지분을 34%까지 취득하였더라도 이를 근거로 곧바로 은행에 대한 지배권을 행
사할 수 있는 것은 아니다. 따라서 인터넷전문은행에 대해 산업자본이 지분
34%를 보유한다는 사실과 이사회의 구성 및 운영 등 인터넷전문은행의 실질적
경영에 대한 지배권을 행사하는 것은 전혀 다른 것이 된다.

'금융회사 지배구조에 관한 법률'은 소유와 지배의 분리를 전제로 한다. 금
융회사 지배구조에 관한 법률은 금융회사의 건전경영을 목적으로 이사회의 구
성과 운영, 그리고 소비자보호에 관한 사항을 정하고 있으며,[5] 은행법은 금융

---

3) 국회 정무위원회, 인터넷전문은행 설립 관련 공청회 자료집, 2017. 2. 20, 1−50면.
  https://policy.na.go.kr:444/policy/reference/reference05.do?mode=download&articleNo
  =521023&attachNo=395539
4) 물론 당시 국회 전문가 토론의 논점은 34%로의 확대 여부의 타당성에 관한 것이었고, 금
  산분리규제의 다양한 정책수단을 검토하는 것은 아니었다.
5) 금융회사 지배구조에 관한 법률
  제1조(목적) 이 법은 금융회사 임원의 자격요건, 이사회의 구성 및 운영, 내부통제제도 등

회사 지배구조에 관한 법률의 규정에 따라 운영되어야 한다.6) 이러한 금융회사 지배구조에 관한 법률의 존재는 금융회사에 대하여 소유와 지배의 분리가 전제되고 있음을 의미한다. 따라서 34%로의 지분권 확대가 이사회의 구성과 운영 등 인터넷전문은행의 실질적 경영에 대한 지배권까지 당연히 허용한 것은 아니

금융회사의 지배구조에 관한 기본적인 사항을 정함으로써 금융회사의 건전한 경영과 금융시장의 안정성을 기하고, 예금자, 투자자, 보험계약자, 그 밖의 금융소비자를 보호하는 것을 목적으로 한다.

제6조(사외이사의 자격요건) ① 다음 각 호의 어느 하나에 해당하는 사람은 금융회사의 사외이사가 될 수 없다. 다만, 사외이사가 됨으로써 제1호에 따른 최대주주의 특수관계인에 해당하게 되는 사람은 사외이사가 될 수 있다.

1. 최대주주 및 그의 특수관계인(최대주주 및 그의 특수관계인이 법인인 경우에는 그 임직원을 말한다)

2. 주요주주 및 그의 배우자와 직계존속·비속(주요주주가 법인인 경우에는 그 임직원을 말한다)

3. 해당 금융회사 또는 그 계열회사(「독점규제 및 공정거래에 관한 법률」제2조 제3호에 따른 계열회사를 말한다. 이하 같다)의 상근(常勤) 임직원 또는 비상임이사이거나 최근 3년 이내에 상근 임직원 또는 비상임이사이었던 사람

4. 해당 금융회사 임원의 배우자 및 직계존속·비속

5. 해당 금융회사 임직원이 비상임이사로 있는 회사의 상근 임직원

6. 해당 금융회사와 대통령령으로 정하는 중요한 거래관계가 있거나 사업상 경쟁관계 또는 협력관계에 있는 법인의 상근 임직원이거나 최근 2년 이내에 상근 임직원이었던 사람

7. 해당 금융회사에서 6년 이상 사외이사로 재직하였거나 해당 금융회사 또는 그 계열회사에서 사외이사로 재직한 기간을 합산하여 9년 이상인 사람

8. 그 밖에 금융회사의 사외이사로서 직무를 충실하게 이행하기 곤란하거나 그 금융회사의 경영에 영향을 미칠 수 있는 사람으로서 대통령령으로 정하는 사람

② 금융회사의 사외이사가 된 사람이 제1항 각 호의 어느 하나에 해당하게 된 경우에는 그 직을 잃는다.

③ 금융회사의 사외이사는 금융, 경제, 경영, 법률, 회계 등 분야의 전문지식이나 실무경험이 풍부한 사람으로서 대통령령으로 정하는 사람이어야 한다.

제12조(이사회의 구성) ① 금융회사는 이사회에 사외이사를 3명 이상 두어야 한다.

② 사외이사의 수는 이사 총수의 과반수가 되어야 한다. 다만, 대통령령으로 정하는 금융회사의 경우 이사 총수의 4분의 1 이상을 사외이사로 하여야 한다.

http://www.law.go.kr/법령/금융회사의지배구조에관한법률.

6) 은행법 제3조는 은행은 '금융회사의 지배구조에 관한 법률'에 따라 운영되어야 한다고 명시하고 있는데, 금융회사의 지배구조에 관한 법률은 소유와 지배의 분리를 전제로 한다. 다만, 은행법상 금산분리규제는 소유규제 이외의 지배구조규제에 대한 사항을 도입하지 않고 있다.

은행법 제3조(적용 법규) ① 대한민국에 있는 모든 은행은 이 법, 「한국은행법」, 「금융위원회의 설치 등에 관한 법률」, 「금융회사의 지배구조에 관한 법률」 및 이에 따른 규정 및 명령에 따라 운영되어야 한다.

라고 할 수 있다.

2. 소유와 지배의 미분리

국내 은행법상 금산분리규제는 소유규제를 중심으로 정의되어 있다. 지배구조에 대한 직접적인 규제는 사실상 없다.[7] 은행법은 4% 범위 내에서 산업자본의 지분보유를 허용하는데, 의결권을 포기하는 경우에는 추가로 6%를 더 보유할 수 있도록 하고 있다.[8] 초과지분에 대해 의결권을 제한하는 것은 일종의 지배구조규제에 해당은 하나 미 은행지주회사법상 지배구조규제에 비추어보면 매우 약한 수단에 지나지 않는다.

미국 은행지주회사법은 25%에 이르는 지분까지 허용하면서도 실질적으로는 5%에 해당하는 권한 이상을 행사할 수 없도록 함으로써 어떠한 은행지배도 금지한다. 이사회 구성과 운영에 있어서 뿐 아니라 은행의 대출, 이자율의 결정 등 은행 고유의 금융의사결정에 개입하는 것도 금지된다.[9]

---

7) 은행법 및 인터넷전문은행특례법상 대주주 신용공여 제한 내지 금지, 대주주 발행 지분증권 취득 제한 내지 금지, 그리고 대주주의 부당한 영향력 금지 등은 취지상 지배구조규제에 해당하지만, 미국 은행법의 지배구조규제가 정하고 '산업자본의 이익을 대변하는 이사는 한 명 이상을 둘 수 없다, 배당 및 대출 등 은행의사결정에 영향을 미칠 수 없다' 등과 같은 보다 직접적이고 구체적인 이사회의 구성 및 의사결정 사항에 대한 직접적인 언급은 없다. 따라서 부당한 영향력 금지가 배당, 대출, 이자율 등에 대한 의사결정 개입 금지를 포함하는지 여부는 명확하지 않다.

8) 은행법 제16조의2(비금융주력자의 주식보유제한 등) ① 비금융주력자(「독점규제 및 공정거래에 관한 법률」제14조의2에 따라 상호출자제한기업집단 등에서 제외되어 비금융주력자에 해당하지 아니하게 된 자로서 그 제외된 날부터 대통령령으로 정하는 기간이 지나지 아니한 자를 포함한다. 이하 제2항에서 같다)는 제15조 제1항에도 불구하고 은행의 의결권 있는 발행주식 총수의 100분의 4(지방은행의 경우에는 100분의 15)를 초과하여 은행의 주식을 보유할 수 없다. <개정 2013. 8. 13>
② 제1항에도 불구하고 비금융주력자가 제1항에서 정한 한도(지방은행인 경우는 제외한다)를 초과하여 보유하려는 은행의 주식에 대한 의결권을 행사하지 아니하는 조건으로 재무건전성 등 대통령령으로 정하는 요건을 충족하여 금융위원회의 승인을 받은 경우에는 제15조 제1항 각 호 외의 부분 본문에서 정한 한도까지 주식을 보유할 수 있다.
http://www. law.go.kr/법령/은행법.

9) 미국 은행지주회사법은 산업자본이 5% 이상을 초과 보유하는 경우에 대하여 초과 보유지

우리나라의 은행법상 금산분리가 전통적으로 소유규제를 중심으로 하여 정의되고 운영되어 온 점에 비추어 보면 인터넷전문은행법상 금산분리 역시 소유와 지배의 미분리를 암묵적으로 전제로 하고 있고, 따라서 지분한도의 확대는 지배권까지 허용한 것이라고 볼 여지가 있다.

3. 규제완화와 건전경영원칙

산업자본 34% 지분한도 확대와 건전경영원칙은 양립할 수 있는가? 소유와 지배의 분리 하에서는 소유규제의 완화가 건전경영원칙을 저해할 가능성이 낮다. 소유규제가 완화되더라도 지배구조규제를 통해 보완할 수 있기 때문이다. 따라서 소유규제완화와 건전경영원칙이 여전히 양립할 수 있다. 하지만 소유와 지배의 미분리 하에서는 소유규제의 완화가 건전경영원칙을 저해할 가능성을 부인할 수 없다. 소유규제의 완화로 건전경영이 훼손될 가능성이 있더라도 지배구조규제를 통해 보완할 수 없기 때문이다. 따라서 소유와 지배의 미분리에서는 소유규제완화와 건전경영원칙이 양립하는 것이 곤란할 수 있다.

Ⅲ 인터넷전문은행은 금산분리의 예외인가?

1. 지분한도의 확대와 건전경영원칙

인터넷전문은행법은 금산분리규제의 예외인가? 법문에 충실하게 답을 하면 소유규제의 예외이다. 소유규제가 금산분리의 거의 전부라는 관점에서 보면 소유규제의 예외는 곧 사실상 금산분리의 예외라고 할 수도 있다. 하지만 금산분

분의 의결권을 제한하는 등의 규정은 두지 않는다. 지분보유에 따르는 의결권은 주주총회에서 행사되는 것이며, 미국 은행지주회사법상 지배구조규제는 이사회 구성과 운영을 중심으로 적용된다.

리의 목적과 다름이 없는 건전경영원칙을 강화하고 있다는 점에서는 소유규제의 예외가 곧 금산분리의 예외라고 답하기는 어렵다. 따라서 소유규제 예외는 금산분리의 예외 여부에 대한 논쟁으로부터 자유롭기는 어렵다.

　소유규제 예외가 금산분리 예외로까지 확대될 것인지 여부는 건전경영원칙의 범위와 정도에 의해 결정된다고 볼 수 있다. 즉, 소유규제 예외가 산업자본을 중심으로 하는 지배구조로의 변화를 가져올 것인지의 여부, 그리고 건전경영원칙의 강화에도 불구하고 실질적으로는 건전경영원칙이 제대로 지켜질 것인지 여부에 달렸다고 볼 수 있다. 만일 소유규제의 완화에도 불구하고 소유와 지배의 분리원칙에 의해 지배권의 허용으로까지 이어지지 않는다면 건전경영원칙은 위협받지 않을 수 있는 반면, 소유와 지배의 미분리로 지배권이 허용되면 건전경영원칙은 언제든 위협받을 처지에 놓일 수 있고 이에 따라 소유규제 예외가 곧 금산분리의 예외를 의미하는 것이 될 수도 있을 것이다.

　제8장에서 본 바와 같이, Cutler and Jackson(2017)[10])에 의하면, 금산분리는 은행시스템의 안전성과 건전성을 유지하고 소비자를 보호하는데 목적이 있으며, 반대로 경쟁을 제한하고 금융서비스의 접근성을 제약함으로써 소비자에게 해를 초래해서는 안 된다. 또한 이러한 금산분리의 기능은 비용-편익 분석에 의하여 입증되고 뒷받침되어야 하는 공공정책(evidence-based public policy)이다.[11]) 특히 ILC 제도가 야기한 금융시스템의 왜곡의 정당성은 왜곡에 따른 비용을 넘어서는 사회적 편익을 창출하였는지에 의해 가능하며 이는 검증되어야 한다고 지적하였다.

　이러한 지적에 의하면, 인터넷전문은행에 대하여 예외적인 소유규제의 완화가 어느 정도 금융시스템을 왜곡시킬 것인지, 그리고 그러한 왜곡은 왜곡에

---

10) Cutler and Jackson(2017), *Wal-Mart and Banking*, Harvard Law School, pp. 12, 21.
11) 이러한 관점에서 금산분리규제는 도그마가 아니다. 언제 어디서나 성립되어야 하는 것이 아니라 비용-편익 분석에 의해 지지되어야 그 존재 의미를 가질 수 있는 것이다. 금산분리규제의 완화 주장 역시 마찬가지다. 증거에 기반한 논의여야 한다.

따른 비용을 초과하는 사회적 편익을 낳을 것인지에 의해 정당화될 수도 있으며, 이는 실증적 분석을 통해 입증되어야 한다.

2. 소유규제 예외에 대한 인터넷전문은행과 ILC 규제의 비교

미국 ILC와 국내 인터넷전문은행특례법상 인터넷전문은행의 차이점은 다음과 같다.

첫째, ILC의 목적은 금융접근성이 낮은 저소득층을 대상으로 하는 금융서비스를 제공하는 사회적 편익을 위한 것이다. 인터넷전문은행의 목적은 금융접근성에 공간적 제한이 없는 비대면채널을 수단으로 하는 금융서비스 제공을 주된 목적으로 한다.

둘째, ILC는 FDIC의 부보금융기관으로서 사실상 은행이지만 예외적으로 은행지주회사법의 적용을 받지 않는다. 대신에 자산한도(1억 달러), 요구불예금 수취 제한, 지배권의 거래불가, (월마트와 같은) 대형 산업자본의 인허가 불허 등의 제한을 받는다. 반면 국내 인터넷전문은행은 부보예금기관으로서 예금수취, 자산규모 등에 대한 제한을 받지 않으며 카카오 등 대형 플랫폼과 같은 산업자본에게 인허가가 허용되었다.

셋째, 지배구조와 관련하여 ILC의 경우에는 산업자본 모회사가 직접적인 지배권을 행사하지 못하는 반면, 인터넷전문은행의 경우에는 그러한 지배권의 제한규정이 없다. 인터넷전문은행법이 정하고 있는 대주주 신용공여 금지, 대주주 발행 지분증권 취득 금지, 그리고 대주주의 부당한 영향력 금지 등도 취지상 지배구조규제에 해당한다고 볼 수는 있다. 하지만 이사회의 구성 및 은행 의사결정에 대한 지배를 명시적으로 금지하는 미국의 지배구조규제에 비하면 차이가 크다.

3. 우리나라에서 소유와 지배 분리의 현실

인터넷전문은행과 ILC는 공통적으로 산업자본에 대한 소유규제로부터 예외를 인정받는다. 그렇다면 이러한 소유규제 예외에 대응하여 인터넷전문은행에 부과되는 건전경영원칙은 ILC에 대한 업무범위, 자산규모와 지배구조 등의 금산분리규제와 견줄 만한가?

회사법 관점으로 볼 때 우리나라에서 소유와 지배의 분리는 제대로 이루어지지 않았다. 비금융회사의 경우 대부분 소유와 지배가 결합되어 있다. 금융부문에서는 금융회사 지배구조에 관한 법률이 도입되어 지배구조규제가 추진되고 있지만 금산분리에 소유와 지배의 분리원칙이 적용되고 있는지에 대해서는 이견의 여지가 있다. 만일 소유와 지배의 분리가 전제되지 않는다면 인터넷전문은행법상 건전경영원칙의 강화가 ILC의 조건부 규제에 견줄 수 있는 효과를 낳지 못할 수 있다. 인터넷전문은행은 ILC와는 달리 예대업무를 모두 영위할 수 있고 지역적으로도 활동범위가 제한되지 않으며 자산규모에도 한도가 없고 경영권의 변동에도 제약이 없고 이사회를 지배하지 못하도록 하는 금지도 명시적으로 규정되지 않았다.

따라서 소유와 지배의 분리원칙이 명시적으로 도입되지 않는 한 소유규제 예외에도 불구하고 금산분리를 유지하도록 하는 인터넷전문은행에 대한 대응규제수준은 ILC의 규제수준에 비추어 낮은 것이라고 할 수 있다.

Ⅳ　인터넷전문은행의 금산분리 정책수단

1. 소유와 지배의 분리 하에서 지배구조규제

소유와 지배의 분리원칙을 전제하는 경우 소유규제와 독립된 정책수단으로서 지배구조규제를 위한 몇 가지 정책적 방안을 생각해 볼 수 있다.

첫째, 본격적인 지배구조규제의 도입이다. 예를 들어, 산업자본의 이익을 대표하는 이사의 수를 제한하고, 대출 및 이자율 등 은행의 의사결정에 영향을 미치지 못하도록 제한하는 것이다. 이 방안은 미국의 은행지주회사법이 정의하는 지배구조규제와 같은 방식이다.

둘째, 이사회 구조와 운영방식을 이원화한다.[12] 예를 들면, 이사회 의사결정의 내용을 기술적인 부분과 은행경영에 대한 부분으로 구분하여 산업자본을 대표하는 이사가 참여하는 이사회를 기술적인 부분으로 제한하는 방식이다. ICT와 금융의 기술적 융합에 대한 의사결정은 예금, 대출, 이자율 결정 등 은행업 고유의 의사결정과는 전혀 차원을 달리한다고 볼 수 있다. 따라서 기술적 융합에 대해서는 산업자본을 대표하는 이사로 하여금 리더십을 갖도록 허용하지만, 누구에게 어떤 조건으로 얼마의 신용을 배분할 것인가 등에 대한 은행업 고유의 의사결정에는 산업자본의 참여를 제한한다.[13]

셋째, 사안별 의결권 행사를 달리하도록 의사결정의 모멘텀을 관리한다. 이것은 산업자본을 대표하는 이사의 이사회 참여나 의결권 행사를 필요한 경우 일시적으로 제한하는 방식이다. 예를 들어, 산업자본 모회사가 신규사업을 확장하거나 부실위험으로 인해 긴급유동성을 필요로 하는 상황에서는 산업자본 모회사를 대표하는 이사의 이사회 참여를 제한하거나 혹은 참여하더라도 의결권을 제한한다.

넷째, 이사의 전문성 자격요건을 엄격히 제한한다. 예를 들어, 이사회 구성에서 은행업의 의사결정에 대한 전문성을 가진 자를 적어도 2/3 이상으로 하는 것이다. 이는 산업자본 모회사와 연관을 갖는, 그리고 은행업에 대한 이해가 부

---

12) 도입취지는 다소 다를 수 있지만 현실에 존재하는 이원화 방식의 이사회는 이사회를 경영 이사회와 감독이사회로 이원화하고 있는 독일을 예로 들 수 있다. 현재 우리나라에서 이 사회는 일원화된 이사회구조다.
13) 물론 기술적 여건의 개선으로 대출 및 이자율의 수준이 영향을 받겠지만, 이는 일반적 관점에서 기술적 영향에 대한 부분이며, 구체적으로 누구에게 어떤 조건으로 얼마의 신용을 배분할 것인가에 관한 것은 아니다.

족한 ICT 전문가의 이사회 참여와 그 영향력을 제한하는 효과를 낳을 수 있다.

2. 소유와 지배의 미분리에 따른 정책수단의 제약

소유와 지배의 미분리 하에서 소유규제 예외가 곧 산업자본의 실질적인 지배권을 인정한 것이라면, 비록 인터넷전문은행법의 건전경영원칙의 선언에도 불구하고 그 실현여부는 대주주의 자제의 영역에 속하게 되며 이에 따라 건전경영이 제도적으로 보장되지 못할 수도 있다.

또한 소유와 지배의 미분리에서는 정책수단의 선택이 제한적이다. 일반적으로 금산분리의 정책수단은 크게 소유규제, 지배구조규제, 업무범위제한이다. 하지만 소유와 지배의 미분리에서는 소유규제와 독립적인 지배구조규제가 성립되지 못한다.

업무범위제한의 대표적인 사례는 앞서 설명한 미국 ILC에 대한 '조건부 승인'제도다. 그렇다면 인터넷전문은행에 대해서도 미 ILC와 같은 업무영역과 규모 등에 대한 조건부 승인제도를 도입할 수 있을 것인가? 앞서 언급한 것처럼 한계가 있다. 우선 인터넷전문은행법 역시 몇 가지 업무범위와 수단에 대한 특정한 제약을 부가하고 있다. 출자 가능한 산업자본 모회사를 ICT 기업으로만 한정하고,[14] 중소기업을 제외한 기업대출은 제한하며,[15] 주로 전자금융거래[16]로 영업을 하도록 정하고 있다.

ILC 조건부 승인제도의 특징은 업무범위, 자산규모 등에 대한 총액을 제한한다는 점이다. 만일 ILC와 같은 방식의 업무범위 제약을 인터넷전문은행에 가

---

14) 인터넷전문은행특례법 제1조는 금융과 융합하는 정보통신기술 기업이 인터넷전문은행 설립의 주체임을 밝히고 있다.

15) 인터넷전문은행특례법 제6조는 법인에 대한 신용공여를 금지하고 있으나, 중소기업기본법상 중소기업에 대한 신용공여는 허용한다.

16) 인터넷전문은행특례법 제2조는 인터넷전문은행은 전자금융거래법 제2조 제1호에서 정한 전자금융거래를 주된 방법으로 영위하는 은행을 말한다.

한다면 이는 인터넷전문은행으로 하여금 ILC가 되도록 하는 셈이 될 것이다. ILC는 그 출발이 은행에 대한 접근성이 낮은 광부 등 격지에 거주하는 서민금융의 지원에 목적이 있는 반면, 인터넷전문은행은 ICT기술로 전문화되고 지역적으로 활동범위와 예대업무 등에 제한이 없는 은행이다. 따라서 ILC와 같은 업무범위제한을 가하는 것은 쉽지 않다.

3. 건전경영원칙의 추가적인 강화 필요성

건전경영의 강화를 위해 인터넷전문은행법은 은행법상 건전경영 기준보다 강화된 방안을 도입하고 있으며 그 중의 하나가 대주주 신용공여 금지다. 은행법은 제35조의2(대주주 신용공여 한도) 제1항에서 제8항에 걸쳐 신용공여 한도와 관련한 사항을 정하고 있으며 이 가운데 제7항은 대주주의 다른 회사에 대한 출자를 지원하기 위한 신용공여는 금지하고 있다.

인터넷전문은행법 제8조(대주주 신용공여 금지)는 은행법과 달리 아예 대주주 신용공여를 금지하여 건전경영원칙을 강화하였다. 하지만 인터넷전문은행법은 은행법 제35조의2 제7항에서 정하고 있는 대주주의 다른 회사 출자를 지원하는 신용공여 금지는 명시하지 않고 있다. 물론 '대주주 신용공여 금지원칙'이 대주주와 관련한 일체의 신용공여 금지를 의미할 수는 있으나 법문에 이를 명확히 하는 것이 바람직할 수 있다.

V 금산분리 법리와 남겨진 과제

인터넷전문은행법은 소유규제의 예외를 정하면서 동시에 대주주 신용공여 금지 등 건전경영원칙을 강화하였다. 이러한 정책조합은 인터넷전문은행의 금산결합 형식을 특정하게 제한하는 효과를 낳을 수 있다.

　　제5장에서는 금산결합의 7가지 형식을 논의하였다. 인터넷전문은행법의 정책조합에 의하면 인터넷전문은행에 따른 금산결합의 형식은 법적 권리의 충돌을 야기할 수 있는 (4)~(6)이 아니라 그러한 가능성이 완화된 (2)에 해당할 수 있다. (2)에 의하면, 산업자본이 은행의 지분을 보유하고 있으나 은행과 산업자본간에 채권-채무 관계는 존재하지 않는다. 물권적 지배권에 기한 소유-지배와 신용공여에 의한 채권-채무의 중층적 권리관계가 없고 대신에 물권적 지배권에 기한 소유-지배만이 있다.

　　인터넷전문은행법이 산업자본의 은행지배에도 불구하고 법적 권리의 중층적 체계로 인한 충돌 가능성을 배제하고 있다는 점은 바람직하다. 다만, 문제의 소지가 전혀 없는 것은 아니다.

　　첫째, 배타적인 물권적 지배권이 산업자본에게 주어지고 있어서 법위반을 의도할 경우 이를 행할 여지는 얼마든지 있다. 은행법은 이러한 소지를 소유규제를 통해 원천적으로 통제하고 있다.

　　둘째, 인터넷전문은행이 법인대출을 할 수 있는 중소기업 지분을 보유하고 해당 중소기업에 대출을 제공하는 경우가 가능하고 이 경우에는 법적 권리의 중층적 구조가 야기된다.

　　셋째, 은행법 제35조의2 제7항의 대주주의 다른 회사에 대한 신용공여금지가 도입되지 않아 이에 따른 중층적 권리체계가 초래될 여지가 있다.

　　만일 이상의 세 가지 가능성이 현실화될 경우 그 결과는 제5장에서 논한 금산결합의 형식 (4)에 해당할 수 있다. 따라서 이러한 가능성을 적절히 제한하기 위한 과제가 남겨져 있다고 할 수 있다. 소유규제와 마찬가지로 소유와 지배의 분리에 기초하는 지배구조규제 역시 중층적 권리체계의 형성을 원천적으로 제한하는 수단이 될 수 있다. 인터넷전문은행의 중소기업 지분보유에 대해 적정한 제한이 필요하고, 은행법 제35조의2 제7항 사항을 인터넷전문은행법에 명시하는 것도 바람직하다.

빅테크와 금산분리

I 빅테크의 금융진출

빅테크의 금융참여가 넓고 빠르고 거세다. 빅테크의 금융 참여는 세 가지 방식으로 구분할 수 있다. 첫째, 기존 금융회사들과의 제휴/파트너십방식이고, 둘째, 빅테크가 직접 금융업 인가를 받는 방식이고, 셋째, 그림자금융 방식이다.

첫째 방식은 아마존, 구글 등 미국의 빅테크 플랫폼이 채택하는 방식이다. 대표적인 예는 아마존페이로 2007년 기존 카드사 및 JPMorgan Chase은행 등과의 파트너십을 통해 지급결제서비스를 포함한 다양한 금유서비스를 제공하기 시작하였다. 구글페이, 삼성페이 등 많은 빅테크 플랫홈이 파트너십 방식을 활용하고 있다.

두 번째 방식은 동일기능 동일규제 원칙에 따르거나 혹은 동일기능 다른 규제 원칙에 따르는 방식으로 이루어진다. 동일기능 동일규제 방식은 은행과 동일한 서비스를 제공하는 은행법상 은행으로서 인가를 받는 것이다. 반면 동일기능 다른 규제 방식은 비록 제공하고자 하는 서비스가 은행과 동일한 서비스일지라도 은행법보다 완화된 기준을 가진 다른 법제의 적용을 받는다.

세 번째 가능한 참여방식은 2007-8년 글로벌 금융위기에서 크게 문제가 되었던 그림자금융(shadow banking)처럼 은행, 증권사, 보험사 등 기존 금융회사들과 특정 금융상품을 매개로 기능적 네트워크를 활용하여 금융서비스를 제공하는 것이다. 이와 같은 그림자금융 방식의 참여는 법적 제약을 사실상 받지 않는다. 이러한 방식은 동일기능 다른 규제에서 더 나아가 사실상 동일기능 제로 규제에 해당할 수 있다.

제휴방식, 인가방식, 그림자금융 방식 가운데 금산분리의 관점에서 크게 우려되는 것은 동일기능 다른규제 인가방식과 그림자금융 방식이다. 동일기능 다른규제는 기본적으로 비금융회사인 빅테크가 금산분리에도 불구하고 금융에 참여하는 것이다. 동일기능 제로규제는 인허가의 절차를 전혀 거치지 않고 규제의 대상에서 배제된 채 금융서비스를 제공한다. 동일기능 다른규제와 동일기

표 14-1 빅테크의 금융진출 내용과 현황

	주요 활동지역	지급결제	MMF와 보험	신용제공
이머징마켓 경제				
Alibaba/Alipay, Tencent	중국	△	△/√	△
Baidu	중국	△	△/√	√
Vodafone M-Pesa	동아프리카, 이집트, 인도	△		√
Mercado Libre	아르헨티나, 브라질, 멕시코	△		△
삼성	한국	√		
GO-Jek, Ola Cabs	남동아시아	△		
Grab	남동아시아	△	√	△
KT	한국	√	△	△/√
카카오	한국	△/√		△/√
선진국경제				
Google	전 세계	√		△/√
Amazon, eBay/PayPal	전 세계	√		√
Apple, Facebook, Microsoft	전 세계	√		
Orange	프랑스	√		√
Groupon	전 세계	△		
Line, Rakuten	일본	△	△	△
NTT Docomo	일본	△	△	√

△ 전통적인 금융과 은행 이외 새로 도입된 법인과 운영. √은행과 신용카드사 등 기존 금융기관과의 협력을 통한 금융서비스
Sources: Financial Stability Board; S&P Capital IQ; public sources; BIS
출처: BIS(2019), big tech in finance: opportunities and risks.

능 제로규제 모두 건전성, 금융소비자보호, 공정경쟁 등에 대한 약한 규제를 받거나 혹은 규제로부터 면제된다. 동일기능 다른규제와 동일기능 제로규제의 대표적인 예는 1970-80년대 nonbank, 1990년대~2000년대 초반 그림자금융 등을 들 수 있다.

<표 14-1>에 의하면, 빅테크는 이미 광범위하게 금융에 참여하고 있다. 아마존, 애플, 구글, 페이스북 등 미국의 주요 빅테크는 지급결제서비스를 제공함에 있어서 기존 금융기관과의 제휴방식을 취하고, 일본 중국 등 지역의

빅테크는 지급결제서비스를 제공함에 있어서 주로 새로운 법인 설립을 통한 방식을 취하고 있다. 빅테크가 제공하는 금융서비스의 범위는 중국, 일본, 한국 등의 경우 지급결제뿐 아니라 MMF와 보험, 신용제공 등을 포괄하는 반면, 미국, 유럽 등에서는 지급결제를 중심으로 하고 있다. 지급결제 이외의 금융서비스를 제공함에 있어서도 미국, 유럽 등에서는 주로 기존 금융회사와의 제휴방식을 취하는 반면, 중국, 일본, 한국 등에서는 제휴방식뿐 아니라 새로운 법인을 설립하여 제공하는 방식을 취하고 있다.

Ⅱ 글로벌 규제당국의 우려

최근 빅테크의 금융참여가 확대됨에 따라 해외 규제당국의 우려가 제기되고 있다. BIS(Bank for International Settlement), OCC(Office of the Comptroller of the Currency) 등은 빅크의 금융참여가 금융의 건전성 및 공정경쟁 등에 부정적 영향을 줄 수 있다는 문제점을 지적하고 금산분리의 적용을 확대하기 위한 제도 개선을 추진하고 있다.

빅테크의 금융참여와 관련하여 글로벌 규제당국이 가장 우려하는 것은 금융의 건전성 및 금융소비자보호를 약화시킬 수 있다는 점이다. 최근 BIS, OCC 등이 제기하는 이러한 우려를 구체적으로 살펴보면 다음 세 가지로 정리할 수 있다.

첫째, 빅테크는 규제를 받지 않거나 상대적으로 약한 규제를 받는다.[1] 그런데 이 상황에서 빅테크의 금융참여는 금융고객에 대한 신인의무(fiduciary duty)와 위임모니터링을 제대로 이행하지 못하며 그럴 유인도 갖지 않고 있다. 또한 위험관리에도 소홀하게 되어 비금융 부문의 위험이 금융부문으로 이전되

---

1) OCC(2016), Supporting Responsible Innovation in the Federal Banking System: An OCC Perspective, 3면.

는 문제점을 초래할 수 있다.[2]

둘째, 은행이 플랫폼에 기반한 네트워크를 갖추지 못한 이유는 은행이 자체적으로 능력이 없기 때문이 아니라 금산분리로 인하여 비금융회사를 소유・지배하거나 비금융사업을 영위하는 것이 금지되었기 때문이다. 따라서 비금융회사인 빅테크의 금융참여는 금산분리에 반하고 공정경쟁에도 반하게 된다. 빅테크의 금융참여는 규제차익(regulatory arbitrage)을 누릴 뿐 아니라 그림자 금융(shadow banking)을 초래하여 비효율적 자금배분과 과도한 위험추구로 금융스템의 안정을 훼손할 수 있다.[3]

셋째, 사이버위험뿐 아니라 빅데이터 활용 및 제3자 서비스 제공자(third-party service provider)와의 사업 협력 혹은 결합 등으로 인해 개인정보 보호 문제가 중대한 위험요인이 될 수 있다. 빅데이터는 빅테크 플랫폼의 경쟁력에 있어서 가장 중요한 요소인데, 이 빅데이터는 자칫 심각한 수준의 개인정보 보호 문제를 초래할 수도 있다. 이에 적절히 대응하기 위해서는 금융상품, 서비스, 판매절차(products, services, and processes)에 대한 효과적인 지배구조와 위험관리 방안이 마련되어야 한다.[4]

Ⅲ 미국 OCC의 '책임 있는 혁신'과 금산분리규제

1. OCC의 책임 있는 혁신과 특별목적은행

미국 은행감독당국 OCC는 '책임 있는 혁신(responsible innovation)'을 정의

2) Elena Carletti, Stijn Claessens, Antonio Fatas and Xavier Vives(2020), The bank business model in the post-covid-19 world, IESE/CEPR, 14면.
3) BIS(2019), Big tech in finance: opportunities and risks, *Annual Economic Report*, Chapter III.
4) OCC(2020), Semiannual Risk Perspective-From the National Risk Committee; OCC(2016), Supporting Responsible Innovation in the Federal Banking System: An OCC Perspective, 3-9면.

하고 특수목적 연방은행(special purpose national bank, SPNB) 제도를 도입하였다. 책임 있는 혁신은 혁신의 추구가 은행 건전성과 예금자보호에 대한 책임과 충돌해서는 안 된다는 것을 말한다. 이러한 정의에 근거하여 OCC는 핀테크/빅테크가 은행서비스를 제공하고자 할 경우 반드시 특정한 방식의 은행업 인허가를 받아 규제를 받도록 하였다.

특수목적 연방은행 제도는 핀테크/빅테크에 대하여 동일기능 동일규제 원칙에 따라 금융상품, 서비스, 판매의 절차 등이 건전한 위험관리에 부합하도록 하기 위한 것이다.[5] 은행서비스를 제공하고자 하는 핀테크/빅테크에 대해 OCC가 위험관리와 지배구조규제를 강조하는 것은 역사적으로 금융혁신이 반드시 긍정적인 효과만을 낳지는 않았기 때문이다.[6] 역사적으로 많은 금융혁신이 금융위기의 원인이 되었다는 점은 지난 800년간의 금융역사에서도 드러난다.[7] OCC가 염두에 둔 가까운 역사적 사례는 1980년대 비은행은행(non-bank bank)이다. 이들은 은행법상 은행의 정의가 예금과 대출 업무 모두를 영위하는 경우를 전제로 한다는 점에 착안해 예대업무 중 하나만을 영위함으로써 규제를 회피하였는바, OCC는 이러한 문제를 반복하지 않고자 하는 것이다.

OCC의 특수목적 연방은행 제도에 의하면 만일 은행의 3대 핵심업무인 지급결제, 예금수취, 대출 가운데 어느 하나라도 영위하고자 하면 반드시 은행법이 정한 특별은행 기준에 따라 인허가를 받아야 한다.[8] 은행지주회사법상 은행의 정의는 3대 핵심업무를 모두 영위하는 자에 대하여 인허가를 받도록 정하는

---

5) OCC(2016), Supporting Responsible Innovation in the Federal Banking System: An OCC Perspective, 5면.

6) OCC(2018.7), OCC Begins Accepting National Bank Charter Applications From Financial Technology Companies.

7) Reinhart, Carmen M. and Kenneth S. Rogoff, This Time Is Different, Princeton Press (2011).

8) 미연방규정집 12 CFR 5.20(e)(1): A special purpose bank that conducts activities other than fiduciary activities must conduct at least one of the following three core banking functions: Receiving deposits; paying checks; or lending money.

반면,[9] OCC의 특수목적 연방은행 제도는 3대 핵심업무 중 하나라도 영위하는 자에 대하여 특별은행 인허가를 받도록 정하고 있다.

2. 특별목적은행에 대한 금산분리규제

특수목적 연방은행을 자회사로 둔 핀테크/빅테크는 은행지주회사법상 규제를 받는다.[10] 은행지주회사가 된 핀테크회사는 비금융사업을 소유하거나 지배할 수 없다. 은행지주회사가 아닌 핀테크/빅테크가 특별은행의 의결권 있는 주식을 5% 초과하여 보유하기 위해서는 은행의 의사결정을 지배하지 않는다는 사실을 스스로 입증해야 한다.

특수목적 연방은행의 업무영역도 은행의 핵심업무로만 제한되며 비금융 핀테크/빅테크의 업무 일부를 영위하거나 판매 등을 대리하는 것은 금지되고, 마찬가지로 핀테크회사가 금융상품 판매 등 특별은행 업무의 일부를 대리하는 것 역시 금지된다.

예를 들어 아마존이 특수목적 연방은행을 설립하여 이를 자회사로 할 경우 아마존은 특수목적 연방은행의 지주회사로서 규제의 대상이 된다. 설령 아마존이 거래계좌를 이용하여 부보예금이 아닌 다른 조달자금을 이용하여 지급결제 혹은 대출서비스를 영위하고자 하는 경우에도 특별은행으로서 인허가를 받아야 한다. 만일 아마존 등 빅테크가 부보예금을 수취하고자 한다면, 은행법상 일반은행 인허가(full−service national charter)를 받아야 한다.[11] 이것은 예금이 은행

---

9) 미합중국 법전 12 U.S. Code §1841. Definitions (c)(1). (c)Bank Defined...(1) In general... the term "bank" means any of the following: (A) ... An institution ...—(i) accepts demand deposits or deposits that the depositor may withdraw by check or similar means for payment to third parties or others; and (ii) is engaged in the business of making commercial loans.

10) OCC(2018), Policy Statement on Financial Technology Companies' Eligibility to Apply for National Bank Charters.

11) OCC(2018), Comptroller's licensing manual supplement: Considering charter applications from financial technology companies, 1−3면.

서비스 체계에서 갖는 중요성에 따른 것이다. 금산분리의 경제이론과 법리에 대한 파트에서 언급한 바와 같이 예금은 대출에 대한 위임모니터링과 건전성 규제의 궁극적인 원인이자 목적이다. 설령 대출서비스를 하지 않는다고 할지라도 대출 이외 자산운용의 건전성과 관련한 예금자보호의 중요성은 여전히 마찬가지다. 대출 이외 자산의 운용에 따른 위험이 반드시 대출보다 더 낮다고 보장할 수는 없다.

3. 2005년 월-마트 사례와 2007년 Amazon Pay

아마존 페이는 2007년에 출시되었다. 그런데 아마존의 이 결정은 월-마트의 ILC 인허가 신청불허와 시기적으로 일정한 관련이 있다. 제8장에서 살펴본 것처럼, 월-마트는 2005년 지급결제기능 목적의 ILC 인허가를 신청하였으나 금산분리를 이유로 불허되었다.[12] 월-마트는 ILC 신청은 미국 내 유통업체 중 가장 많은 수의 소매고객을 가진 세계 최대규모의 리테일회사로서 고객의 거래편의를 목적으로 한 것이었다. 은행지점을 설치하여 본격적인 은행업을 하려는 것이 아니라 고객을 대상으로 신용카드(credit card)와 직불카드(debit card) 사용에 따른 거래비용을 절감할 수 있도록 하는 것이 목적이었다.[13] 하지만 월-마트 매장에 은행지점을 설치하여 본격적인 은행업을 할 것이라는 시중의 인식을 극복하지 못했고, ILC 신청 후 2년 여 계속되는 예금보험공사의 인가결정 지연(moratorium)에 결국은 월-마트 스스로 신청을 철회하였다. 논쟁의 이면에서 정책당국이 주목했던 고민의 하나는 월-마트가 ILC를 운영할 경우 연방 은

---

12) Arthur Wilmarth (2007), Wal-mart and separation of banking and commerce, 39 Conneticut L. Rev. 1539, 1545-46면. 월마트는 당시 월마트은행으로 불린 ILC(industrial loan company. industrial bank라고도 불림) 인허가를 신청한 바 있음.

13) Walmart, Wal-Mart Withdraws ILC Charter Application, 2007.3.16.
. https://corporate.walmart.com/newsroom/2007/03/15/wal-mart-withdraws-ilc-charter-application

행안전망(federal banking safety net)이 산업자본인 월－마트에게 제공되는 의도치 않는 결과를 초래한다는 점이었다.[14] 금융안정을 목적으로 하는 안전망이 산업자본의 이익과 안정으로까지 남용되는 문제점이 우려된 것이다.

　월－마트가 ILC 인가신청을 철회한 이듬해 2007년 아마존은 은행 인허가 신청 대신 신용카드 네트워크 및 JPMorgan Chase 은행 등과 파트너십을 이용하는 아마존페이를 2007년 출범하였다. 만일 월마트의 인허가 신청이 승인되었다면 아마존 역시 같은 인허가를 신청했을 가능성이 있었다.

Ⅳ 빅테크에 대한 금산분리 법리

1. 동일기능 다른규제와 우월적 지위

빅테크 플랫폼의 특징과 문제점을 정리하면 다음과 같다.

　첫째, 플랫폼의 금융참여는 제휴방식 혹은 동일기능 동일규제 방식만이 아니라 동일기능 다른규제 혹은 동일기능 제로규제를 통해서도 이루어지고 있다.

　둘째, 플랫폼은 전체 가맹기업(sellers)에 대해 우월적 지위를 가지거나 혹은 자사계열 가맹기업과 소유·지배에 의한 특수관계를 가질 수 있으며, 이 경우 자사계열 가맹기업은 금융의 배분에 있어서 비자사계열 가맹기업에 비해 우월적인 지위를 누릴 수 있다.

　셋째, 플랫폼은 전체 구매자(buyers)에 대하여 공정한 중개자로서의 역할보다는 우월적 지위를 이용하여 개인정보를 요구하거나 불공정한 거래를 할 수 있다.

　최근 미 의회의 주요 빅테크에 대한 반경쟁행위 조사보고서(2020)에 따르

---

14) William Poole, President's Message: Wal－Mart Application Focuses Spotlight on Industrial Loan Companies, Federal Reserve Bank of St. Louis, 2006.4.1. https://www.stlouisfed.org/publications/regional－economist/april－2006/walmart－application－focuses－spotlight－on－industrial－loan－companies

면, 플랫폼은 공정한 중개자가 되지 못하고 있다.[15] 조사보고서에 의하면 플랫폼은 고객선택 제한, 과도한 수수료 및 계약의 압박, 고객 데이터 강요, 경쟁상대방 위협과 혁신저해, 참호구축(entrenchment)[16]과 시장지배 등의 문제점을 초래했다. 플랫폼 자체는 더 이상 공정한 시장이 아니다. 이러한 문제점을 해소하기 위해 미 의회는 이해상충을 야기하는 사업부문의 분할을 명령할 수 있는 플랫폼독점금지법 등 5개 법안을 민주·공화 양당의 이름으로 제안하였다.[17] 신임 미 연방거래위원회 의장 Lina Khan은 금산분리와 마찬가지로 플랫폼과 산업의 분리(separation of platforms and commerce)[18]가 필요하다고 지적하고 있다.

2. 금산분리의 법리

빅테크에 대한 금산분리의 법리체계는 다음과 같이 논의될 수 있다.

첫째, 플랫폼이 직접 거래계좌를 발행하여 예금을 수취할 경우 예금자에 대해서는 플랫폼이 채무자가 되고 대출자금의 수요자인 기업에 대해서는 채권자가 되는 이중의 채권채무관계를 맺게 된다.

둘째, 플랫폼은 예금자로부터 자금을 예치 받아 스스로에게 대출할 수도 있고, 플랫폼을 이용하는 개인고객 혹은 기업고객에게 대출할 수도 있다. 가맹기업고객은 자사계열과 비자사계열로 구분되고, 이 구분에 따라 서로 다른 조건의 불공정한 대출계약이 이루어질 수 있다. 플랫폼이 특수관계를 갖는 자사

---

15) U.S. House of Representatives(2020.10.4.), Investigation of Competition in Digital Markets (Majority Staff Report and Recommendations).

16) 참호 현상(entrenchment)은 포이즌필(poison pill)이나 차등의결권주(dual class stock) 등을 이용해 경영이 고착화되거나 도덕적 해이에 빠지는 현상을 지칭한다.

17) 플랫폼독점금지법(Ending Platform Monopolies Act), 디지털혁신법(American Innovation and Choice Online Act), 플랫폼경쟁법(Platform Competition and Opportunity Act), 서비스선택권강화법(Augmenting Compatibility and Competition by Enabling Service Switching Act), 합병수수료현대화법(Merger Filing Fee Modernization Act) 등.

18) Lina M. Khan (2019), The separation of platforms and commerce, 119 Columbia Law Review 973.

계열 가맹 기업에게 대출하는 경우 플랫폼의 채권자로서의 지위는 부차적인 것이 될 수 있다. 이에 따라 예금자보호를 위한 위임모니터링이 최소화되어 대출채권의 부실 확률이 높아지고 그 손실은 예금자에게 전가될 수 있다.

셋째, 플랫폼이 은행을 자회사로 소유할 경우, 은행은 플랫폼, 비금융 자회사기업, 자사계열 가맹기업 등에 대하여 채권적 청구권을 가질 수 있고 플랫폼은 은행을 소유·지배하는 자로서 은행에 대한 물권적 지배권을 가진다. 이에 따라 플랫폼의 물권적 지배권과 은행의 채권적 청구권은 플랫폼 안에서 충돌할 여지를 갖는다. 충돌이 발생할 경우 은행의 플랫폼, 자회사기업과 자사계열 가맹기업에 대한 위임모니터링은 제대로 작동하지 못하고, 그 결과 기업에 의한 과도한 위험추구와 은행의 부도위험 증가가 초래될 수 있다.

넷째, 플랫폼이 대리법리에 따라 금융에 참여할 경우, 플랫폼은 금융상품의 2대 요소에 해당하는 금융계약(origination/distribution)과 자금조달(funding)을 모두 행할 수도 있고 둘 중 어느 하나만 할 수도 있다. 그런데 대리법리에 의하면 플랫폼은 대리로서의 역할에 대한 법적 효력은 본인에 해당하는 금융회사에 대하여 발생하며, 플랫폼은 대리계약을 맺은 금융회사의 관리책임의 대상일 뿐 규제당국에 대하여 규제책임을 갖지는 않는다. 또한 플랫폼은 대리계약을 맺은 금융회사에 대하여 서비스를 제공한 건수에 비례하여 수수료 수익을 얻는다. 이에 따라 플랫폼은 대리로서 금융계약과 자금조달을 함에 있어서 계약의 질(quality)보다는 양(quantity)을 더 중시하고, 금융소비자에 대한 신인의무와 위임모니터링(delegated monitoring)을 통한 자산건전성을 고려하지 않게 된다.

또한 금융계약을 함에 있어서도 비금융회사인 플랫폼은 자신의 이익을 위해 자금배분의 대리권한을 이용할 가능성을 갖는다. 대리법리에 따르는 플랫폼은 본인에 해당하는 금융기관에 대하여 소유·지배관계를 갖지 않는다. 하지만 플랫폼은 그 자신이 이미 비금융회사이다. 더구나 자신의 자회사 및 자사계열 가맹기업 등과 특수관계를 가진 가운데 대리계약에 따라 누구에게 금융을 제공할지 여부를 결정하는 자금배분의 권한을 행사할 수 있다. 이에 따라 플랫폼은 경쟁력과 수익성이 경쟁기업보다 더 낮은 자신과 특수관계에 있는 자회사나 가맹기업에게 자금을 제공할 수 있다. 비록 금융기관에 대하여 소유·지배관계를 갖지 않지만 효율적 자금배분을 저해하는 결과를 초래할 수 있는 것이다.

금산분리관점에서 보면, 금융과 산업이 명시적으로 결합되지는 않았으나 플랫폼이 자금배분의 의사결정에 대한 사실상의 지배권을 행사함으로써 채권적 청구권과 충돌을 초래할 수 있다는 점에서 규제의 대상이다. 제6장에서 논의한 금융과 산업이 결합하는 7가지 구조적 형식 가운데에서는 두 자본간 결합이 없더라도 법적 권리 간 충돌의 가능성을 안고 있으므로 금산분리의 대상이 되는 (4)번째와 맥락상 같은 유형에 속한다. (4)번째 유형 자체는 은행이 기업의 지분을 보유하는 경우이나, 여기에서 논의한 빅테크의 경우에는 은행과 빅테크 간 대리계약이 문제의 시작이라는 점에서 차이가 있을 따름이다.

정책과제

금산분리의 정책과제

지금까지 금산분리의 경제이론과 법리, 국내외에서 시행된 금산분리의 오랜 역사와 발전, 실증분석, 인터넷전문은행과 빅테크 등에 대하여 논의하였다. 금산분리가 제대로 이루어지지 않으면 효율적이고 공정한 자금배분의 실패를 초래하고 더 나아가 금융안정을 저해할 수 있다. 1997~1998년 금융위기는 금산결합에 따라 기업부실이 금융회사로 전이되어 궁극적으로 국가부도가 초래된 사건이었다.[1]

지금까지의 논의에 비추어 금산분리정책을 발전시킬 수 있는 몇 가지 정책과제를 다음과 같이 도출할 수 있다.

I 금산분리의 법리적 해석

금산분리에 대한 법리적 해석을 명확히 하는 것이 필요하다. 그간의 금산분리에 대한 많은 논의는 법리적 해석과 경제학적 실증분석이 부재한 가운데 이루어져 왔으며, 이로 인해 학문적이고 전문적인 토론보다는 정치적 입장과 견해에 휘둘리는 현상이 나타났다.

금산분리에 대한 법리적 해석은 금융자본과 산업자본 간 결합의 내적 메커니즘을 법적으로 분석하고 법적 권리의 충돌 가능성을 배태하는 결합 메커니즘의 문제점과 개선방안에 대하여 논의하는 것이다. 법리적 해석의 핵심은 주주권으로 표현되는 회사에 대한 물권적 지배권과 대출채권으로 표현되는 채권적 청구권 간의 관계다. 이러한 중층적인 법적 권리의 체계는 법적 권리 간 충돌을 야기함으로써 궁극적으로는 금융의 건전성 및 안정성, 예금자와 투자자의 이익을 훼손할 수 있다. 법적 권리의 충돌은 물권적 지배권과 채권 간에 발생하며, 충돌이 미치는 영향의 범위는 소유-지배구조에 따라 은행, 증권사, 예금자, 투

---

1) Seidman(2003)은 금융과 산업의 결합에 의한 정실자본주의가 1997~1998년 우리나라 금융위기의 원인이었다고 지적한다.

자자를 모두 포함한다.

법적 권리의 충돌은 파생되는 경제적 인센티브로부터 비롯한다. 은행의 기업에 대한 주주권은 예금보험제도하에서 풋옵션을 가진 잔여지분 청구권으로서 초과이익을 얻기 위하여 과도한 위험을 추구할 유인을 가질 수 있다. 기업의 은행에 대한 지배권은 은행의 의사결정을 지배함으로써 사전 심사와 사후 모니터링을 약화시키고 차입자금에 대한 이자부담을 완화하고자 하는 경제적 유인을 갖는다. 더구나 은행의 대출 의사결정을 지배하여 상대적으로 큰 위험을 가진 투자프로젝트를 집행할 유인을 가질 수 있다. 이러한 주주권에 기반한 과도한 위험추구는 은행의 건전성을 악화시키고 궁극적으로 예금자와 투자자의 이익을 훼손한다.

이러한 법적 권리의 충돌을 막기 위해서는 금산분리를 통해 충돌 가능한 법적 권리의 중층적 관계를 명확히 해소하는 것 이외의 다른 방법은 없다. 충돌 가능한 법적 권리가 허용될 경우 허용된 법적 권리의 행사는 지극히 정당하고 이에 따른 사회적 손실은 불가피하게 된다. 설령 감독기관이 존재하더라도 법적 권리의 정당한 행사 자체는 막을 수 없으므로 알면서도 사회적 손실을 예방하지 못하는 집행불가능의 문제가 불가피할 수 있다. 따라서 법적 충돌에 따른 집행불가능의 문제와 사회적 손실을 예방하기 위해서는 적정한 방식의 사전적인 금산분리가 해결책이다.

국내 은행법상 금산분리는 소유규제를 통해 산업자본의 지배가능성을 억제하고 있다. 물권적 지배권과 채권 간의 충돌을 억제한다는 관점에서 바람직하다. 다만 미국 은행지주회사법이 소유규제와 함께 지배구조규제를 조화롭게 활용하는 점에 비추어 우리나라 은행법은 소유규제에만 지나치게 의존하고 있어서 정책효과에 제한이 있을 수 있다.

정리하면, 법리적 해석의 관점에 의하면 금산분리는 법적 권리간 충돌 가능한 메커니즘을 해소하는 것이다. 단순히 금융자본과 산업자본 간 물리적 분리를 의미하지는 않는다. 따라서 법적 권리의 충돌이 없는 두 자본간 결합의 가능성을 금산분리의 이름으로 배제하지 않는다. 또한 두 자본간 결합이 없더라도 법적 권리간 충돌의 가능성이 얼마든지 발생할 수 있으며 이 역시 금산분리 규제의 대상이 됨이 바람직하다.

Ⅱ 금산분리의 대상범위와 정책수단의 다양화

금산분리는 최근 수년간 은산분리로 축소되어야 한다는 주장에 직면해 왔었다. 보험과 증권 부문 등은 이미 산업자본에 의한 소유·지배가 광범위하게 이루어져 있어서 은행만 예외적으로 산업자본에 의한 소유·지배의 제한 대상으로 국한되어야 한다는 것이 주된 논지였다. 하지만 이는 지극히 잘못된 문제의 인식이다. 비록 정도의 차이는 있을지라도 모든 금융회사는 건전성을 도외시할 수 없고 금융소비자 보호 의무로부터 자유로울 수 없다. 은행은 예금자, 증권사는 투자자에 대하여, 보험사는 보험가입자에 대하여 상대적인 차이는 있으나 나름의 신인의무를 갖는다.

특히 1997~1998년 금융위기를 겪으며 재벌과의 연관으로 인해 은행뿐 아니라 증권사, 보험사, 종금사 등의 파산을 경험한 바에 의하면 어떤 금융회사도 금산분리원칙으로부터 자유로울 수는 없다. 더구나 금융안전망 가운데 하나인 예금보험은 은행뿐 아니라 증권사 및 보험사 등도 그 대상으로 하고 있다. 국제적으로도 금융지주회사와 유니버설뱅킹의 환경 하에서 금산분리의 적용 범위와 대상은 은행서비스와 은행으로만 한정되지는 않는다.

물론 금산분리를 구체적으로 실행함에 있어서는 각 부문별로 정도의 차이를 가질 수 있다. 예를 들어, 은행은 예금자로부터 예치 받은 자금을 직접 기업에게 제공하고 자금제공에 따른 위험을 은행이 모두 직접 떠안는다는 점에서 은행에 대한 금산분리규제는 가장 강하게 적용되고 증권사 및 보험사는 상대적으로 낮은 수준에서 규제가 이루어지는 것이 바람직할 수 있다. 하지만 예금보험의 대상에 증권사 및 보험사가 포함되는 사실이 말해주듯이 정도의 차이는 있지만 증권사와 보험사 모두 고객의 자금을 수취하고 또한 대출서비스 역시 제공한다. 이러한 서비스 제공과정에서 당연히 고객에 대한 신인의무가 적용되어야 하며 대출자산에 대한 건전성은 유지되어야 한다. 특히 기업과의 소유 및 지배관계로부터 기인하는 신인의무 및 건전성 훼손 가능성은 당연히 억제되어야 한다. 이러한 인식을 전제로 하여 이제는 은산분리냐 금산분리냐에 대한 비생산적인 논쟁은 사라질 필요가 있다.

금산분리의 정책수단은 소유규제, 지배구조규제, 업무영역제한, 통합감독 등을 포함한다. 정책수단과 관련하여 유념해야 할 점은 각 수단이 서로 보완적이라는 점이다. 예를 들어, 소유규제는 진입단계에서 처음 적용되는 수단인 반면, 지배구조규제 등은 진입 후 단계에서 적용되며, 소유규제→지배구조규제→업무영역제한→통합감독 등의 순서를 이룰 수 있다. 만일 소유규제가 산업자본의 지분 보유 자체를 금지하는 것이라면 다른 정책수단은 구태여 적용될 필요가 없을 것이다. 전면금지는 아닐지라도 엄격한 제한이라면 다른 정책수단이 적용되더라도 엄격한 수준일 필요가 없을 수 있다. 만일 소유규제가 완화되면, 지배구조규제의 강화를 통해 소유규제 완화를 보완할 수 있고, 만일 지배구조규제에 한계가 발생하면 업무영역제한이 적용될 수 있다. 또한 계열 내 산업자본으로부터 심각한 위험의 전이 가능성이 있다면 통합감독 체계가 구축될 필요가 있다. 이와같이 금산분리 정책수단 간에는 상호 보완적인 기능이 존재하여 상황에 따라 적극적으로 활용되는 것이 바람직하다.

국내 금산분리에서 정책수단은 주로 소유규제에 치중하고 있다. 하지만 이는 금산분리의 실효성과 정책적 탄력성을 상실하게 하는 문제점을 낳으므로 금산분리 본래의 취지에 부합할 수 있도록 정책수단의 다양화가 이루어져야 한다. 금산분리가 소유와 지배의 분리(separation of ownership and control)와 취지를 같이 하는 것이라는 점에서 금산분리의 정책수단은 기본적으로 소유규제와 지배구조규제를 독립적으로 활용하는 것이 바람직하다. 현실에서는 소유규제일지라도 모든 소유를 전면 금지하는 것도 아니고, 또한 산업자본이 은행을 소유하는 목적도 궁극적으로는 은행의 지배라는 점에서 소유규제와 지배구조규제는 독립적으로 활용되는 것이 바람직하다. 이러한 필요성에도 불구하고 우리나라에서의 금산분리는 소유규제를 중심으로 하는 한계를 가지고 있다.

소유와 지배의 미분리를 원칙으로 하는 경우에는 소유규제와 지배구조규제는 독립적이지 않으므로 두 정책수단을 따로 사용하는 것이 곤란하게 된다. 금산분리의 실효성을 높이기 위해서는 거의 소유규제 일변도에서 벗어나야 하며 이를 위해서는 소유와 지배의 분리원칙을 공법적 차원에서 명확히 하는 것이 필요하다.

역사적으로 금산분리 정책수단의 범주는 소유규제, 지배구조규제, 업무범위제한 등 세 가지다. 이 세 가지 정책수단 범주 간의 관계를 보면, 역사적으로 처음에는 업무범위제한이 가장 먼저 정책수단으로 활용되었고 이 수단이 나중에 지배구조규제, 그리고 소유규제로 보다 전문화되었다. 우리나라는 가장 나중의 소유규제를 중심으로 하고 있는 셈이다.

국내 실증분석에 의하면 독립된 정책수단으로서 지배구조규제는 중요한 의미를 갖는다. 1997~1998년 금융위기 경험에 따르면 은행 대주주의 지위를 가진 대기업은 대부분 부도를 피한 반면, 대기업이 대주주였던 은행은 대부분 부도가 났다. 하지만 대기업이 대주주라는 사실이 필연적으로 부도를 야기한 것은 아니었다. 대주주 대기업의 존재에도 불구하고 독립적인 지배권을 유지했던 은행은 부도를 피하였고 최상의 재무적 성과도 실현했다.

실증분석에 의하면 길게는 1961년, 짧게는 1982년 이후 도입된 금산분리는 최적의 정책수단의 조합을 갖추지 못하였다. 되돌아보면 미국 등 해외 주요국에서도 마찬가지로 지배구조규제를 기본으로 하고 소유규제를 보완적으로 활용하였다면 1997~1998년 금융위기를 억제하고 대응하는 데 더 효과적이지 않았을까 하는 아쉬움이 있다.

여전히 우리나라 금산분리에서 지배구조규제는 지극히 부차적이다. 지금부터라도 소유규제와 지배구조규제를 독립적으로 활용됨으로써 정책결합(policy mix)의 관점에서 정책수단의 자유도를 높여 유연하면서도 효과적인 금산분리정책을 가능하게 하는 것이 바람직하다.

Ⅲ 금산분리와 금융규제 시스템 보완: 규정중심 v. 원칙중심

금산분리 정책수단이 소유규제를 중심으로 이루어진 것은 금융규제 시스템과도 관련이 있다. 우리나라의 금융규제 시스템은 오랜 기간 동안 규정중심에 기반해 왔다. 규정중심은 법률이 정한 구체적 기준과 행위유형이 법 적용의 근간이 되는 방식이다. 금융회사의 금융시장 참여는 인허가를 통한 시장진입을 통해 금융서비스를 제공하는 순서로 진행되는데, 규정중심 금융규제는 인허가를 주로 대상으로 하며, 이로 인해 사전적 규제라고도 불린다.

소유규제는 사전규제 수단이다. 이와 달리 지배구조규제는 사전과 사후 모두를 대상으로 하는 규제수단이다. 산업자본의 입장에서 소유는 수단이고 지배는 목적이다. 지배는 소유를 전제로 한다. 특히 소유규제가 소유의 전면금지가 아니라는 점에서 지배행위에 대한 규제는 지속적으로 요청된다.

만일 규제당국과 인허가를 신청한 자 간에 정보비대칭성 문제가 없으면 규제당국은 사전규제를 통하여 고객에 대한 신인의무를 제대로 이행하고 금융건전성을 잘 유지할 수 있는 자를 제대로 선별하여 인허가를 줄 수가 있을 것이다. 하지만 현실에서는 규제당국과 인허가 신청자 간에 정보비대칭성 문제를 피할 수가 없다.

원칙중심은 사전적으로는 지나치게 구체적인 규정을 법률에 담기보다는 원칙을 중심으로 하되 원칙과 규정을 균형되게 법률에 담고, 시장진입 후 금융행위와 그 결과를 규제의 주요 대상으로 하는 사후규제를 작동시키는 시스템이다. 규정중심에서 진입자격에 대한 심사 자체는 행위의 결과를 대상으로 하는

원칙중심 규제에 비해 상대적으로 수월하다. 하지만 정보비대칭성 하에서는 진
입단계의 서류심사보다 행위의 결과를 대상으로 규제가 보다 더 실체적인 진실
을 확보하는 데 큰 의미를 가질 수 있다.

　　금산분리가 지배구조규제를 도입하기 위해서는 금융규제 시스템도 현재의
과도한 규정중심에서 규정과 원칙이 균형을 이루는 원칙중심 시스템으로 전환
해야 한다(이 책에서 규정중심을 원칙중심으로 전환하자는 주장은 규정을 전면 배제하는
것이 아니라 규제회피의 원인이 되는 규정중심을 최소화하고 원칙을 중심으로 원칙과 규정
이 조화를 이루는 것을 의미한다). 물론 금융시장에 참가자의 입장에서는 규정중심
을 더 선호할 수 있다. 하지만 금융시장 플레이어의 전문성이 고도화된 단계에
서는 금융시장 참가자도 규정중심보다 보다 자유로운 금융행위를 수용하는 원
칙중심을 더 선호한다.

Ⅳ　인터넷전문은행에 대한 보완적 정책수단

　　인터넷전문은행법은 소유규제를 완화하면서 동시에 건전경영원칙을 강화하
였다. 이러한 정책조합은 대주주와 은행 간 채권－채무 관계를 금지함으로써 물
권적 지배권과 청구권적 채권간의 충돌을 피할 수 있도록 하는 효과를 낳는다.

　　다만 이러한 정책조합이 어느 정도 안정성을 가지고 있는지는 검토가 필요
하며 적절한 보완이 바람직할 수 있다. 미 은행지주회사법상 지배구조규제는
산업자본의 지분보유에도 불구하고 은행의 의사결정을 지배할 수 없도록 제한
한다. 하지만 인터넷전문은행법은 산업자본 대주주의 은행 의사결정 지배금지
를 명시적으로 도입하지 않음에 따라 정책조합의 안정성이 약화될 여지를 안고
있다고 할 수 있다. 이러한 차이를 고려하여 몇 가지 보완과제를 제시하면 다음
과 같다.

　　첫째, 소유와 지배의 분리를 전제로 본격적인 지배구조규제를 도입하여야

한다. 예를 들어 산업자본을 대표하는 자가 은행 이사회를 지배하지 못하도록 이들의 이익을 대변하는 은행 이사의 수를 제한하고, 대출 및 이자율 등 은행의 의사결정에 영향을 미치지 못하도록 하여야 한다. 필요하다면 이사회 구조와 운영을 이원화하여 기술적인 의결사항에 대해서는 참여하되 은행경영에 대해서는 참여를 제한하는 방안도 생각해 보아야 한다. 또한 의사결정의 모멘텀을 관리하여 모회사가 긴급유동성을 필요로 하는 등의 상황에서는 이사회 의결 참여를 제한하고, 이사의 전문성 자격요건을 강화하고 전체 이사의 과반수 이상이 되도록 하는 방안 등도 검토가 필요하다.

둘째, 인터넷전문은행의 대출이 허용되는 중소기업 법인의 지분을 보유하지 못하도록 제한함으로써 물권적 지배권과 채권적 청구권 간 충돌을 초래하는 법적 권리의 중층적 체계의 형성을 제한해야 한다. 비록 중소기업이 개별적으로는 일반 대기업 법인에 비해 상대적으로 작은 규모이기는 하나 인터넷전문은행이 이들 중소기업의 지분을 보유할 경우 예금자에 대한 신인의무가 약화되고 부실 대출의 손실이 예금자에게 전가되는 금산결합의 문제점을 야기하는 것은 하등의 차이가 없이 마찬가지다.

셋째, 인터넷전문은행의 제8조에서 정한 대주주 신용공여 금지는 그 취지상 대주주의 다른 회사에 대한 신용공여 금지도 포함할 수 있으나 원칙중심 규제시스템이 아닌 현재의 규정중심 시스템 하에서 규제의 모호성을 피하기 위해서는 은행법 제35조의2 제7항의 대주주의 다른 회사에 대한 신용공여금지를 인터넷전문은행법에도 마찬가지로 명시하는 것이 바람직할 수 있다.

우리나라에서는 산업자본 기업의 소유와 지배가 제대로 분리되지 않았다.[2] 국내에서 가족경영비율은 95%에 이르는 등 영국 10%, 미국 30%에 비추어 지나치게 높다. 가족경영은 그 자체가 문제는 아니지만 경영 비전문성, 참호

---

2) 상장기업의 95%가 지배주주가 있는 가족경영 기업이며, 투명성과 책임성이 결여된 지배구조를 유지하고 있다. 박경서(2017), "한국 지배구조 관련 쟁점들," 2017 기업지배구조 컨퍼런스 정리보고서, 탄천연구포럼, 5-18면.

현상과 도덕적 해이의 문제점으로부터 취약할 수 있다. 만일 이러한 문제점이 적절히 규제되지 않는 가운데 산업자본 기업이 소유·지배하는 은행의 운영에 까지 이어진다면 인터넷전문은행법이 정하고 있는 건전경영원칙의 실현은 어려울 수도 있다.

현재의 국내 금융법제가 소유와 지배의 분리원칙을 전제로 하는지 여부에는 논의의 여지가 있으나, 금융회사 지배구조에 관한 법률을 두고 있는 마당에 소유와 지배의 분리원칙을 명시적으로 도입하고 발전시키는 것이 가능하고 바람직하다. 소유와 지배의 분리에서는 소유규제와 지배구조규제가 독립적인 정책수단이 될 수 있으며 보다 탄력적이고 효과적인 금산분리가 가능해질 수 있다. 소유와 지배가 분리되지 않은 상태에서 소유규제만을 두는 것은 마치 외통수의 길을 가는 것과 같고 금산분리정책도 그만큼 험난한 길에서 벗어나기 힘들다.[3]

Ⅴ 빅테크에 대한 금산분리 법리해석과 정책수단

빅테크 금융참여에 대한 금산분리 법리적 해석의 확립 및 보완적 정책과제에 대해 간략히 정리하면 다음과 같다.

첫째, 빅테크 플랫폼에 대한 금산분리의 법리적 해석을 확립하는 것이 필요하다. 빅테크의 금융참여는 제휴방식 혹은 동일기능 동일규제 인허가 방식만이 아니라 동일기능 다른규제 인허가 혹은 동일기능 제로규제를 통해서도 이루

---

3) 소유를 허용하더라도 지배구조규제를 통해 독립적이고 엄격한 지배구조를 지켜갈 수 있다는 사실을 보여준 사례는 독일이다. 자세한 사항은 김자봉, 인터넷전문은행은 은산분리의 예외인가, 은행법연구 제15권 제3호, 2018. 또한 2003년 산업자본 론스타의 외환은행 인수에서 보았듯이 소유규제 중심의 금산분리가 갖는 정책 비일관성(policy inconsistency) 문제점은 소유규제와 지배구조규제의 독립적인 병행의 필요성을 시사하는 것으로 이해할 수 있다. 전성인, 인터넷전문은행 은산분리 완화에 대하여, 한겨레 2018.9.17.

어지고 있다. 빅테크의 다양한 참여방식에 대한 금산분리 차원의 우려를 명확히 해소하기 위해서는 우선적으로 빅테크에 대한 금산분리 법리가 명확하게 확립될 필요가 있다.

둘째, 플랫폼은 양면시장의 구매자 및 가맹기업 고객에 대해 공정한 중개자로서의 역할을 하도록 규제되어야 한다. 미 의회의 보고서에서 보는 바와 같이 현실에서 전체 가맹기업 혹은 구매자 고객에 대해 우월적 지위를 가지거나 자사계열 가맹기업과 소유·지배에 의한 특수관계를 가질 수 있다. 공정한 중개자로서의 역할을 확립하는 방안의 하나는 미 연방거래위원회 의장 Lina Khan이 지적한 바와 같이 플랫폼과 산업을 분리(separation of platforms and commerce)하는 것이다.

셋째, 동일기능 다른 규제 및 동일기능 제로규제에 의한 빅테크 플랫폼의 금융참여는 억제되어야 한다. 만일 그렇지 못하면 물권적 지배권과 채권적 청구권이 충돌할 수 있는 중층적 권리체계를 관계를 야기하고, 또한 자사계열과 비자사계열간 공정하지 못한 금융자원의 배분이 이루어질 수도 있다. 플랫폼이 복합그룹으로서 기업과 은행을 모두 거느리는 경우, 은행의 플랫폼, 자회사기업, 자사계열 가맹기업 등에 대한 채권적 청구권과 플랫폼의 은행에 대한 물권적 지배권의 충돌이 초래된다.

넷째, 플랫폼과 금융의 분리가 이루어져야 한다. 빅테크 플랫폼의 금융참여가 금융의 효율성을 제고하는 효과가 있다고 하더라도 채권적 청구권과 물권적 지배권의 충돌이 초래되는 방식의 금융참여는 바람직하지 못하다. 빅테크의 금융참여에 대해서는 묻지마 금지도 바람직하지 못하고, 묻지마 허락도 바람직하지 못하다. 궁극적으로 금융의 효율성 원칙과 금융고객에 대한 신인의무를 약화시키는 법적 권리의 충돌을 야기하지 않는 방식으로 빅테크 금융참여가 검토되는 것이 바람직하다. 이를 위해서는 빅테크가 지닌 기술적인 효율성 요소는 수용하되 금산결합에 따른 법적 권리의 상충은 발생하지 않도록 하는 방안이 필요하다.

예를 들면, 계열분리가 이루어진 금융지주회사를 설립하는 것이 한 가지 방법이다. 이는 법적 권리의 충돌소지를 원천적으로 해소하는 효과를 낳을 수 있다. 2003년 경 논의되었던 금융계열사(제1,2 금융권 포함)에 대한 계열분리제와 유사한 아이디어다. 다만 당시는 이미 대기업 계열사로서 이미 큰 비중을 차지하고 있는 금융회사를 분리하는 것이었다. 이와 달리 빅테크 플랫폼에 대한 계열분리는 아직 빅테크의 금융참여가 본격화되기 이전이라는 점에서 계열분리 자체에 따른 기술적 및 제도적 비용은 별로 크지 않거나 따로 발생하지 않는다.

또 하나의 방안은 금융복합기업집단의 감독에 관한 법률(2021년 6월 30일 시행)에 따른 금융복합기업집단으로 지정하되 기업집단에 속하는 국내 금융회사들의 직전 사업연도 말의 재무상태표에 따른 자산총액(직전 사업연도 말의 재무상태표가 없는 경우에는 설립 시의 납입자본금)의 합계 5조원 요건(법 제5조)을 완화하여 적용하는 방안이다. 5조원 요건은 규제회피의 근거조항으로 이용될 수 있다. 특히 이해상충을 억제하기 위한 내부통제 시스템(법 제9조)을 구축함에 있어서는 물권적 지배권과 채권적 청구권 간 상충가능성을 해소할 수 있도록 인터넷전문은행법상 이해상충을 막기 위한 건전경영원칙 조항(이 책에서 논의하는 인터넷전문은행법 보완사항 포함)을 도입하는 것도 검토되어야 한다.

최근 국내에서 빅테크에 대한 금산분리 규제 필요성은 전자금융거래법 개정안에 의해 촉발되었다. 전자금융거래법 개정안[4]은 종합지급결제사업자(이하 종합결제업자)로 하여금 결제계좌를 발행하여 이용자예탁금을 수취하고 이를 이용한 지급결제서비스 등을 허용하는 방안을 담고 있는바, 이에 대해 사실상의 여수신업무를 허용하였다는 지적이 있다.[5] 개정안에 의하면 종합지급결제사업

---

4) 금융위 보도자료, 4차 산업혁명 시대의 디지털금융 종합혁신방안: 전자금융거래법 개정방향, 2020.7.

5) 국회정무위원회(수석전문위원 이용준), 전자금융거래법 일부개정법률안 검토보고, 2021.2; 전성인, 전자금융거래법 개정안의 문제점과 개선방향, 민병덕의원·배진교의원 정책토론회, 2021.3.23; 이용우, 전자금융거래법 개정안 문제있다, 한겨레신문 2021.3.24. 및 금융학회, 2021.4.14. 등. 김자봉, 빅테크의 금융참여에 대한 글로벌 규제논의와 시사점, 금융연구원 금융브리프 논단 제30권 제9호, 2021.4 참조.

자는 "은행 등과 같이 이용자에게 계좌를 개설하여 주는 방법으로 자금이체업을 하면서 별도의 등록 없이도 대금결제업과 결제대행업을 할 수 있다."[6] 또한 "전자금융업 외에 외국환업무, 본인신용정보 관리업, 그 밖의 업무를 겸영하거나 부수업무로 할 수 있도록 하여 계좌기반의 다양한 융·복합 서비스 제공"할 수 있다.

국회 정무위원회 검토보고서(2021)[7]는 종합지급결제업자가 이용자의 결제실적에 따라 리워드를 제공하고 일종의 여신인 후불결제를 허용하므로 사실상 은행서비스의 제공을 허용하는 것이 될 수 있다고 지적한다. 전성인(2021)[8]에 의하면 종합지급결제업자는 요구불 계좌를 개설하는 수신업무, 후불제 지불수단을 이용한 대출업무, 자금이체 등 내국환업무를 영위할 수 있는 금융기관이므로 금융법상 규제의 대상이 되어야 한다. 이용우 국회의원(2021)[9]은 종합지급결제사업자의 업무범위는 유럽연합의 지급서비스지침(EU PSD2)의 전자화폐기관보다 훨씬 넓음에도 동일서비스-동일규제 원칙이 제대로 적용되어 있지 않는다고 지적한다.

최근 국내외에서의 빅테크 규제방안에 대한 논의에 비추어 보면 종합지급결제업자에 대한 금산분리 법리 및 관련 보완과제는 간략히 다음과 같이 정리될 수 있다.

첫째, 종합지급결제사업자는 빅테크의 금융참여 방식 중 동일기능 다른규제에 해당할 수 있다. 동일기능인지 여부는 이용자의 결제실적에 따른 리워드가 통상의 예금금리와 취지상 동일한지 여부 및 후불결제가 사실상 대출에 해당하는지 등에 의해 판단된다. 리워드가 자금예치 단계에서 결정되는 것이 아

---

6) 전자금융거래법 일부개정 법률안(윤관석의원 대표발의), 2020.11.27.

7) 국회 정무위원회(수석전문위원 이용준), 전자금융거래법 일부개정법률안 검토보고, 2021.2.

8) 전성인, 전자금융거래법 개정안의 문제점과 개선방향, 더불어민주당 민병덕의원·정의당 배진교의원 정책토론회, 2021.3.23.

9) 이용우, 전자금융거래법 개정안 문제 있다, 한겨레신문. 2021.3.24.; 금융학회, 2021.4.14.

니라 예치 이후 결제실적에 의해 결정된다는 점에서는 은행의 예금금리 부여방식과 다르지만, 리워드의 제공이 궁극적으로 자금의 예치를 유인하는 수단으로 활용된다는 점에서 은행의 예금금리와 그 목적이 동일하다.

후불결제는 고객의 결제가 이루어지기 이전에 플랫폼이 가맹기업에게 미리 결제자금을 제공하는 것을 말하는데, 이는 고객의 결제예상 자금을 담보로 하여 가맹기업에게 대출을 해주는 것과 같다. 이와 같이 신용을 제공하는 이유는 가맹기업의 플랫폼에 대한 충성도를 높이고 새로운 가맹기업의 플랫폼 참여를 유인하기 위한 것이다. 플랫폼의 이러한 가맹기업 대출에 대한 이자부과가 금지되더라도 플랫폼이 이러한 대출을 제공하는 것은 그럴만한 유인이 있기 때문이다. 그 이유는 가맹기업의 참여를 확대함으로써 구매고객의 참여를 확대하는 플랫폼의 네트워크효과를 누릴 수 있기 때문이다. 네트워크효과는 플랫폼의 시장지배력과 수익의 궁극적인 원천이며, 이것이 바로 플랫폼이 후불결제의 형식을 빌려 제공하는 대출의 실질적인 수익이고 대출이자에 상응하는 것이다.

예금의 정의가 금리를 필수적 요인으로 하는 것이 아니라 지급결제를 필수적 요인으로 한다는 점도 중요한 사항이다. 영국의 Banking Act 2009에 의하면 은행은 예금을 수취하는 기관이고, 금융서비스시장법(Financial Services and Market Act 2000)에 의하면 예금은 '이자나 프리미엄의 지급 여부와 관계없이' 지급결제를 목적으로 이루어진 계약상 권리를 말한다.[10] 이러한 기준에 의하면, 종합지급결제업자가 자금을 예치하면서 고객에 대해 이자지급을 약정했는지 여

---

10) 영국 Banking Act of 2009 Article 2: interpretation Bank (1). ("2 Interpretation: "bank". (1) In this Part "bank" means a UK institution which has permission under Part 4. of the Financial Services and Markets Act 2000 to carry on the regulated activity of <u>accepting deposits (within the meaning of section 22 of that Act, taken with Schedule 2 and any order under section 22)</u>.") 예금에 대한 정의는 Financial Services and Markets Act of 2000, Part II. Investments. 22. ("Deposits: Rights under any contract under which a sum of money (whether or not denominated in a currency) is paid on terms under which it will be repaid, with or without interest or a premium, and either on demand or at a time or in circumstances agreed by or on behalf of the person making the payment and the person receiving it.")
http://www.legislation.gov.uk/ukpga/2009/1/pdfs/ukpga_20090001_en.pdf

부와는 무관하게 종합'지급결제'를 목적으로 하는 자금은 곧 예금에 해당한다.

　둘째, 종합지급결제업자는 계좌 발행에 기반한 자금의 예치와 대출(후불결제)에 따르는 이중의 채권채무관계를 형성하며, 빅테크에 의한 종합지급결제사업의 지배를 통해 물권적 지배권이 형성된다. 플랫폼이 가맹기업 특히 특수관계를 갖는 자사계열 가맹기업에 대해 대출을 제공할 경우 물권적 지배권과 채권적 청구권의 충돌이 발생할 수 있다. 자금을 예치한 고객에 대한 신인의무보다는 특수관계에서 누릴 수 있는 이익에 더 집착할 유인을 갖기 때문이다. 모회사인 빅테크를 중심으로 자회사인 종합지급결제업자, 그리고 자사계열 가맹기업 간 특수관계가 더 중시되어 고객에 대한 신인의무를 뒷전으로 미룬 채 금융거래가 이루어질 수 있다.

　셋째, 미국 OCC의 특수목적 연방은행 제도에 비추어보면, 이용자예탁금을 이용해 지급결제서비스를 제공하는 국내 종합결제업자는 특별은행 또는 일반은행 인허가의 대상이 되어야 한다. 고객의 자금을 수취하고 지급결제와 대출서비스를 제공하는 종합지급결제업자는 은행과 마찬가지로 자금을 예치하는 금융소비자의 보호, 건전성, 금융시스템 안정성 및 공정경쟁 등에 대한 규제 대상이 되는 것이 바람직하다. 그렇지 않고 만일 동일기능 다른 규제에 의해 종합지급결제업 영위가 허용될 경우,[11] 이는 자칫 규제차익을 초래하고 금융 건전성과 안정성을 저해하는 결과를 낳을 수 있다.

　빅테크의 금융참여가 은행서비스와 같은 동일기능에 해당하지 않는다는 주장의 근거로 빅테크는 제조와 판매를 분리시킨다는 의견이 있을 수 있다. 이 의견에 근거하여 금융상품의 판매는 금산분리의 대상이 아니라는 주장이 나올 수도 있다. 하지만 플랫폼의 금융참여를 제조와 판매의 분리관점에서 보고자 하는 것은 금융의 본성을 오해하는 것으로, 이 주장의 한계를 일부 정리하면 다

---

11) 지정제도(전자금융거래법 개정안 제36조의4 제1항)가 그 한 사례가 될 수 있다. 정부입법지원센터, 지정제도의 의의: '지정제도는 종래의 인허가와 구분하려는 목적의 제도.' https://www.lawmaking.go.kr/lmKnlg/jdgStd/info?astSeq=2225&astClsCd

음과 같다.

첫째, 제조와 판매의 분리라는 관점에서 보면 종합지급결제업은 계좌를 발행한다는 점에서 제조에 해당하며 판매만을 전담하지는 않는다. 거래계좌의 발행은 금융상품을 제조함에 있어서 가장 기본적이고 필수적인 요소이며, 은행의 특별성을 언급함에 있어서도 가장 먼저 나오고 중시되는 사항이다. 생산함수로 보면 거래계좌는 필수 생산요소에 해당한다. 거래계좌는 예금과 대출 등 금융상품을 제조함에 있어서 필수장비인 것이다. 만일 종합지급결제업자가 은행상품에 대해 제조와 판매를 분리하여 판매대리로서 역할을 하는 것이라면 은행이 종합지급결제업자에 대해 관리책임을 가져야 한다. 하지만 이에 대한 사항에 대해서는 전자금융거래법 개정안에 일체의 논의가 전혀 없으며, 종합지급결제업자는 자신이 고객과의 계약을 통해 종합지급결제업자의 이름으로 직접 거래계좌를 발행하여 직접 서비스를 제공하는 주체로서 역할을 행한다.

둘째, 제조와 판매의 분리는 엄밀히 말하면 물권에 대해서는 합당하나 금융상품의 본성에는 부합하지 않는다. 물권은 배타적 소유권의 이전이 가능한 물건에 대한 권리로서 제조와 판매의 분리가 용이하게 이루어진다. 물건의 제조는 잠재적인 구매자와는 전혀 독립하여 이루어지고, 구매자의 구매행위는 제조자와 분리된 판매자를 만남으로써 충분하다. 구매자는 구매를 위해 제조자를 만날 필요가 전혀 없다. 예를 들어 자동차를 제조하는 회사는 제조된 차량을 딜러에게 소유권을 이전하고 딜러는 소유권을 이전 받은 후 이 차량을 구매고객에게 판매한다. 이에 따라 제조하는 자는 구매자와 무관하게 제조를 담당하고, 판매하는 자와 구분된다(제조 후 판매. 제조와 판매의 분리).

물건과 달리 금융상품의 제조는 처음부터 고객으로부터 독립되지 않는다. 예를 들어 예금의 제조는 물건과는 달리 계약당사자 고객의 요청과 고객정보에 기초하여 제조가 맞춤형으로 이루어지고 이러한 제조를 위해 제조자는 직접 고객을 만나거나 혹은 간접적으로라도 만나야 한다. 금융상품의 제조는 고객으로부터 독립하여 이루어지지 않는다. 고객을 만나는 행위가 판매행위의 일부라는 점에서 금융상품은 제조와 판매가 상호작용을 하면서 동시에 이루어진다. 구매자와 제조자는 반드시 서로 만나야 하고, 이 만남을 연결하는 것이 판매자의 역할이다.

　금융상품의 제조과정에서 고객의 정보를 고객으로부터 직접 얻지 않고 간접적으로 얻는 것은 예금모집인 혹은 대출모집인 등 대리법리에 따른 판매위탁을 통해 얻는 것을 의미한다. 그런데 이 대리행위의 핵심은 고객의 요청과 정보를 제조자에게 전달하는 역할이라는 점이며, 판매절차상 대리자가 존재한다는 이유로 제조과정이 고객과 독립하여 이루어지는 것은 아니다. 물건의 경우와 같이 이미 만들어진 금융상품을 고객에게 판매계약을 통해 최종적으로 이전시키는 역할을 하는 것은 아니다.

　둘째, 금융상품의 거래는 물건의 경우와는 달리 금융상품에 대한 배타적 소유권을 이전시키는 것이 아니라 약정기간 동안 자금의 제공이 이루어지고 약정기간이 종료 후에는 자금의 반환이 이루어질 것을 약속하는 채권채무를 발생시킨다. 물건의 거래로부터 얻는 효용은 오로지 물건 자체로부터 나온다. 하지만 금융상품의 거래로부터 얻는 효용은 약정기간 동안 제조자, 판매자, 고객 간의 신인의무 관계에 기반하여 제조자와 구매자간에 흐르는 금융서비스로부터 나온다.

　금융상품의 거래는 약정기간 동안 구체적인 구매자에 대하여 제조자의 금융서비스 제공에 대한 약속이다. 판매가 이루어졌다고 해서 제조자와 구매자 간 관계가 끝나는 것이 아니라 이때부터 본격적인 서비스의 생산이 이루어진다. 따라서 엄밀한 의미에서 금융상품의 거래계약은 서비스의 생산을 약속하는 계약이지 생산이 완료된 어떤 제품을 전달하는 것이 아니다(판매 후 제조. 판매계약이 곧 제조계약).

　약정기간 동안 약속된 서비스의 생산을 약속하는 것이 금융상품 판매의 특징이라는 점은 증권에 대해서도 역시 마찬가지다. 증권을 구매하는 목적은 증권이라는 물건 자체로부터의 효용이 아니라 증권을 보유하는 기간 동안 배당금,

자본이득, 의결권행사 등의 서비스를 누리는 것이다. 증권의 제조자(발행자)는 판매로써 구매자에 대한 의무가 종료되는 것이 아니라 제조된 증권이 상장폐지 등의 이유로 소멸되지 않고 존속하는 기간 동안 공시의무를 충실히 이행해야 하고 내부자거래를 해서도 안 되고 배당금 지급 시 주식평등의 원의 원칙에 따라야 하는 등 증권의 구매자가 구매 시 기대했던 서비스의 생산이 제대로 이루어지도록 하는 일종의 품질관리 의무 즉, 신인의무를 이행해야 한다.

셋째, 또한 중요한 것은 제조와 판매의 분리는 그 본질에 있어서 금산분리와는 전혀 무관하다는 점이다. 금산분리는 소유·지배에 따른 금융의 비효율성에 대한 것이다. 하지만 제조와 판매의 분리는 소유·지배와는 전혀 무관한 비즈니스 절차에 대한 것이다. 다시 말하면, 제조와 판매는 비즈니스 활동에 대한 기능적 구분인 반면, 금산분리는 소유·지배의 사회적 관계에 대한 것으로 이 둘은 범주가 전혀 다르다. 제조와 판매의 분리는 금산분리에 대하여 필요조건도 아니고 충분조건도 아니다.

디지털금융 환경에서 판매의 중요성이 강조되는 것은 맞다. 그렇다고 제조와 판매가 분리 가능한 것으로 보거나 대리판매의 역할을 과도하게 강조하여 해석하는 것은 타당하지 않다. 구태여 제조와 판매를 구분하더라도 판매는 금산분리의 대상이다. 만일 금융상품의 제조과정이 고객으로부터 독립하여 이루어진다고 한다면 판매가 금산분리의 대상이어야 하는 이유는 더 커진다. 고객과의 접점이 바로 금산분리가 작동해야 하는 포인트다. 플랫폼의 우월적 지위, 자사계열 가맹기업과의 특수관계 등에 의해 금융의 효율적이고 공정한 배분이 저해되는 것은 플랫폼의 역할이 '어떤 서비스를 어떤 방법으로 제공할 것인가'를 결정하는 제조의 영역이기 때문이 아니라 '누구에게 금융을 제공할 것인가'를 결정하는 판매의 영역에 해당하기 때문이다. 법리의 관점에서 다시 표현하면, 플랫폼의 금융참여로 인해 물권적 지배권과 채권적 청구권의 충돌을 초래하는 것은 제조의 영역이 아니라 판매의 영역이다. 따라서 판매는 금산분리의 대상이 되어야 한다. 인터넷전문은행의 경우에도, 인터넷전문은행법이 금산분리를 위해 건전경영원칙을 강화하여 대주주를 비롯한 법인에 대하여 대출을 금지한 것은 판매의 영역이다. 판매의 범위를 제한함으로써 물권적 지배권과 채권적 청구권의 충돌을 억제한 것이다.

Ⅵ 금산분리 법제의 일관성

국내에서 금산분리를 정하고 있는 다양한 법률간 적절한 정책일관성을 조율하고 유지해야 한다. 무엇보다도 정책목적에 부합하는 정책수단의 확보라는 관점에서 일관성 확보가 필요하다. 또한 금산분리에 대한 법리적 해석과 정책수단의 다양화 측면에서 법률간 차이점과 공통점을 분석하고 적절한 보완방안이 마련될 필요가 있다. 이를 통해 금산분리 규제방식이 보다 체계화되도록 할 필요가 있다.

금산분리 법제의 일관성을 유지하는 방안은 두 가지를 생각해 볼 수 있다. 하나는 각 개별법 내에서 정하고 있는 금산분리 취지와 정책수단이 상충하지 않도록 하는 것이고, 다른 하나는 개별법 모두에 대하여 포괄적으로 관통하는 기본 원칙과 정책수단을 정하는 것이다.

현행 우리나라의 금산분리 법제는 각 개별법을 중심으로 그 취지와 정책수단을 정하고 있다. 구체적으로 비교하면 다음과 같다.

첫째, 소유규제를 정한 법률은 은행법, 인터넷전문은행법, 보험업법, 금융지주회사법, 금융산업구조개선법, 금융지주회사법, 공정거래법 등이다. 이 가운데 은행법, 인터넷전문은행법, 금융지주회사법, 공정거래법 등은 양방향으로 소유규제를 정하고 있는 반면, 보험업법과 금융산업구조개선법은 일방향 규제를 정하고 있으며, 상호저축은행법과 자본시장법은 소유규제를 두고 있지 않다.

또한 소유규제 한도비율도 각 개별법이 사실상 모두 다르다. 가장 강력한 법은 금융 및 비금융 지주회사를 대상으로 한 공정거래법으로 소유를 전면금지하고, 금융지주회사법상 금융지주회사 역시 비금융회사 지분의 소유를 금지한다. 그다음으로는 금융지주회사법상 비금융회사의 은행지주회사 지분 한도 4%, 은행법상 산업자본의 은행지분 4% 한도, 그다음으로 인터넷전문은행특례법상 산업자본의 인터넷전문은행 지분 34% 한도 등이다.

둘째, 지배구조규제는 거의 도입되지 않고 있다. 은행법과 공정거래법에 의결권제한만이 도입되어 있다.

셋째, 업무범위에 대한 규제는 각 개별법이 거의 예외 없이 각 개별 금융부문으로 업무영역을 제한하고 비금융사업의 영위를 금지하고 있다. 다만 특이하게 상호저축은행에 대해서는 예대업무와 지급결제서비스뿐 아니라 은행법 등에는 없는 기업합병 및 매수의 중개, 주선 또는 대리업무를 허용한다.

넷째, 대주주 신용공여 대해서는 각 개별법은 자기자본의 일정비율 혹은 출자비율에 근거하여 한도를 정하고 있으며, 인터넷전문은행에 대해서는 전면금지하고 있다. 다만 인터넷전문은행 대주주 본인에게 신용공여를 하는 것은 금지하면서도 대주주의 다른 회사에 출자지원 목적의 신용공여에 대한 금지 조항은 없다.

다섯째, 대주주 발행주식의 취득에 대해서는 대부분 개별법이 자기자본의 일정 한도로 정하고 있으며, 다만 인터넷전문은행에 대해서는 전면금지하고 있다.

여섯째, 대주주 부당한 영향력 금지를 위해 대부분 개별법이 미공개 정보의 요구금지, 인사 및 경영에 영향력 행사금지, 경쟁사업자 방해 목적의 신용공여 조기회수 금지 등을 정하고 있다. 다만 상호저축은행의 경우에는 대주주에 대한 경쟁사업자를 방해할 목적의 신용공여 조기회수를 금지하는 사항을 포함하지 않고 있다.

금산분리 법제의 일관성을 개선하기 위한 몇 가지 과제는 다음과 같이 생각해 볼 수 있다.

첫째, 영위하는 금융업의 유형과 사업의 규모 등을 고려한 비례원칙에 따라 각 개별법 내 및 개별법 간 소유규제의 수준과 차이를 조정해야 한다. 현재는 각 개별법간 편차가 과도하게 크다. 금융지주회사 및 비금융지주회사, 은행법, 인터넷전문은행법 등이 정한 소유규제는 0%에서 34%에 이르는 차이를 보인다. 상호저축은행법 등은 아예 소유규제를 두고 있지 않다. 금융지주회사 및 비금융지주회사의 규모와 사업범위가 가장 크고 광범위한 반면 상호저축은행의 경우에는 상대적으로 사업규모가 작다는 점이 고려되는 것은 타당하나, 현재와 같이 전면금지에서 사실상의 전면허용에 이르는 소유규제는 일관성 측면에서 타당성을 갖지 못할 수 있다.

둘째, 정책수단의 다양성이 개별 법률간 균일하게 확보되어야 한다. <표 15-1>에서 보는 바와 같이, 개별법률 간에 정책수단의 다양성이 균일하지 못하다. 개개 정책수단이 각 개별법에서 활용되는 방식은 법의 목적에 따라 차이가 있을 수 있으나 균일하지 못하면 규제차익의 원인이 될 수도 있으모 정책수단 자체는 누락되지 않는 것이 바람직하다. 정책수단 가운데 절대적으로나 상대적으로나 누락이 가장 심한 것이 지배구조규제다.

지배구조규제는 사실은 금산분리에서 가장 중요한 정책수단의 하나다. 금산결합에서 소유는 수단이고 지배가 목적이다. 이는 금산분리 정책수단의 지향점이 지배의 억제여야 한다는 것을 의미한다. 미국의 경우와는 달리 우리나라에서는 소유규제가 거의 전부이고 금산분리의 충분조건처럼 여겨지는 면이 있다. 하지만 엄밀한 의미에서 보면 지배구조규제가 충분조건이고 소유규제는 필요조건이다. 소유규제는 소유의 전면금지가 아닐뿐더러 1997-98년 금융위기 과정에서 알게 되었듯이 소유 여부의 정확한 파악도 현실적으로는 많은 어려움이 있었다. 이런 까닭에 지배구조규제와 함께 하지 않는 소유규제는 한계를 피하기가 어려울 수 있다. 이사회 등을 통한 지배행위를 직접 대상으로 하는 지배구조규제가 필요한 이유다. 정책수단의 균일한 다양성은 정책효과에도 영향을 준다.

현재 지배구조규제는 일부 의결권 제한 이외에는 없다. 물론 소유의 전면 금지를 정한 경우에는 지배구조규제가 불필요할 수 있다. 하지만 현실에서는 지분보유 자체를 전면금지한 예는 찾아보기 힘들고 어느 정도의 지분보유를 허용한 경우에는 지배구조규제가 반드시 도입되어야 한다.

소유규제와 지배구조규제는 상호 보완적이다. 국내 금산분리에서 소유규제는 미 은행지주회사법과는 달리 일정 범위의 탄력적인 방식이 아니라 단일의 낮은 수준만을 기준으로 하고 있는데, 이는 지배구조규제가 부재한 것과 관련이 있는 것으로 이해할 수 있다.

셋째, 은행법 등 타 법률과의 일관성을 위해 대주주의 다른 회사에 대한 신용공여 금지는 인터넷전문은행법에도 도입하는 것이 바람직하다. 인터넷전문은행법이 건전경영원칙을 은행법에 비해 강화하였음에도 불구하고 산업자본이 34%의 지분을 근거로 인터넷전문은행의 의사결정을 실질적으로 지배하고 있는 상황에서 은행법 제35조의2 제7항과 달리 대주주의 다른 회사에 대한 신용공여를 금지하지 않는 것은 대주주 자신에 대한 신용공여를 금지하는 규정의 실효성을 사실상 약화시킬 수도 있다는 점에서 개선이 필요하다.

넷째, 상호저축은행이 현실에서 기업합병 및 매수의 중개, 주선업무 등을 적극적으로 한다고 볼 수는 없으나 상호저축은행이 예대업무기관이라는 점에서 보면 예대업무를 영위하는 다른 금융기관과는 달리 업무영역 규제의 일관성에서 벗어나 있으므로 적정한 검토가 필요할 수 있다.

다섯째, 상호저축은행의 경우 상호저축은행법상 미공개 정보의 요청, 인사 또는 부당한 영향력 행사 등을 금지하면서도 경쟁사업자 방해 목적의 신용공여 조기회수 금지를 포함하지 않고 있는데, 이는 바람직하지 못하므로 개선이 필요하다.

표 15-1　금산분리 규제유형을 채택하고 있는 각 개별 법률 분류

규제유형	개별 법률 한도
소유규제	은행법: 산업자본→은행 4%, 은행→산업자본 15%. 인터넷전문은행법: 산업자본→은행 34%(은행→산업자본 15%) 상호저축은행법: (한도 없음) 보험업법: 보험사→비금융 15% 자본시장법: (한도 없음) 금융지주회사법: 금융지주→비금융 0%, 　　비금융→은행지주 4%, 지방은행 15% 금융산업구조개선법: 동일계열 금융기관→다른 회사 5,10,15,20% 　　보유시 사전승인(금융위와 공정위 협의 요건) 공정거래법: 금융지주회사→비금융회사 0%, 비금융지주회사→금융회사 0%
지배구조규제	은행법:4% 초과하여 10%까지 의결권 주식 보유시 의결권 행사 금지 공정거래법: 상호출자 제한 기업집단 금융회사가 보유한 국내계열회사에 대한 　　의결권을 행사 금지
업무범위	은행법: 지급결제, 예금, 대출 등 3대 핵심업무와 부수업무. 비금융 업무 불가 인터넷전문은행법: 3대 핵심업무와 부수업무. 비금융업무 불가. 단 중소기업 　　이외 법인대상 대출 금지 상호저축은행법: 3대 핵심업무, 기업합병 및 매수의 중개, 주선 또는 　　대리업무. 비금융 업무 금지. 보험업법: 생명보험, 손해보험, 제3보험업 자본시장법: 투자매매업, 투자중개업, 집합투자업, 투자자문업, 투자일임업 등. 　　비금융 사업 원칙적 금지 금융지주회사법: 금융업을 영위하는 회사 또는 금융업의 영위와 밀접한 관련이 　　있는 회사의 지배
대주주 신용공여 금지 및 제한	은행법: 자기자본의 25% 혹은 대주주의 출자비율이 25% 미만이면 출자비율. 　　다른 은행과 교차 신용공여도 금지. 대주주 다른 회사 출자지원 신용공여도 　　금지 인터넷전문은행법: 대주주 신용공여 일체 금지. 다른 은행과 교차 신용공여도 　　금지. 은행 자산의 대주주 무상양도나 현저히 불리한 거래 금지. 　　단, 대주주 다른 회사 출자지원 신용공여도 금지 조항은 없음. 보험업법: 일반계정 자기자본의 40% 한도. 다만 자기자본 40%에 의한 　　신용공여가 총자산의 2%에 해당하는 금액보다 크면 총자산의 2%로 제한. 　　특별계정 특별계정 자산의 2%로 제한 자본시장법: 금융투자업자의 대주주 및 그 특수관계인에 대한 신용공여 금지. 　　신용공여는 금전·증권 등 경제적 가치가 있는 재산의 대여, 채무이행의 　　보증 등을 포함. 금융지주회사법: 은행지주회사의 주요 출자자 신용공여의 합계액을 자기자본의

규제유형	개별 법률 한도
	25% 범위로 제한. 다른 은행지주회사 또는 은행과 교차하여 신용공여 금지.
대주주 발행주식 취득금지 및 제한	은행법: 은행 자기자본의 1%를 넘어서서 대주주가 발행한 지분증권의 취득 금지 인터넷전문은행법: 은행법과는 달리 전면 금지 상호저축은행법: 자기자본의 0.1%와 10억원 중 적은 금액으로 제한. 초과 취득 시 재적이사 전원의 찬성 요건 보험업법: 일반계정 자기자본의 60%를 한도. 다만 그 금액이 총자산의 2% 보다 큰 경우에 총자산의 2% 한도로 함. 특별계정 각 특별계정 자산의 100분의 3 한도 금융지주회사법: 자기자본의 1% 한도
대주주 부당한 영향력 금지	은행법: 미공개 정보의 제공요구 금지, 인사 또는 경영에 부당한 영향력 행사 금지, 경쟁사업자 방해 목적의 신용공여 조기회수 금지 등. 인터넷전문은행법: 은행법과 동일 상호저축은행법: 미공개 정보의 요청, 인사 또는 부당한 영향력 행사 금지. 단, 경쟁사업자 방해 목적의 신용공여 조기회수 금지 비포함. 보험업법: 미공개 자료 또는 정보의 제공 요청 금지. 다른 주주 또는 출자자와 담합하여 해당보험회사의 인사 및 경영에 부당한 영향력 행사 금지 자본시장법: 미공개 정보의 제공 요구 금지, 다른 주주와 담합하여 금융투자업자의 인사 또는 경영에 부당한 영향력 행사 금지 금융지주회사법: 미공개 정보제공의 요구 금지, 다른 주주와 담합하여 당해 은행지주회사 등의 인사 또는 경영에 부당한 영향력 행사 금지, 경쟁사업자의 사업활동 방해 목적의 신용공여 조기회수 금지
이해상충방지 위한 위험관리	금융복합기업집단의 감독에 관한 법률: 금융복합기업집단 내 금융회사와 비금융회사 간 이해상충 방지
비금융부문 위험 흡수 위한 자본적정성	금융복합기업집단의 감독에 관한 법률: 금융복합기업집단 내 비금융회사의 재무 및 경영위험 등이 초래할 수 있는 위험 흡수

참고문헌

📖

국회 정무위원회, 인터넷전문은행 설립 관련 공청회 자료집 (2017.2.20.).
    http://policy.assembly.go.kr/policy/reference/reference05.do?mode=downl
    oad&articleNo=521023&attachNo=395539

공정거래위원회, 『주계열기업 공시자료』 (1996).

금융감독원, 『은행경영통계』 (2000).

금융개혁위원회, 금융개혁 종합보고서 (1999).

고동원, 금융규제법 개론, 박영사 (2019).

김용재(2008), "은행규제의 바람직한 모습 ─ 미국에서의 은산분리정책을 모델로
    하여 ─," 금융법연구, 제5권 제2호.

김용재, 은행법원론, 박영사 (2019).

김자봉, 은행은 여전히 특별할 것인가? ─ 은행의 전통적인 중개기능과 디지털 플랫폼의
    은행서비스에 대한 이해, 한국금융연구원 (2021.11)

김자봉, 금산분리의 역사적 및 철학적 기초에 대한 검토, 은행법연구 발간예정
    (2021.11).

김자봉, 핀테크, 빅테크, 은행의 역할과 규제원칙, 은행법연구 제14권 제1호 (2021.5)

김자봉, 은산분리의 실증분석: 은행과 산업의 결합에 따른 비용─편익의 추정을 중심으
    로, 금융연구 제35권 제9호 (2021).

김자봉, 빅테크의 금융참여에 대한 글로벌 규제논의와 시사점, 금융연구원 금융브
    리프 논단 제30권 제9호 (2021.4).

김자봉, 은행은 여전히 특별할 것인가?, 한국금융연구원 금융브리프 제29권 제24호
    (2020.12)

김자봉, 은행은 여전히 특별할 것인가? ─ 세 가지 경제적 및 법적 쟁점의 문제제기를 중
    심으로, 은행법연구 제13권 제1호 (2020.5)

김자봉, "금산분리의 법리-법적 권리 간 이해상충의 경제적 인센티브와 충돌의 사회적 비용을 중심으로," 은행법연구 제13권 제2호, 91-117 (2020).

김자봉, 금산분리의 법리 - 법적 권리간 이해상충의 경제적 인센티브와 충돌의 사회적 비용을 중심으로, 은행법연구 제13권 제2호 (2020).

김자봉, 금산분리의 경제이론-최근의 두 가지 쟁점에 대한 논의를 중심으로-, 서울대 금융법센터 Business Finance and Law (2019.11).

김자봉, "인터넷전문은행은 은산분리규제의 예외인가? - 소유와 지배의 분리원칙에 대한 논의를 중심으로-," 금융법연구 제15권 제3호 (2018).

김자봉, 인터넷전문은행은 은산분리규제의 예외인가?, 금융법연구 제15권 제3호 (2018.12).

김자봉, 원칙중심 v. 규정중심 : 법의 형식에 대한 법철학적 논의, 금융법연구, 제15권 제2호 (2018).

김자봉, ILC는 은산분리규제의 예외인가? - 은산분리규제에 대한 미국 감독당국의 정책수단과 ILC 제도의 시사점, 은행법연구, 제11권 제2호 (2018).

김자봉, 금융의 역할, 비전과 금융법제의 주요 정책과제, 미발간원고 (2017).

김자봉, 투자자예탁금 기능 확대의 충분조건, 기업지배구조연구 제5권 (2008).

김화진, 주주총회 관련제도의 개선을 통한 상장회사 주주권의 강화, 선진상사법률연구 제73호 (2016.1)

김화진, 독일의 기업금융과 자본시장의 최근 변화, 『서울대학교 법학』, 제43권 제2호 (2002). http://s-space.snu.ac.kr/bitstream/10371/9098/1/law_v43n2_028.pdf.

대런 애쓰모글루, 제임 A 로빈슨, 국가는 왜 실패하는가, 시공사, 2013.

로저 크롤리(우태영 번역), 500년 무역대국 부의 도시 베네치아, 다른세상, 2011

박경서, 한국 지배구조 관련 쟁점들, 2017 기업지배구조 컨퍼런스 정리보고서, 탄천연구포럼 (2017).

박경서, 은행의 소유 지배구조에 관한 연구, 한국금융연구원 (1997).

박경서, 「은행의 소유 지배구조에 관한 연구」, 한국금융연구원 (1997).

박경서, 한국의 은행지배구조의 변화, 『한국은행산업의 경영개혁과 혁신』(이덕훈·임길진 편저), 나남출판, 257-286 (2004).

박재하, 「은행지배구조의 평가와 과제」, 한국금융연구원 (2005).

송옥렬, 상법강의, 홍문사 (2016).

송옥렬, "기업경영에서 법치주의의 확산－외환위기 이후 회사법의 발전을 중심으로－,"『서울대학교 법학』, 제55권 제1호 (2014).

양창수, 민법입문, 박영사 (2018).

이규성, 한국의 외환위기: 발생, 극복, 그 이후, 박영사 (2006).

이우관, 금융자율화의 효율적 추진방향, 한국경제연구원 (1988.7).

이동걸, 금융기관을 이용한 경제력 집중: 문제점 및 개선방안, 한국금융연구원 금융브리프 제14권 제11호 (2005).

이헌재, 위기를 쏘다, 중앙북스 (2012).

전성인, 금융과 산업의 분리: 이론과 정책과제 (2008).
    http://www.kmfa.or.kr/paper/annual/2008/3.pdf

전성인, 인터넷전문은행 은산분리 완화에 대하여, 한겨레 2018.9.17.

정경영, 전자금융 거래와 법, 박영사 (2007).

정찬형, 상법강의(하), 박영사 (2016).

조정래, 인터넷전문은행 도입을 위한 은행 소유 구조 개선 방안, 인터넷전문은행 컨퍼런스 발표, 2015.4.16.

지동현, 은행 지배구조와 사외이사의 역할, 한국금융연구원 내부자료 (2004).

참여연대 보도자료. 인터넷전문은행특례법 관련 더불어민주당의 팩트브리핑에 조목조목 반박. (2018.9.19.).
    http://www.peoplepower21.org/Economy/1585351

최흥식 외 7인, 국내은행의 지배구조 개선방안 － 이사회의 기능, 성과평가 및 보상,『정책조사보고서』2000－01, 한국금융연구원 (2000).

12 U.S.C. Banks and Banking.

Bair, Sheila C., "The fourth wave – the mixing of banking and commerce," Proceedings 1063, Federal Reserve Bank of Chicago (2007).

Bair, Sheila C., The future of banking in America, FDIC Banking Review, Vol. 16 (4), (2004).
    https://www.thompsoncoburn.com/docs/default－source/default－document－library/the－future－of－banking－in－america73df2a26dda26f05acb8ff0000ba5cc9

.pdf?sfvrsn = 197d45ea_0

Bank of England: Our History. https://www.bankofengland.co.uk/about/history

Barr, Michael S., Howell E. Jackson, Maragret E. Tahyar, *Financial Regulation: Law and Policy*, Foundation Press 184 (2016).

Bair, Sheila C., The future of banking in America, FDIC Banking Review, Vol. 16(4). (2004).

  https://www.thompsoncoburn.com/docs/default − source/default − document − library/the − future − of − banking − in − america73df2a26dda26f05acb8ff0000ba5 cc9.pdf?sfvrsn = 197d45ea_0.

_____, Sheila C., The fourth wave − the mixing of banking and commerce, Proceedings 1063, Federal Reserve Bank of Chicago (2007).

Bair, Sheila C., The fourth wave − the mixing of banking and commerce, Proceedings 1063, Federal Reserve Bank of Chicago (2007).

Black, Bernard, Barry Metzger and Timothy J. O'Brien, International Development Law Institute, Young Moo Shin, "Corporate governance in Korea at the millennium: enhancing international competitiveness − final report and legal reform recommendations to the Ministry of Justice of the Republic of Korea," *The Journal of Corporation Law* (Spring 2001).

Berger, Allen N., Imbierowicz, Björn, Rauch, Christian, The Roles of Corporate Governance in Bank Failures during the Recent Financial Crisis, *Journal of Money, Credit and Banking*, Vol.48, No. 4 (2016).

Campbell, John Y., Jens Hilscher, and Jan Szilagyi, In Search of Distressed Risk, *Journal of Finance*, Vol. LXIII, No. 6 (2008).

Cantwell F. Muckenfuss III and Robert C. Eager, The separation of banking and commerce revisited, in *The Mixing of Banking and Commerce*, Federal Reserve Bank of Chicago (2007).

Comizio, V. Gerard, After the Dodd − Frank Industrial Loan Company Moratoriu m: What's Next, North Carolina Banking Institute. Vol. 17. p. 10. (2013). https://scholarship. law.unc.edu/cgi/viewcontent.cgi?referer = https://www.google.

co.kr/&httpsredir＝1&article＝1337&context＝ncbi.

Cutler, Joshua and Howell Jackson, *Wal−Mart and Banking*, Harvard Law School Case Study (August 2017).

Davies, Richard and Peter Richardson, Evolution of the UK banking system, Research and Analysis, Quarterly Bulletin, Bank of England, 2010 Q4.

Diamond, Douglas W., Financial intermediation and delegated monitoring, *The Review of Economic Studies*, Vol. 51, No. 3 (1984).

Directive 2006/48/EC of the taking up and pursuit of the business of credit institutions (2006).

https://eur−lex.europa.eu/legal−content/EN/TXT/PDF/?uri＝CELEX:32006 L0048&from＝EN.

Dodd Frank Act Section 603. MORATORIUM AND STUDY ON TREATMENT OF CREDIT CARD BANKS, INDUSTRIAL LOAN COMPANIES, AND CERTAIN OTHER COMPANIES UNDER THE BANK HOLDING COMPANY ACT OF 1956 (2010)

Dunbar, Charles F., the Bank of Venice, Quarterly Journal of Economics, Apr., 1892, Vol. 6, No. 3 (Apr., 1892),

EU Directive 2006/48/EC of the taking up and pursuit of the business of credit institutions (2006).

FDIC, The Future of Banking: The Structure and Role of Commercial Affiliations (2003).

https://www.fdic.gov/news/conferences/future_transcript.html#Seidman

FDIC, Supervisory Insights － The FDIC's Supervision of Industrial Loan Companies: A Historical Perspective (2004).

https://www.fdic.gov/regulations/examinations/supervisory/insights/sisum0 4/industrial_loans.html

FDIC Office of Inspector General, The Division of Supervision and Consumer Protection's Approach for Supervising Limited−Charter Depository Institutions (Report No. 2004−048, Sept. 30, 2004).

https://www.fdicig.gov/publications/reports04/04−048_supplement.shtml

FDIC, The Future of Banking: The Structure and Role of Commercial Affiliations (2003).

https://www.fdic.gov/news/conferences/future_transcript.html#Seidman.

_____ , Supervisory Insights − The FDIC's Supervision of Industrial Loan Companies: A Historical Perspective (2004).

https://www.fdic.gov/regulations/examinations/supervisory/insights/sisum04/industrial_loans.html.

GAO, Characteristics and Regulation of Exempt Institutions and the Implications of Removing the Exemptions (2012).

https://www.gao.gov/assets/590/587830.pdf

GAO, Recent Asset Growth and Commercial Interest Highlight Differences in Regulatory Authority (2005.8).

https://www.gao.gov/assets/250/247759.pdf.

Heller, Pauline B., Melanie L. Fein, Scott Zesch, Federal Bank Holding Company Law, Law Journal Press (2003)

H.R. 4173 (111th): Dodd−Frank Wall Street Reform and Consumer Protection Act. Section 1301(a)(4)(D): Sec. 1301.

https://www.govtrack.us/congress/bills/111/hr4173/text/eh

Kolstad, Charles D., Thomas S. Ulen and Gary V. Johnson, Ex Post Liability for Harm vs. Ex Ante Safety Regulation: Substitutes or Complements? The American Economic Review, Vol. 80, No. 4, pp. 888−901 (Sep., 1990).

Kolari, James, Dennis Glennon, Hwan Shin, Michele Caputo, Predicting large US Commercial Bank Failures, *Journal of Economics and Business* 54 (2002).

Krainer, John, The Separation of Banking and Commerce, FRBSF Economic Review, vol. 16 (2000).

Laitine, Erkki K. and Teija Laitinen, Bankruptcy prediction: Application of the Taylor's expansion in logistic regression, *International Review of Financial*

Analysis 9 (2000).

Macey, Jonathan R., Goeffrey P. Miller, and Richard Scott Carnell, Banking Law and Regulation, Aspen Law & Business (2001).

Martin, Daniel, Early Warning of Bank Failures, *Journal of Banking and Finance* 1 (1977).

Merton, Robert C., An Analytic Derivation of the Cost of Deposit Insurance and LoanGuarantees: An Application of Modern Option Pricing Theory, Journal of Banking and Finance, 1. (1977)

Michelle Clark Neel, Industrial loan companies come out of the shadows, Federal Reserve Bank of St. Louis (2007).

https://www.stlouisfed.org/~/media/files/pdfs/publications/pub_assets/pdf/re/2007/c/industrial−loan.pdf

Mizruchi, Mark S. ,Berle and Means revisited: the governance and power of large U.S. corporations, (2004).

http://cpi.stanford.edu/media/_ media/pdf/Reference%20Media/Mizruchi_2004_Elites.pdf.

Muckenfuss III, Cantwell F. and Robert C. Eager, The Separation of Banking and Commerce Revisited, in The Mixing of Banking and Commerce, Federal Reserve Bank of Chicago (2007).

Neel, Michelle Clark, Industrial loan companies come out of the shadows, Federal Reserve Bank of St. Louis (2007).

https://www.stlouisfed.org/~/media/files/pdfs/ publications/pub_assets/pdf/re/2007/c/industrial−loan.pdf.

Olson, Mark, Are banks still special?, remarks at the Annual Washington Conference of the Institute of International Bankers, Washington DC, BIS Review 20 (2006).

Omarova, Saule T., The Merchants of Wall Street: Banking, Commerce and Commodities, 98 Minnesota Law Review 265 (2013).

Park, Sangkyunk, Effects of the affiliation of banking and commerce on the firm's investment and the bank's risk, Journal of Banking and Finance. 24. 1629−1650 (2000).

Poole, William, President's Message: Wal−Mart Application Focuses Spotlight on Industrial Loan Companies, Federal Reserve Bank of St. Louis, 2006.4.1.

Reinhart, Carmen M. and Kenneth S. Rogoff, This Time Is Different, Princeton Press (2011).

Roe, Mark J., *Strong Managers Weak Owners: The Political Roots of American Finance*, Princeton University (1994).

Shavell, Steven, The judgment−proof problem, International Review of Law and Economics (1986).

Seidman, L. William, "The Future of Banking: The Structure and Role of Commercial Affiliations," Comments at the FDIC Symposium, Washington, D.C. (2003).

Seidman, L. William, "Comments at the FDIC Symposium, The Future of Banking: The Structure and Role of Commercial Affiliations," Washington, D.C. (July 16 2003)

https://www.fdic.gov/news/conferences/future_transcript.html#Seidman

Shull, Bernard, The Separation of Banking and Commerce in the United States, FDIC Working Paper 1999−1 (1999).

Shull, Bernard, The Separation of Banking and Commerce in the United States: an Examination of Principal Issues, OCC Economics Working Paper 1999−1 (1999).

https://ots.gov/publications/publications−by−type/occ−working−papers/1999−1993/wp99−1.pdf

Tenhundfeld, Mark J., Banking and Commerce: $1+1=0$, *The mixing of banking and Commerce*, FRB Chicago (2007).

U.S. House of Representatives(2020.10.4.), Investigation of Competition in Digital Markets (Majority Staff Report and Recommendations).

U.S. Department of Treasury, STATEMENT BY PRESIDENT BILL CLINTON AT

THE SIGNING OF THE FINANCIAL MODERNIZATION BILL (1999). https://www.treasury. gov/press−center/ press−releases/Pages/ls241.aspx.

U.S. House of Representatives 101st Congress, "An international comparison of banking regulatory structures," A staff study for the Committee on Banking, Finance, and Urban Affairs (June 1990).

V. Gerard Comizio, After the Dodd−Frank Indusrial Loan Company Moratorium: What's Next. North Carolina Banking Institute. Vol. 17. p. 10 (2013). https://scholarship.law.unc.edu/cgi/viewcontent.cgi?referer=https://www.googl e.co.kr/&httpsredir=1&article=1337&context=ncbi

Walmart, Wal−Mart Withdraws ILC Charter Application, 2007.3.16.

Wilmarth, Arthur E. Jr.,"Wal−Mart and the Separation of Banking and Commerce," 39 Conn. L. Rev. 1539, 1617−19 (2007).

찾아보기

김자봉

서울대학교 철학(학사)
서울대학교 경제학(학사, 석사)
뉴욕주립대학교 경제학(박사)
고려대학교 법학(석사)
UCLA Law School(LLM)
서울대학교 강사(경제학)
고려대학교 대학원 강사(경제학, 법학)
Stanford University visiting scholar
국무조정실 정부정책평가위원
금융위원회 자체평가위원
현) 한국금융연구원 은행보험연구1실 선임연구위원
현) 고려대학교 금융법센터 위원
현) 금융위원회 금융교육협의회 자문위원
현) OECD Infe research committee 위원
현) OECD Global Money Week working group/coordinator
현) 은행법학회 부회장
현) 금융법학회 이사
현) 한국경제학회 경제교육위원회 위원
현) 한국경제교육학회 이사
현) 매경 민간금융위 위원
현) International Journal of Law and Society 편집위원

저서 및 논문

디지털금융 법제화의 세계적인 동향과 정책적 시사점 - 금융혁신과 시장 무결성(market integrity)의 균형을 중심으로 -, KIF보고서, 2021.2

금산분리의 법리 - 법적 권리 간 이해상충의 경제적 인센티브와 충돌의 사회적 비용을 중심으로, 은행법연구 제13권 제2호, 2020.11

금융실명법의 경제학적 분석 - 게임이론(game theory)을 이용한 식별메커니즘 간 식별 효과의 비교를 중심으로, 금융연구 제31권 1호, 2020.3

ICO(Initial Coin Offering) 토큰은 자본시장법상 증권인가? - 비정형적 디지털자산에 대한 증권법리와 원칙중심 적극 규제의 필요성, 증권법연구 제20권 제3호, 2019.12

북핵협상의 계약법적 관점, 서울대학교 "통일과평화" 제11집 제2호, 2019.12

금융실명제도의 비교법적 연구, 은행법연구 제12권 제2호, 2019.11

미국 SEC의 증권규제 권한 범위에 관한 연구, 증권법연구 제20권 제1호, 2019.4

비트코인은 증권인가? - 증권에 대한 정의와 투자자보호, 증권법연구 제19권 제2호, 2018.8

금산분리의 법리와 경제분석

초판발행	2021년 11월 17일
지은이	김자봉
펴낸이	안종만·안상준
편 집	전채린
기획/마케팅	김한유
표지디자인	BENSTORY
제 작	고철민·조영환
펴낸곳	(주)박영사
	서울특별시 금천구 가산디지털2로 53, 210호(가산동, 한라시그마밸리)
	등록 1959. 3. 11. 제300-1959-1호(倫)
전 화	02)733-6771
f a x	02)736-4818
e-mail	pys@pybook.co.kr
homepage	www.pybook.co.kr
ISBN	979-11-303-1414-3 93320

정 가   19,000원